3.

DAVID VAUGHAN THOMAS

I Harri,

gyda chyfarchion cynnes iawn,

Eric

David Vaughan Thomas

Eric Jones

Argraffiad cyntaf: 2023
ⓗ testun: Eric Jones 2023

ISBN clawr meddal: 978-1-84527-914-1

ISBN elyfr: 978-1-84524-539-9

CYNGOR LLYFRAU CYMRU

Cyhoeddwyd gyda chymorth Cyngor Llyfrau Cymru

Cynllun y clawr: Eleri Owen

Cyhoeddwyd gan Wasg Carreg Gwalch,
12 Iard yr Orsaf, Llanrwst, Dyffryn Conwy, Cymru LL26 0EH.
Ffôn: 01492 642031
e-bost: llyfrau@carreg-gwalch.cymru
lle ar y we: www.carreg-gwalch.cymru

Argraffwyd a chyhoeddwyd yng Nghymru

Cynnwys

Cydnabyddiaeth

Diolchaf yn ddiffuant i'r canlynol am gymorth parod i hwyluso mynediad i archifau, papurau amrywiol a chofnodion perthnasol:

Llyfrgell Genedlaethol Cymru, Aberystwyth: Iwan ap Dafydd, Caronwen Samuel, Beryl Evans, Nia Mai Daniel, Maredudd ap Huw, Ceri Evans

Exeter College, Oxford: Penelope Baker

Jesus College, Oxford: Robin Darwall-Smith

Bodleian Library, Oxford: Anne Mouron, Martin Holmes

North Devon Record Office: Tyler Pollard

Monkton Combe School: Caroline Bone

Harrow School: Tace Fox

Jerwood Library of the Performing Arts, Trinity Laban Conservatoire of Music and Dance: Helen Mason

Llyfrgell Gerddoriaeth, Prifysgol Caerdydd: Charity Dove, Helen Conway

Diolch hefyd i Ethan Davies, Tŷ Cerdd, Caerdydd, am ei ymatebion parod i ymholiadau amrywiol am lawysgrifau D Vaughan Thomas, ac am rannu deunyddiau digidol.

Yn ogystal, rwy'n ddyledus i'r unigolion canlynol am eu cymorth wrth olrhain hanes cynnar Vaughan Thomas, ei deulu a'i ddyddiau fel plentyn a llanc ifanc yn ardal Pontarddulais a'r cylch:

Beryl Rencontre, un o ddisgynyddion 'Jenkin Danybont', tad-cu David Vaughan Thomas

Ian Lewis, Organydd Capel Hermon gynt, Pontarddulais

Eifion Davies, Diacon Capel y Gopa, Pontarddulais

Bill Griffiths, Ysgrifennydd Capel Bryn Seion, Llangennech

Nia Parr-Williams, Clerc Cyngor Cymuned Ystalyfera

Diolch am y diddordeb a ddangoswyd gan David Vaughan-Thomas, mab Wynford Vaughan Thomas, ac ŵyr goddrych y gyfrol.

Hefyd, diolch o galon i Rhidian Griffiths am ei barodrwydd hynaws i gyfrannu cyflwyniad i'r gyfrol.

Mae fy nyled yn fawr i'r teulu, i Gwen, Luned a Meinir am eu hanogaeth, eu cymorth ymarferol sylweddol a'u hamynedd diddiwedd.

Yn olaf hoffwn gydnabod fy ngwerthfawrogiad o arweiniad a chyngor doeth Gwasg Carreg Gwalch, gan ddiolch yn arbennig i Myrddin ap Dafydd, Dwynwen Williams a Mererid Jones am oruchwylio hynt y gyfrol hon drwy'r wasg heb fawr o straen i'r awdur.

Mae unrhyw farn a fynegir yma wrth gwrs yn eiddo i mi fy hun ac afraid dweud mai fi yn unig sy'n gyfrifol am unrhyw wallau ffeithiol sy'n parhau yn y testun.

David Vaughan Thomas
(1873–1934)

Mae i David Vaughan Thomas le arwyddocaol yn hanes cerddoriaeth Cymru, ac mae canmlwyddiant a hanner ei eni yn 2023 yn gyfle ardderchog i bwyso a mesur o'r newydd ei gyfraniad i gerddoriaeth ei genedl. Roedd yn grefftwr o gyfansoddwr, y mae ei weithiau yn dangos nid yn unig ei fedr ond hefyd ei ymwybyddiaeth o dueddiadau cyfoes yng ngherddoriaeth Ewrop; yn hyn roedd ei orwelion yn lletach nag eiddo llawer o'i gyd-Gymry. Mae Vaughan Thomas yn cynrychioli'r symudiad graddol oddi wrth safonau amatur y bedwaredd ganrif ar bymtheg yng Nghymru tuag at agwedd fwy proffesiynol at gerddoriaeth. Yn ei ganeuon yn arbennig dangosodd sensitifrwydd i eiriau a chynildeb sy'n wahanol i dueddiadau chwyddedig rhai o'i ragflaenwyr.

Efallai mai ei gyfraniad mwyaf arwyddocaol oedd ei ymgais i ddiffinio cerddoriaeth genedlaethol Gymreig. Er iddo drefnu'n effeithiol nifer o alawon gwerin, ni farnai mai'r rheini fyddai'n sail i idiom gerddorol genedlaethol. Credai yn hytrach mai trwy astudio barddoniaeth Gymraeg, y cynganeddion yn arbennig, y gellid datblygu llais unigryw Gymreig mewn cerddoriaeth, ac ni ragorwyd ar ei osodiadau o gerddi cynganeddol yn ei *Saith o ganeuon ar gywyddau gan Dafydd ap Gwilym ac eraill* (1922) a'i *Dwy gân i fariton* ('O Fair wen' a 'Berwyn') (1926).

Dyma ffigur pwysig yn hanes ein cerddoriaeth ac mae astudiaeth newydd o'i waith i'w chroesawu'n fawr.

Rhidian Griffiths

Rhagair

Er iddo grwydro fel plentyn ifanc gyda'i deulu ar draws de Cymru, ac er iddo deithio'r byd ym mlynyddoedd olaf ei fywyd, fel 'un o fechgyn y Bont' yr oedd David Vaughan Thomas yn ystyried ei hun. Fel yna roeddwn innau'n ystyried fy hun hefyd, ac yn dal i wneud; er, yn fy mhlentyndod, nid oedd gennyf syniad fod yna drefi eraill yng Nghymru yn talfyrru eu henwau i 'Bont'. I mi, ac i Vaughan Thomas mae'n siŵr, Pontarddulais oedd 'Y Bont' gwir ddilys. Yn perthyn i wahanol gyfnodau, wrth reswm, nid oeddwn yn ei adnabod, ond deuthum i adnabod nifer o aelodau amrywiol o'i deulu, ac eraill oedd wedi ei adnabod yntau. Wrth dyfu yn y byd cerddorol, roedd yn anochel y byddwn yn dod i wybod amdano ac yn ymddiddori'n raddol yn ei hanes. Eto i gyd, arhosodd agweddau o'i fywyd a'i waith yn y cysgodion o ran y cyhoedd, a hynny i raddau oherwydd y prinder cymharol o ddeunydd cofiannol hylaw amdano.

Ond roedd yna eithriadau, ac yn eu plith, rhifyn Mehefin 1939 o'r cylchgrawn Cymraeg llenyddol chwarterol, *Tir Newydd*, a neilltuwyd er cof am David Vaughan Thomas, a hynny bron bum mlynedd wedi ei farwolaeth. Ynddo cafwyd erthyglau amrywiol gan Granville Bantock ('Gair o deyrnged'), Arwel Hughes ('Ei safle yn natblygiad cerdd Cymru'), J Lloyd Williams ('Ai ar Gymru'n unig yr oedd y bai?'), T Gwynn Jones ('Gosod y canu caeth ar gerdd'), John Hughes ('Y caneuon'), E T Davies ('Trobwynt yn ei yrfa') a Clarence Seyler ('Atgofion cyfaill'), ynghyd â nodiadau gan Vaughan Thomas ei hun ar gyfer darlith ym 1922 dan y teitl, 'Datblygiad Cerdd Gymraeg ar linellau cenedlaethol'. Ceir hefyd restr ddetholiadol o'i brif weithiau. Er yn taro nodyn o edmygedd diffuant, ceir awgrym clir yng nghyflwyniad y rhifyn hwn o'r cylchgrawn nad oedd Vaughan Thomas yn arwr i bawb:

Amser yn unig a ddengys beth yw gwir bwysigrwydd cyfraniad Vaughan Thomas at gerddoriaeth Cymru. Fe gredwn ni fod ei gyfraniad yn eithriadol bwysig, mai efô efallai yw'r cerddor mwyaf a fagwyd yng Nghymru hyd yma. Fe esgeuluswyd ei waith yn ddifrifol, y mae llawer ohono mewn llawysgrif o hyd, a'n cerddorion ieuainc heb fawr gyfle i'w adnabod. Hyd yn oed heddiw, fel y gwelir yn rhai o ysgrifau'r rhifyn hwn, nid yw Vaughan Thomas yn *persona grata* gan lawer.

Aeth chwarter canrif heibio wedyn nes i gofiant Emrys Cleaver ymddangos ym 1964. Paratowyd traethawd gwreiddiol Emrys Cleaver, ac yntau'n glaf yn yr ysbyty, ar gyfer cystadleuaeth yn Eisteddfod Genedlaethol Llanelli, 1962. Gwobrwywyd ef gyda chanmoliaeth uchel gan y beirniad, A Haydn Jones, cyn ddisgybl i David Vaughan Thomas, a chyhoeddwyd y gwaith yn ei ffurf derfynol ym 1964. Yn ei Ragair mae Emrys Cleaver yn cydnabod ei ddyled am gymorth Wynford Vaughan Thomas, mab David Vaughan Thomas, a darlledwr o fri rhyngwladol; a T Haydn Thomas, nai'r cyfansoddwr, ac arweinydd Cymdeithas Gorawl Pontarddulais. Tynna sylw hefyd at ddogfen a ysgrifennwyd yn y 1950au gan frawd y cyfansoddwr, William Thomas, fel ffynhonnell werthfawr heb ei chyhoeddi. Mewn hynodrwydd anarferol cofnodwyd yr atgofion yma mewn llawysgrif gyda llythrennau pob gair yn briflythrennau. Yn ei agoriad (yn yr orgraff wreiddiol), dywed William:

MAE'N DRUGAREDD NAD IW YN ANGENRHEIDIOL I FI YMDDYBYNU AR UNRHYW BERSON AM HANES FY ANNWYL FRAWD, NA CHWILOTA MEWN UNRHYW LYFRGELL, GAN FY MOD YN GWYBOD EI HANES O'R CRUD IR DIWRNOD Y GOSODWYD EI LWCH YN MYNWENT "YSTYMLLWYNARTH".

Gan gadw mewn golwg effaith cariad brawdol, a'r ffaith i William ysgrifennu tuag ugain mlynedd ar ôl marwolaeth

Vaughan Thomas, mae'n gwbl naturiol bod ei edmygedd mawr o'i frawd yn arwain ar adegau at ambell wall ynghyd â thuedd fechan i orliwio. Eto i gyd, mae'n ysgrif bwysig gan rywun oedd yn adnabod y goddrych yn dda.

Tua'r un adeg â'i fywgraffiad o Vaughan Thomas, cyhoeddodd Emrys Cleaver ei gyfrol *Gwŷr y Gân*, sef cyfres o ysgrifau ar gyfansoddwyr amrywiol a fu'n destunau rhaglenni a ddarlledwyd ar deledu. Ymddangosodd fersiwn estynedig yn Saesneg, *Musicians of Wales* ym 1968. Cafodd Vaughan Thomas le anrhydeddus yn y cyfrolau yma.

I ddathlu canmlwyddiant geni Vaughan Thomas ym 1973 cyhoeddwyd erthygl gan T Haydn Thomas yn rhifyn Gwanwyn cylchgrawn yr Urdd Er Hyrwyddo Cerddoriaeth Cymru, *Welsh Music / Cerddoriaeth Cymru*. Dyma gyfraniad teuluol gwerthfawr arall yn llawn atgofion personol gan rywun fu'n dyst i lawer o ddigwyddiadau pwysig yn hanes ei ewyrth, ac yn edmygydd o'i gerddoriaeth wrth gwrs.

Flynyddoedd yn ddiweddarach ym 1997 cyfrannodd Lyn Davies erthygl o sylwedd i'r cylchgrawn dwyieithog ysgolheigaidd, *Hanes Cerddoriaeth Cymru* (rhif 2) dan y teitl, 'Anelu at arddull Geltaidd ddilys mewn cerddoriaeth: Bywyd a gwaith David Vaughan Thomas'. Dros ddegawd cyn hynny, ymddangosodd ysgrif gan yr un awdur yn *Y Faner* (30 Medi 1983) 'yn ail gloriannu D Vaughan Thomas'; ac ym 1988 hefyd cyflwynodd Lyn Davies raglen ar Radio Cymru yn trafod bywyd a gwaith y cyfansoddwr gyda T Haydn Thomas. Cyfraniad gwerthfawr i hanes cerddorol y genedl oedd cyhoeddi'r gyfres ddwyieithog, *Bywgraffiadau Cyfansoddwyr Cymru*, gan Ganolfan Hysbysrwydd Cerddoriaeth Cymru, ac mae cyfraniad Lyn Davies eto ar David Vaughan Thomas i'r gyfres honno (2004) yn fonograff hynod fuddiol. Gellir dirnad diddordeb arbennig yr awdur o sylweddoli'r cyswllt rhyngddo ef â Vaughan Thomas, a hynny trwy ei gyn athro, A Haydn Jones, a fu ei hun, fel y nodwyd eisoes, yn ddisgybl ifanc i David Vaughan Thomas. Etifeddodd Lyn Davies lyfrgell bersonol ei hen athro ym 1975, yn cynnwys deunydd yn ymwneud â David Vaughan Thomas.

Er mai Walford Davies a'r Cyngor Cerdd Cenedlaethol, 1918-41, yw testun cyfrol David Ian Allsobrook, *Music for Wales* (1992), mae'r llyfr treiddgar hwn yn cynnwys nifer o gyfeiriadau pwysig at fywyd a gwaith Vaughan Thomas yng nghyd-destun perthynas y ddau gerddor â'i gilydd. Yn rhagflaenu cyhoeddi ei gyfrol, cyfrannodd yr awdur erthygl, '…"Us Composer-Johnnies": Walford Davies and David Vaughan Thomas', i'r cylchgrawn *Welsh Music / Cerddoriaeth Cymru* (Gwanwyn 1991).

Anodd amgyffred heddiw fod y blynyddoedd dan ystyriaeth yng Nghymru yn gyfnod pan oedd materion cerddorol amrywiol yn denu cryn sylw mewn papurau newydd dyddiol a chylchgronau, a hynny yn y ddwy iaith. Cafwyd adroddiadau cyson, yn aml yn rhai estynedig, am gystadlaethau, cyngherddau, cyhoeddi a pherfformio gweithiau newydd, hanesion am gyfansoddwyr, offerynwyr a chantorion. Bu'r erthyglau'n ffynonellau gwerthfawr.

Dan adain Tŷ Cerdd (wedi ei leoli yng Nghanolfan y Mileniwm), asiantaeth a esblygodd o'r Urdd Er Hyrwyddo Cerddoriaeth Cymru a Chanolfan Hysbysrwydd Cerddoriaeth Cymru, y soniwyd amdanynt eisoes, mae 'Darganfod Cerddoriaeth Cymru' yn archif ddigidol sy'n cynorthwyo ymchwil i hanes cerddoriaeth Gymreig a Chymraeg. Cyfeirir at nifer o gyfansoddwyr gan gynnwys David Vaughan Thomas, a cheir detholiad digidol cyfyngedig o lawysgrifau o'i eiddo ef. Fel rhan o ymgyrch i ailgyhoeddi cerddoriaeth amrywiol o'r gorffennol gan drawstoriad o gyfansoddwyr o Gymru, mae Tŷ Cerdd hefyd wedi ail-argraffu rhai darnau gan Vaughan Thomas, a bu gwaith Ethan Davies fel golygydd yn werthfawr yn y cyd-destun hwn. Cyn hynny, gweithiodd A J Heward Rees yn ddyfal yn paratoi rhai o ganeuon Vaughan Thomas ar gyfer eu cyhoeddi mewn argraffiadau newydd.

Afraid dweud bod archif D Vaughan Thomas yn y Llyfrgell Genedlaethol (GB 0210 DVAMAS) o bwys sylweddol. Ceir cyfeiriadau o ddiddordeb am faterion teuluol hefyd yn archif ei fab, Wynford Vaughan Thomas

(GB 0210 WYNMAS) yn yr un llyfrgell. Gweler cyfeiriadau at ffynonellau perthnasol eraill yn Llyfryddiaeth y gyfrol hon.

Fy mwriad wrth ysgrifennu oedd cyfrannu at ddathliad, yn 2023, canmlwyddiant a hanner geni Vaughan Thomas, a chynorthwyo i godi ymhellach ymwybyddiaeth o'i gyfraniad sylweddol i fywyd diwylliannol y genedl. Yn hytrach na thrafod ei gyfansoddiadau mewn adran ar wahân, cânt sylw yng nghorff y naratif er mwyn rhoi cyd-destun a chydamseriad cronolegol iddynt.

Fe gofir am Vaughan Thomas yn y lle cyntaf am ei waith cerddorol creadigol. Er nad oedd yn perthyn i'r rheng flaen o gyfansoddwyr yng nghyd-destun Ewropeaidd ei gyfnod, ysgrifennodd rai darnau y gellid eu hystyried yn gyfraniadau o'r radd flaenaf i'r traddodiad rhyngwladol hwnnw. Ond yn fwy na dim fel cyfansoddwr o Gymro, roedd yn gyfrwng i symud i ffwrdd, ac ymlaen, o'r agweddau Fictoraidd ceidwadol a fu'n rhwystr i ddatblygiad cerddorol mwy anturus yng Nghymru. Yn hynny o beth, roedd yn bont allweddol rhwng gorffennol lled gyfyngol a gweledigaeth i'r dyfodol. Ar yr un pryd, er y camddehongli a fu ar adegau o'i gymhelliant, ni chollodd olwg erioed ar y pethau gorau yn nhraddodiad diwylliannol a gwerinol y genedl. Ond gŵr blaengar ydoedd, yn awyddus i newid agweddau, i bwysleisio chwaeth mewn celfyddyd, i symud cerddoriaeth i dir uwch yn ei wlad ei hun. Ar wahân i'w gyfansoddi, cyfunodd ei aml ddoniau eraill yn bwerus tuag at wireddu'r dyheadau yma. Mae'n rhestr drawiadol – arweinydd corawl a cherddorfaol, organydd, cyfeilydd, a phianydd arbennig o ddisglair o oedran cynnar iawn; beirniad uchel ei barch mewn eisteddfodau yng Nghymru a gwyliau cystadleuol yn Lloegr; arholwr, gan deithio'n ehangach nag unrhyw Gymro arall o'i gyfnod; darlithydd ar amrywiaeth o destunau ac yn frwd bob amser i egluro ac esbonio'i sylwadau trwy gyflwyno enghreifftiau cerddorol; ac athro ysbrydoledig a dylanwadol i doreth o ddisgyblion, yn blant ac oedolion. Nac anghofier chwaith ei allu llenyddol sylweddol, fel cyfieithydd deallus, cynganeddwr medrus, a bardd Saesneg lle gwelir ei ddawn yng ngheinder ei sonedau. Cyfrannodd erthyglau swmpus i bapurau newydd a chylchgronau, ac roedd yn darllen mewn nifer o ieithoedd modern a chlasurol.

Y cyfuniad rhyfeddol o'r doniau yma a'i gwnaeth yn un o ffigurau mwyaf athrylithgar ei gyfnod yng Nghymru. Cafodd addysg brifysgol glasurol yn Lloegr, a bu yno'n gweithio fel athro ym mlynyddoedd cynnar ei yrfa, ond ei famwlad oedd yn ei alw, wrth iddo deimlo bod ganddo gyfraniad i'w wneud. Anwybyddodd gyngor nifer i aros yn Lloegr, gyda llawer o'r farn bod dyfodol disglair fel cerddor yn ei aros yno. Ond dychwelyd a wnaeth – 'Ni allaf ddianc rhag hon'. O ystyried ei statws ymhen blynyddoedd, a gafodd gydnabyddiaeth deilwng, a swydd briodol o bwys yng Nghymru? Naddo, ac fe gollwyd cyfleoedd fwy nag unwaith.

A gafodd ei gerddoriaeth ddylanwad uniongyrchol ar waith cyfansoddwyr y dyfodol? Byddai'n ffansïol awgrymu iddo ysbrydoli'n uniongyrchol 'ysgol' o gyfansoddwyr cenedlaethol yng Nghymru, neu yn wir i honni y bu unrhyw ymgais argyhoeddiadol i sefydlu'r hyn y gellid ei ddirnad fel arddull neu fudiad cenedlaethol. Fodd bynnag, gwelwyd dylanwad anochel o ran gosod geiriau Cymraeg, gyda phwyslais Vaughan Thomas ar deilyngdod llenyddol wrth ddethol testunau. O ystyried datblygiad y gân Gymraeg felly, nid yw'n anodd dirnad cwlwm – edefyn sy'n rhedeg o 'Berwyn' Vaughan Thomas drwodd, er enghraifft, i gân Mansel Thomas, 'Y Bardd', a'r cylch, *Caneuon y tri aderyn* gan Dilys Elwyn Edwards. Cyfrannodd Meirion Williams yn drawiadol i'r *genre* hefyd wrth gwrs, er i'w ganeuon yntau ddeillio o draddodiad rhamantiaeth hwyr, ond roedd chwaeth ei ddewis o farddoniaeth yn amlwg. Roedd yr iaith Gymraeg yn ganolog hefyd i allbwn lleisiol cyfansoddwyr fel David de Lloyd ac Arwel Hughes. Ond y tu hwnt i'r iaith ei hun, cododd Vaughan Thomas ymwybyddiaeth o agweddau ehangach ar hunaniaeth Gymreig a ddaeth o ddiddordeb mawr i gyfansoddwyr eraill, ac a ddylanwadodd o leiaf ar rai o'u gweithiau, gan gynnwys peth o gynnyrch arwyddocaol Grace Williams a David Wynne, er enghraifft. Yn y pen draw, enillodd cyfansoddwyr fel Alun Hoddinott a William Mathias gydnabyddiaeth ryngwladol, ac roedd gan eu cerddoriaeth apêl amlwg ar draws gwledydd a diwylliannau. Ac eto, maen nhw hefyd wedi talu gwrogaeth, yn uniongyrchol ac yn anuniongyrchol, i'w gwreiddiau Cymreig a nodweddion cenedlaethol mewn llawer o'u cyfansoddiadau offerynnol a lleisiol.

Ni wnaeth y cyfansoddwr o Abertawe, Daniel Jones, hyrwyddo 'Cymreictod' yn ei gerddoriaeth yn hunanymwybodol, ond ef a grisialodd y dylanwad eithaf a gafodd Vaughan Thomas ar ddyfodol cerddoriaeth yng Nghymru. Yn ei ddarlith radio bwysig ym 1961, 'Music in Wales: An Aspect of the Relationship between Art and the People', crynhodd Daniel Jones arwyddocâd David Vaughan Thomas fel hyn:

> David Vaughan Thomas ...... combined in his music a highly individual approach to the setting of Welsh words with an unmistakably national character and a professional degree of competence; his work, apart from its intrinsic value, was important because it established what music in Wales had lacked for so long: a standard that could be used by Welsh composers to judge themselves, and by the Welsh public to judge them.

Mewn erthygl fywgraffyddol a gyhoeddwyd yn *Y Geninen* ym 1955, dyma ddywedwyd am arwyddocâd bywyd a gwaith David Vaughan Thomas gan D H Lewis, Llanelli (brawd Idris Lewis, Cyfarwyddwr Cerdd cyntaf y BBC yng Nghymru):

> Perthynai i Urdd o gerddorion disglair mewn arloesi ac arbrofi cerddoriaeth ym mlynyddoedd cydiad y ddwy ganrif, yn arbennig yn ei harweddau creadigol. Yng ngolau'r diwylliant hwn, efallai, y gwerthfawrogir orau gyfraniad Vaughan Thomas i draddodiad cerddorol ei genedl yn ystod ei ddeugain mlynedd o wasanaeth ffyddlon a diflino oddi mewn a thu allan i Gymru.

1.

Y dyddiau cynnar

Ganwyd David Thomas ar 15 Mawrth 1873 mewn tŷ teras bach cyffredin yn Gough Road, Ystalyfera, y chweched o wyth o blant (Catherine, g. 1865; John, g. 1867; Jenkin, g. 1868; Ann, g. 1870; Elizabeth, g. 1872; David, g. 1873; Thomas, g. 1875; a William, g. 1878) i Jenkin Thomas a'i wraig Anne (gynt Rees). Nid oedd sôn am yr enw Vaughan, a fabwysiadwyd gan David dipyn yn hwyrach yn ei fywyd. Purwr oedd ei dad yn y gwaith haearn ac alcam lleol – un o'r mwyaf yn y byd bryd hynny, ac yn ei anterth, cyn profi dirywiad cynyddol wrth i ddur raddol ddisodli haearn ar y farchnad ryngwladol. Nid oedd Jenkin yn ddall i'r bygythiad, ond yn hytrach sylweddolodd yr angen i 'ddilyn y gwaith' gan symud ac ymsefydlu mewn gwahanol ardaloedd dros y blynyddoedd nesaf. Y dylanwadau pwysicaf ar David a'r teulu oedd y capel a cherddoriaeth, a hynny mewn cyfuniad â'i gilydd. Wedi'r cyfan, roedd Jenkin yn Godwr Canu yng nghapel Jerusalem Ystalyfera, a'i dad yntau o'i flaen yn Godwr Canu yn Jerusalem, Pont-rhyd-y-fen. Merch o'r Betws, Rhydaman oedd Anne, a hithau wedi ei chodi yng Nghapel Annibynnol Gellimanwydd.

O fewn dwy flynedd roedd y teulu wedi ymgartrefu ym Maesteg. Yno ym mis Ionawr 1875, yng nghapel y Methodistiaid, Tabor, fe fedyddiwyd David ynghyd â saith o blant bach eraill yr Eglwys honno. Yn festri'r capel hwn ym 1856, canodd Elizabeth John o Bontypridd 'Glan Rhondda' am y tro cyntaf, sef yr enw gwreiddiol a roddwyd ar ein hanthem genedlaethol, 'Hen Wlad fy Nhadau'. Yn fuan iawn, symudodd y teulu eto, gyda chyfleoedd yng Ngwaith Alcam Elai ym Mhontyclun yn denu'r tad y tro hwn. Ond yr un oedd yr hanes yno o ran dirywiad cyffredinol y diwydiant, ac ymhen prin dwy flynedd, roedd y teulu'n ymgartrefu yn Llangennech ar gyrion Llanelli, lle'r oedd

Gwaith Alcam y Morlais yn ei ddyddiau cynnar o fodolaeth. Byrhoedlog oedd hanes hwnnw hefyd, ac ar werth erbyn 1879. Fel canlyniad i'r holl symud, braidd yn ansefydlog oedd hanes addysg gynnar David, ond gyda'r adleoli nesaf daeth ffawd i chwarae ei rhan.

Er na chafodd wersi cerddoriaeth ffurfiol tu allan i'r cartref a'r capel, roedd David eisoes wedi dangos ei hoffter o chwarae harmoniwm y teulu, fwy na thebyg yn arbrofi rhywfaint, a'r ddawn o 'chwarae o'r glust' yn dechrau amlygu ei hun. Er mai fel canolfan ddiwydiannol bwysig y denodd Dowlais y teulu ym 1880, fel canolfan ddiwylliannol arbennig iawn roedd y dref i chwarae rhan hollbwysig yn natblygiad cerddorol David Thomas. Nid gor-ddweud yw datgan mai Merthyr, y dref fawr gyfagos, oedd prifddinas gerddorol Cymru yn ystod y cyfnod hwn, ac am rai blynyddoedd wedi hynny. Ystyrid Dowlais a Merthyr gyda'i gilydd yn un gymuned gyfoethog o arweinwyr corawl, unawdwyr lleisiol ac offerynwyr talentog. Ymunodd y teulu â chapel Hermon, Dowlais, ac ymaelodi hefyd gydag un o'r nifer o gorau yn yr ardal, a David yn canu alto gyda'i fam. Mewn cymuned yn byrlymu gyda gweithgareddau cerddorol o bob math, profodd David feithrinfa unigryw i ddatblygu ei dalentau. Ymysg y cerddorion dawnus, roedd yr offerynnwr William Scott (1832-1906), arweinydd cerddorfa yn yr ardal, a'i ferch ifanc, Meta, ac i'r teulu yma yn eu cartref yn Brecon Road, Merthyr yr ymddiriedodd Jenkin ac Anne Thomas addysg gerddorol David.

Ganwyd Meta Scott (Sarah Margaret) ym 1861, gan ddechrau hysbysebu fel athrawes piano pan oedd yn ferch yn ei harddegau ym 1877, a chynnig gwersi bryd hynny i 'young ladies' ym Merthyr. Erbyn i David fynd ati am wersi, a'i chylch o ddisgyblion wedi ymestyn tipyn, roedd Meta'n datblygu'n gerddorwraig lawrydd brysur, yn dysgu'r ffidil yn ogystal â'r piano, yn cyfeilio i nifer o gorau amrywiol ac yn chwarae mewn sawl cerddorfa. Yn fuan wedi i David ddod dan ei hadain, enillodd Meta le yn yr Academi Cerdd Brenhinol yn Llundain, gan astudio'r piano a'r ffidil yno, ac ennill llu o wobrwyon pwysig. Ei hathro piano yno oedd Walter Bache (1842 - 1888), hoff ddisgybl Franz Liszt, gyda'r ddau ŵr yn datblygu'n ffrindiau mynwesol. Ar ôl marwolaeth Bache daeth Meta o dan ddylanwad Walter Macfarren (1826-1905), ei hathro piano newydd. Cymaint oedd y parch tuag ati yn yr Academi fel y cyflwynwyd iddi, yn y pen draw, yr anrhydedd o Gydymaith y Coleg (ARAM – Associate of the Royal Academy of Music). Anrhydedd a gyflwynwyd yn anaml oedd hon i gyn-fyfyrwyr a wnaeth gyfraniad arwyddocaol i'r proffesiwn cerddorol neu i gymdeithas yn gyffredinol. Dyma felly oedd safon ac addewid yr athrawes ifanc, ac roedd David yn ffodus iddi ddychwelyd o Lundain yn gyson er mwyn parhau i rannu ei doniau yn ei chymuned. Er gwaethaf ei hegni di-ball, bu farw Meta Scott yn dilyn cystudd anodd a chreulon ym 1892, a hithau ond yn 31 mlwydd oed.

Fel crwt ifanc, cafodd David fodd i fyw wrth ymweld â chartref William a Meta Scott ym Merthyr, gan ymestyn ei orwelion cerddorol yn sylweddol dros y blynyddoedd nesaf. Er enghraifft, yn eu tŷ, ymunodd David yn aml fel pianydd i chwarae triawdau gyda Meta ar y ffidil a Frederic Griffith (1867-1917) ar y ffliwt. Roedd Griffith yn un o gyfoedion Meta yn yr Academi, ac aeth ymlaen i yrfa broffesiynol hynod ddisglair fel datgeinydd a chyfansoddwr offerynnol. Ef hefyd oedd awdur y llyfr *Notable Welsh Musicians* (1896). Braint arall i David oedd cael ymarfer ar biano da yn Gwent House, cartref Thomas Evans (1839-1904), dyn busnes dylanwadol a dyngarwr lleol. Cartref diwylliedig oedd hwnnw, a'r plant wedi eu magu i ymddiddori mewn cerddoriaeth. Ymhen amser ym 1894, priododd un o ferched Thomas Evans, Cecilia, â'r Parch. John Thickens, awdur *Emynau a'u Hawduriaid* (1927); a daeth y mab, David William Evans (1866-1926) yn gyfreithiwr o fri, a'i ddyrchafu'n farchog ym 1925 am gyfraniad i fywyd cyhoeddus yng Nghymru. Yn ogystal â David Thomas, byddai'r bechgyn ifanc, Harry Evans (1873-1914) a Merlin Morgan (1876-1924) hefyd yn mwynhau'r cyfle i ymarfer ar biano'r teulu. Yn gyfoeswr i David, daeth yr hynod dalentog Evans yn arweinydd ar Undeb Corawl Cymreig Lerpwl ym 1903, a bu am gyfnod byr yn Gyfarwyddwr Cerdd yn y brifysgol ym Mangor. Ystyrid ef yn un o arweinyddion corawl mwyaf talentog Prydain, ond yn eiddil ei gorff ac yn dioddef o ran ei iechyd trwy gydol ei fywyd, bu farw'n greulon o ifanc yn 41 mlwydd oed. Ymgartrefodd Merlin Morgan yn y pen draw yn Llundain fel organydd Capel Cymraeg Charing Cross, a Chyfarwyddwr Cerdd Daly's Theatre yn y West End.

Eto, roedd cysylltiadau trawiadol eraill yn Nowlais, yn eu plith un teulu diddorol yng nghapel Hermon. Yno, yn arwain y canu, roedd barbwr lleol, George Davies (1858-1906), gŵr cymharol ddi-nod efallai, ond yn dad i fachgen o'r enw Evan Thomas a anwyd ym 1878. Er y gwahaniaeth oedran rhwng y ddau blentyn, roedd David yn ymweld â chartref Evan yn Balaclava Road, o bryd i'w gilydd, ac yn chwarae'r piano yno. Ymhen blynyddoedd i ddod, fe ddaeth D Vaughan Thomas ac E T Davies (1878-1969) yn enwau cyfarwydd ac o bwys sylweddol ym myd cerddorol y genedl.

Cynhaliwyd Eisteddfod Genedlaethol Caerdydd, 1883, mewn sied enfawr o eiddo'r Taff Vale Railway Company ar gyrion y ddinas. Yn ôl pob sôn, roedd yno le i ugain mil o bobl i ymgynnull. I bob pwrpas, Saesneg oedd iaith yr Ŵyl, a thrist yw nodi'r ymagwedd negyddol a sarhaus tuag at y Gymraeg yn ein Gŵyl Genedlaethol bryd hynny. Mewn araith yn ystod yr Ŵyl, dywedodd George T Clark, Dowlais, un o'r Is-lywyddion Anrhydeddus:

> Pe meddyliwn i fod yr Eisteddfod yn tueddi i roddi parhad i'r iaith Gymraeg, byddwn yn erbyn yr Eisteddfod.

Mewn ymateb yn Saesneg, dywedodd un gohebydd yn ddiflewyn ar dafod:

It was not thus only that the customs of the Ancient Eisteddfod were transgressed, and the manifestation of the Cambrian feeling was treated with contempt.

Beth bynnag am hynny, roedd yn Eisteddfod lle gwelwyd talentau Dowlais a Merthyr yn serennu mewn sawl cyd-destun. Erbyn hyn roedd Jenkin Thomas, ei wraig Anne a'u mab David yn aelodau o'r Dowlais Harmonic Society dan arweiniad Dan Davies (1859-1930), gŵr o anian anarferol, simsan braidd, a hyd yn oed tanllyd ar adegau, a'i arddull o arwain côr braidd yn goeglyd. Serch hynny, medd David Morgans yn ei gyfrol, *Music and Musicians of Merthyr and District*, 'His personality before the choir was like a battery of energy, and he had the knack of connecting this power.' Nid oedd modd dadlau â'i lwyddiannau Eisteddfodol dros y blynyddoedd dilynol, er nad oedd ei gôr eto'n barod i gyrraedd yr ucheldiroedd yng Nghaerdydd. Fel personoliaeth, mae'n amheus a fyddai wedi denu edmygedd David, ond fe wnaeth y bachgen bach ddarganfod enaid hoff cytûn yng nghyfeilydd y Côr, sef David Bowen (1849-1885), athro piano Harry Evans, ffrind David. Yn bianydd medrus, bu David Bowen yn gyfeilydd i'r enwog Gôr Caradog yn ystod gorchestion cystadleuol rhyfeddol y Côr hwnnw yn y Crystal Palace, Llundain, ddegawd ynghynt. Roedd yn un o gyfeilyddion swyddogol Eisteddfod Genedlaethol Caerdydd, a hynny'n dilyn gorchwyl tebyg ddwy flynedd yn gynt ym Merthyr. Cyn ei farwolaeth ddisymwth roedd wedi ymrwymo i waith tebyg yn Eisteddfod Genedlaethol Aberdâr hefyd. Dyma gerddor arall y bu'r David Thomas ifanc yn ffodus o ddod o dan ei ddylanwad.

Yn Eisteddfod Caerdydd, daeth chwech o gorau i'r Brif Gystadleuaeth i gorau cymysg, gan gynnwys y Dowlais Harmonic Society, ac o gofio am Seisnigrwydd yr Ŵyl, does dim modd ffoi rhag enwau estronol y corau chwaith! Gwelwyd athrawes David, Meta Scott yn cyfeilio i ddau o'r corau eraill, sef y Rhondda Choral Union a'r Rhondda Philharmonic Society. Y beirniaid oedd George Macfarren

(1813-1887), E H Turpin (1835-1907), Brinley Richards (1819-1885) a David Jenkins (1848-1915), gyda'r gytgan 'Cyfoded Duw' gan Jenkins ei hun, allan o'i gantawd, *Arch y Cyfamod*, yn un o ddarnau prawf y gystadleuaeth. Ond nid corau cymoedd y de fu'n dathlu'r dyfarniad, gyda'r clod a'r wobr gyntaf yn mynd i'r Penrhyn Quarries Choral Union dan arweiniad Roland Rogers (1847-1927), cerddor proffesiynol fel Organydd Cadeirlan Bangor. Hon oedd yr ail fuddugoliaeth yn olynol iddynt, gydag un arall i ddilyn y flwyddyn ganlynol yn Lerpwl.

Er gwaethaf y siom i'r Harmonic, nid oedd David i adael yr Eisteddfod yn waglaw. I'r gwrthwyneb, yno daeth ef i sylw'r genedl am y tro cyntaf yn ei fywyd. Gydag anogaeth Meta Scott, mentrodd ar y gystadleuaeth unawd harmoniwm, yn agored i unrhyw oedran. Y darn gosod oedd trefniant o'r 'Cujus Animam' allan o *Stabat Mater*, Rossini, gyda Brinley Richards yn beirniadu. Daeth David i'r brig ymysg llu o oedolion, gyda chlod arbennig, gan ennill gwobr o ddwy gini (£2.10c), sy'n cyfateb i dros £200 yn ein harian ni heddiw. Dyma hwb sylweddol i deulu o'r dosbarth gweithiol lle, mae'n rhaid, roedd cyllid ar gyfer hybu addysg gerddorol bachgen o addewid fel David yn brin. Wrth iddo gyrraedd y llwyfan i gymeradwyaeth frwd, cyflwynwyd anrhydedd ychwanegol iddo gan yr Arglwyddes Bute, sef medal efydd arbennig.

Er mai rhwyg dirdynnol i David fyddai gadael Dowlais a'i athrawes ymroddgar, y capel a'r canu corawl, profi'r un wasgfa wnaeth Jenkin y tad erbyn 1884 â'r hyn oedd wedi ei orfodi i symud o le i le yn y blynyddoedd cynt. Doedd dim dewis ond edrych tuag at ardaloedd amgen lle'r oedd ymdrechion i agor gweithfeydd alcam yn parhau, er y dirywiad yn y farchnad. Eisoes wedi treulio cyfnod yn Llangennech cyn symud i Ddowlais, trodd golygon Jenkin Thomas a'i deulu yn awr at bentref cyfagos Pontarddulais. Yno, roedd gweithiau'r Cambrian, Ffosyrefail, Teilo a Clayton wedi eu sefydlu'n ddiweddar, gyda'r olaf o'r rhain yn mwynhau rhywfaint o lwyddiant dros gyfnod. Cartref newydd y teulu oedd Wern Villa yn Wern Terrace, ardal fechan o'r stryd fawr a elwid yn Hope Street ar ôl y capel Annibynnol Hope a adeiladwyd arni ddiwedd y 1860au a dechrau'r 1870au. Maes o law fe ail enwyd yr heol yn Stryd San Teilo, fel y'i hadwaenir hyd heddiw. Ond fel Methodistiaid, capel y Gopa, ben arall y pentref, ddaeth yn gartref ysbrydol newydd i deulu Jenkin Thomas am y tro o leiaf. Hwn oedd symudiad olaf y teulu, a theg yw dweud mai fel 'un o blant y Bont' yr ystyriodd David ei hun trwy gydol gweddill ei fywyd.

O ran capel y Gopa, bu yno eisoes ŵr o'r enw Jenkin Thomas (Llew o'r Llwyn) yn arwain y gân. Ond gyda dyfodiad y teulu newydd o Ddowlais, Jenkin Thomas, tad David, oedd i gymryd at yr awenau cerddorol yn y capel, o leiaf am gyfnod byr. Roedd capel y Gopa gryn bellter o Wern Villa, a phan agorwyd ysgoldy ym 1885 ond tafliad carreg o gartref Jenkin a'r teulu, a'i chorffori'n eglwys ym 1886, symudodd rhyw hanner cant o aelodau'r Gopa i'r capel newydd a enwyd Hermon. Yn eu plith roedd Jenkin a'i deulu, ac unwaith eto bu ef yn cynorthwyo gyda'r gân yn yr eglwys newydd.

Maes o law ffurfiwyd mintai o gerddorion amryddawn yn Hermon gan ddylanwadu ar ganiadaeth y cysegr yno. Yn ogystal â Jenkin Thomas, ymunodd Thomas Davies (1848-1927) â'r eglwys ym 1887. Daeth y gŵr hwn i Bontarddulais o Ddyffryn Afan fel rheolwr Gwaith Newydd y Cambria, a bu'n arwain Cymanfa Ganu'r Gopa am dros ddeugain mlynedd wedi hynny, ac arwain perfformiadau o sawl oratorio gan Gôr Hermon. Ef, am flynyddoedd lawer, oedd Golygydd Cerdd *Trysorfa Y Plant* (sic), cylchgrawn yr ifanc a gyhoeddwyd yn fisol dan nawdd Cyfundeb y Methodistiaid Calfinaidd yng Nghymru, ond oedd hefyd yn boblogaidd gyda phlant yr holl enwadau. Yn fuan ar ôl ymgorffori'r eglwys, prynwyd harmoniwm. Ac yntau yn ei arddegau cynnar, apwyntiwyd David yn organydd, swydd a ddaliodd nes iddo yn y pen draw adael i fynd i'r coleg. Bryd hynny, penodwyd brawd David, Jenkin arall eto, yn organydd capel

Hermon. Flynyddoedd yn ddiweddarach ym 1923, sefydlwyd organ bib yn y capel o wneuthuriad Blackett and Howden, ar yr un patrwm ag organ capel y Gopa, er yn llai ei maint. Rhoddwyd y datganiad agoriadol gan Dr David Vaughan Thomas, MA, fel yr oedd erbyn hynny. Ond fel bachgen ifanc yn y Bont, bu David yn ffodus o gael ei hun mewn capel, ac yn wir mewn pentref, lle roedd cerddoriaeth leisiol o bwys, a pharch arwyddocaol iddi o fewn y gymdeithas.

Fel un canlyniad i Ddeddf Addysg 1870, agorwyd nifer o Ysgolion Bwrdd, gan gynnwys un ym Mhontarddulais ym 1878. Yn Brifathro arni, penodwyd John Roberts (1851-1907), gŵr amryddawn ac aml-dalentog, a ddaeth i Bontarddulais o Abergwili. Apwyntiad nid annisgwyl oedd hwn gan iddo eisoes dreulio chwe blynedd fel Pennaeth yr Ysgol Genedlaethol yn y pentref. Yn boblogaidd mewn cylchoedd chwaraeon o bob math, roedd hefyd yn gerddor da, ac yn gofalu am ganu Eglwys San Teilo. Roedd John Roberts yn uchel iawn ei barch yn ei gymuned, ac wrth reswm rhoddodd le teilwng i gerddoriaeth ar gwricwlwm ei ysgol. Sylwodd nid yn unig ar ddoniau cerddorol David, oedd erbyn hyn yn unarddeg mlwydd oed, ond hefyd ar ei allu academaidd cyffredinol, yn enwedig ei ddiddordeb arbennig mewn mathemateg.

Treuliodd David dipyn o'i amser yn mireinio'i sgiliau cerddorol mewn sawl ffordd ym Mhontarddulais, ac roedd galw am ei wasanaeth yn aml fel cyfeilydd a datgeinydd mewn cyngherddau lleol. Cyn dyfodiad yr harmoniwm i Hermon, trodd ei olygon tuag at Langennech, lle'n bu'n byw yn blentyn bach rai blynyddoedd cyn hynny wrth gwrs. Yno cafodd fodd i fyw wrth gynorthwyo yn ôl yr angen i chwarae'r harmoniwm mewn oedfaon yng nghapel bychan Bryn Seion.

Yn fwy arwyddocaol efallai, fel yn Nowlais gynt, cafodd ei hun eto mewn ardal lle'r oedd datblygiadau, o leiaf rhai dichonadwy, o ran addysg gerddorol genedlaethol. Cerddor uchaf ei barch y cyfnod yng Nghymru oedd Joseph Parry (1841-1903). Wrth gwrs, roedd ei enw'n un cyfarwydd y tu hwnt i Glawdd Offa hefyd, a gwelwyd ei enwogrwydd hyd yn oed yn dwysáu wedi iddo ddychwelyd i Gymru ar ôl cyfnod o fwynhau eilunaddoliaeth Cymry alltud Unol Daleithiau America. Dychwelyd i Aberystwyth a wnaeth, i'r Brifysgol yn wreiddiol, ond hefyd mewn ymgais i wireddu ei freuddwyd i sefydlu Coleg Cerdd Cenedlaethol. Gyda rhai mewn awdurdod yn feirniadol ohono am iddo dreulio gormod o amser i ffwrdd o'i ddyletswyddau yn Aberystwyth, suro braidd wnaeth ei berthynas â'r dref, ac fe danseiliodd hynny unrhyw ddyfodol llwyddiannus i'r Coleg Cerdd. Wrth dderbyn gwahoddiad fel organydd yng nghapel Ebenezer Abertawe ym 1881, a pharhau â'i yrfa lewyrchus fel cyfansoddwr ac arweinydd cyngherddau, ailgydiodd hefyd yn y syniad o Goleg Cerdd Cenedlaethol. Nododd ar y cychwyn y byddai dosbarthiadau ar gael mewn gwahanol agweddau o gerddoriaeth gan gynnwys cynghanedd, gwrthbwynt ac offeryniaeth, gyda phedair gwers wythnosol i bob dosbarth. Sefydlwyd patrwm hefyd o wersi gyda'r hwyr a hyd yn oed gwersi trwy'r post.

Wrth i David gyrraedd Pontarddulais, manteisiodd ar y cyfle i ymaelodi fel disgybl yn y fenter, ac am gyfnod o leiaf bu'n mynychu gwersi yng nghartref Parry yn Northampton Terrace, Abertawe, lle sefydlwyd y Coleg. Heb amheuaeth, byddai David wedi elwa o'r profiadau yno fel disgybl ifanc. Serch hynny, yn debyg i'r ymdrechion yn Aberystwyth, gwywo wnaeth y datblygiad hwn yn y pen draw gydag ymadawiad Parry i ymuno â staff y Brifysgol yng Nghaerdydd ym 1888. O edrych ar fanylion cyd-ddisgyblion David am yr ychydig amser y daeth o dan adain Parry, gweler nad oedd unrhyw beth 'cenedlaethol' am y coleg hwnnw yn Abertawe mewn gwirionedd. Plant a phobl ifanc oedd mwyafrif y 'cwsmeriaid' (roedd ffioedd wedi'r cyfan), a'r dalgylch yn gyfyng, ac ar wahân i David ei hun, aeth neb ymlaen i bethau mawr cerddorol, gydag un eithriad pwysig. Yn ŵr ifanc saith mlynedd yn hŷn na David, Daniel Protheroe (1866-1934) oedd yr eithriad hwnnw. Byrhoedlog fu'r berthynas gynnar honno rhwng y ddau, oherwydd i

Protheroe ymfudo i Scranton, Pennsylvania ym 1886. Cyn hynny, roedd addysg David wedi symud i gyfeiriadau tu hwnt i Bontarddulais.

Er i John Roberts, Prifathro'r Ysgol Fwrdd yn y Bont, awgrymu y dylai Jenkin ac Anne Thomas ystyried danfon David i Goleg Llanymddyfri, oedi a wnaethant, efallai am resymau ariannol, neu gan deimlo bod y crwt ychydig yn rhy ifanc ar y pryd. Yn hytrach, trefnwyd lle iddo yn Ysgol Watcyn Wyn yn nhref Rhydaman. Prinder, neu, gellid dweud, yr elyniaeth i addysg cyfrwng Cymraeg, oedd y sbardun i Watcyn Wyn (1844-1905) sefydlu ei 'goleg' ym 1880, a hynny'n bennaf i hyfforddi myfyrwyr ar gyfer y weinidogaeth, ond hefyd er mwyn paratoi eraill at yrfâu amgen. Wedi agor, er syndod o dan yr enw Saesneg Hope Academy, llwyddodd i ddenu myfyrwyr dawnus ac addawol o amrywiol oedrannau, ac er yn henach na David, yno ar yr un adeg ag ef oedd unigolion fel Henry Thomas Jacobs (1864-1957) a ddaeth ymhen amser yn un o gewri pulpudau enwad yr Annibynwyr; D M Rees (1871-1924) a aeth yn genhadwr i Fadagascar; a W Llewelyn Williams (1867-1922), a ddaeth yn Aelod Seneddol dros Gaerfyrddin ym 1906. Hwyrach mai gweld y sefydliad newydd hwn fel carreg sarn oedd cymhelliad Jenkin ac Anne Thomas, gan i nifer o'r myfyrwyr symud yn eu blaen yn eu tro i Lanymddyfri. Ehangwyd gorwelion addysgol David wrth ddilyn cwricwlwm oedd yn gynhwysfawr tu hwnt, ac yn cynnwys yr ieithoedd clasurol, mathemateg, gwyddoniaeth a hyd yn oed llaw-fer, gyda lle anrhydeddus wrth gwrs i'r Gymraeg a'i llenyddiaeth. Roedd Watcyn Wyn yn fardd cenedlaethol erbyn hynny, ac eisoes wedi cyhoeddi dwy gyfrol o'i gerddi. Mae'n siŵr y byddai David wedi ymuno yn y dathlu pan enillodd Watcyn Wyn y Gadair yn Eisteddfod Genedlaethol Aberdâr ym 1885 am ei awdl, 'Y gwir yn erbyn y byd'.

Codid ffi ar y myfyrwyr o bum swllt ar hugain (£1.25) y chwarter, ac fe drefnid llety i rai hefyd am swllt a chwech (7½c) yr wythnos, ond y tebygrwydd yw, fel crwtyn deuddeg mlwydd oed, mai teithio'n ddyddiol y byddai David wedi gwneud. Wedi'r cyfan, roedd trên yn rhedeg yn hwylus o Bontarddulais i Rydaman ers dyfodiad y rheilffordd ddegawdau'n gynt.

Ym 1887, ysgafnhawyd y pwysau ar gyllideb y teulu pan enillodd David ysgoloriaeth gwerth £20 i Goleg Llanymddyfri, yn cyfateb i dros ddwy fil o bunnoedd ein dyddiau ni. Pan enillodd ei ysgoloriaeth mynediad yno, nododd rhai papurau newydd iddo hefyd ennill 'ysgoloriaeth gerdd' ychwanegol, a thrwy hynny chwyddo gwerth ariannol yr ysgoloriaeth sylfaenol.

Nid oedd pall ar y dirwasgiad yn y diwydiant alcam, ond roedd Jenkin wedi cael hen ddigon ar fywyd nomadig ei deulu, a chyn hir fe'i gwelwyd yn troi tuag at yrfa newydd fel asiant yswiriant, a sicrwydd cymharol o ddiogelwch ariannol. Ychydig fisoedd cyn i David adael am Lanymddyfri, gan gofio hefyd am ei swydd newydd fel organydd Hermon, cyflwynwyd llyfr iddo gan Eglwys Bryn Seion, Llangennech, fel anrheg am ei gymorth yn chwarae'r harmoniwm bychan yn y capel hwnnw. Y gyfrol oedd *Pa fodd i sylwi ar Gynghanedd* (1872), sef cyfieithiad John Roberts, Ieuan Gwyllt (1822-77) o lyfr John Curwen (1816-80), *How to observe Harmony* (1861). Gwerslyfr swmpus yn defnyddio esboniadau ac enghreifftiau trwy gyfrwng sol-ffa oedd hwn yn hytrach na hen nodiant. Mae'n bosib mai hwn oedd un o'r gwerslyfrau cerddorol cyntaf i David ei feddiannu, a hwnnw yn yr iaith Gymraeg. Sylwer, serch hynny, mai Saesneg oedd iaith cyflwyniad Bryn Seion iddo:

> Presented to David Thomas for his kind services in assisting David Davies at Bryn Seion, Llangennech, July 3rd, 1886.

Er y teitl 'coleg', ysgol fonedd oedd Llanymddyfri a sylfaenwyd ym 1847 fel ysgol waddoledig gan y llawfeddyg a'r dyngarwr Thomas Phillips (1760-1851), er mwyn darparu addysg glasurol a rhyddfrydol, gan gynnwys astudiaeth o'r iaith Gymraeg a'i llenyddiaeth, ynghyd â hanes Cymru. Pan gyrhaeddodd David yno ym 1887, y Warden oedd John Owen (1854-1926), gŵr a fu'n Athro'r Gymraeg yng Ngholeg Dewi Sant Llanbed cyn hynny, ac a ddaeth ymhen amser, wedi gadael Llanymddyfri, yn Esgob Tyddewi. Roedd John Owen yn Gymro argyhoeddedig, ac yn arddel pwysigrwydd y Gymraeg yn y cwricwlwm. Cymuned gymharol fechan oedd Coleg Llanymddyfri, gyda 168 o fyfyrwyr, 105 ohonynt yn 'boarders', deg o athrawon, ynghyd â dau athro 'ymweliadol' pan aeth David yno. Roedd y sefydliad yn feithrinfa arbennig, gan fagu nifer sylweddol o fechgyn, nid yn unig i sicrhau lle ym Mhrifysgolion Rhydychen a Chaergrawnt, ond i ennill ysgoloriaethau hael i'r sefydliadau hynny, nifer arwyddocaol ohonynt mewn mathemateg, hoff bwnc David, ar wahân i gerddoriaeth wrth gwrs.

Gydag olynydd John Owen yn cyrraedd ym 1889, sef Owen Evans (1853-1914), a fu, fel ei ragflaenydd hefyd, yn Athro'r Gymraeg cyn hynny yn Llanbed – addaswyd cwricwlwm y Coleg. Poeni roedd awdurdodau'r Coleg y byddai'r gystadleuaeth o gyfeiriad yr ysgolion uwchradd oedd bellach yn agor ar draws y wlad yn amharu ar statws Llanymddyfri fel sefydliad o ragoriaeth addysgiadol. Er mwyn parhau, ac ymestyn enw da'r Coleg, rhaid oedd anelu at lwyddiannau pellach mewn arholiadau allanol ac ysgoloriaethau pwysig yn y Clasuron a Mathemateg. Y Gymraeg fyddai'n talu'r pris o ran y cwricwlwm.

Yn nyddiau John Owen yno fel Warden, mae'r *Llandovery School Journal* ar gyfer y flwyddyn 1887 yn nodi i 'D Thomas, Form 3B' ennill llu o wobrwyon am ei waith academaidd yn y pynciau Lladin, Saesneg a Ffrangeg ynghyd â'r 'Form Prize' am waith gorau ei ddosbarth yn y flwyddyn honno. Parhaodd David i ddal ei afael ar ei ysgoloriaeth gyda chynnydd o hyd at £25 y flwyddyn o 1888-1890. Serch hynny, yn y rhifau dilynol o'r *Journal* o 1888 hyd at 1890, nid oes sôn am ei enw o gwbl. Nid yw ei enw'n ymddangos fel enillydd unrhyw wobr academaidd, na chwaith fel cyfranogwr ar y meysydd chwarae, nac mewn perfformiadau ar lwyfan, nac yng nghymdeithasau cyffredinol eraill cymuned y Coleg.

Mewn gwirionedd, mae hyn yn dipyn o ddirgelwch. Eto, tua diwedd ei gyfnod yno, mae'r Journal yn ei longyfarch:

> Oxford and Cambridge Schools Examinations Board, 1890, Higher Certificate Examination – David Thomas passed in elementary and additional Mathematics (with distinction), Scripture Knowledge and Natural Philosophy (Mechanical Division) with distinction.

Mewn arholiadau gyda'r un Bwrdd ym 1891 nodwyd iddo lwyddo 'with distinction in Mathematics and Mechanics'.

Hefyd yn y *Journal* ar gyfer 1891 caiff David ei longyfarch ar ei 'ysgoloriaeth' heb fynd i unrhyw fanylder. Mewn gwirionedd roedd wedi ennill ysgoloriaeth agored mewn mathemateg i Rydychen, gwerth £80 y flwyddyn (dros £10,000 heddiw). Yn ystod yr un cyfnod, enillodd ei ffrind a'i gyd-ddisgybl, Henry Price (1872-1945), ysgoloriaeth mathemateg i Goleg Brasenose yn Rhydychen, gyda chryn sylw o'r *Journal*, wedi iddo ennill gwobrwyon mathemateg Coleg Llanymddyfri cyn iddo adael. Ymhen rhai blynyddoedd daeth y gŵr hwn yn Arolygydd Ysgolion dylanwadol. Roedd yn arfer i Brifysgol Rhydychen ddanfon 'Oxford Letter' blynyddol i'r *Journal* yn nodi newyddion am gyn-fyfyrwyr Llanymddyfri, ac ym 1891 fe nodwyd croeso'r Brifysgol i 'Price and Thomas'. Nid ar chwarae bach yr enillodd David ei ysgoloriaeth i Rydychen, ond sut mae esbonio'i anhysbysrwydd ymddangosiadol yn y Coleg rhwng 1888 a 1890?

Yn nyddiau David yn Llanymddyfri, un o'r athrawon mathemateg oedd hefyd yn gyfrifol am gerddoriaeth. Gŵr o ogledd Lloegr yn wreiddiol oedd John W Winter, a raddiodd mewn mathemateg yng Ngholeg Sant Ioan yng Nghaergrawnt, ond a fu hefyd yn canu bas yng nghôr enwog Capel y Coleg tra'n fyfyriwr israddedig yno. Un o'i ddyletswyddau yn Llanymddyfri oedd gofalu am bianyddion dawnus ymhlith y myfyrwyr yno, ac mae'n bosib felly i David gael gwersi ganddo. Fel athro, sut roedd e'n cymharu â Meta Scott yn llygaid y bachgen ifanc? Dywed 'Nodiadau' William Thomas, brawd David:

> Tra yn Llanymddyfri, nid oedd yn hoff iawn o chwaraeon ond yr oedd yn chwaraewr piano, a'r canlyniad oedd iddo gael enw urddasol sef, 'Dai Piano'.

Yn wahanol i draddodiadau ysgolion bonedd tebyg yn Lloegr, nid oedd capel yn bodoli yn y Coleg yn nyddiau David yno. Serch hynny, roedd yno gôr, a hwnnw'n canu'n rheolaidd yng ngwasanaethau'r Coleg, ac ar achosion o ddathlu amrywiol yn Eglwys Llanfair-ar-y-bryn (lle mae bedd Williams Pantycelyn) ac Eglwys Llandingat. John Winter oedd yn arwain y côr, ac ef oedd yn gyfrifol hefyd am berfformiadau blynyddol o operâu Gilbert a Sullivan yn ystod cyfnod David yn y Coleg. Eto, nid yw'r *Journal* yn nodi enw David Thomas yn y cyd-destunau yma, ond yn ddiddorol, flynyddoedd yn ddiweddarach ym 1910, wrth hysbysebu un o'i gyfansoddiadau newydd bryd hynny, mae'r *Evening Express* yn hawlio iddo chwarae rhan bwysig yng nghynyrchiadau operâu Gilbert a Sullivan yn Llanymddyfri. Hwyrach nad oedd gwaith *répétiteur* yn haeddu sylw'r *Journal*!

Mae'n amlwg i David 'setlo' yn Llanymddyfri ym 1887, gan iddo ennill gwobrwyon academaidd, fel y gwelwyd, yn ei flwyddyn gyntaf yno. Ond beth ddigwyddodd wedyn? Roedd y Coleg yn rhedeg ar linellau ysgolion bonedd Lloegr. A oedd David Thomas yn cael hyn yn estron iddo? O ran cofnodion ffurfiol y Coleg, nid oes sôn amdano'n cymryd rhan mewn unrhyw weithgareddau cerddorol, ac nid oes sôn amdano'n chwarae'r organ mewn unrhyw wasanaethau chwaith. Cofier wrth gwrs fod ganddo gyfrifoldebau fel organydd Hermon Pontarddulais yn ystod y cyfnod hwn, sy'n awgrymu efallai nad oedd yn 'boarder' yn Llanymddyfri ar benwythnosau, os o gwbl. Dywed rhai ei fod, ar y pryd, yn chwarae'r organ yn achlysurol yng nghapel y Tabernacl yn Llanymddyfri. A wnaeth ef hynny gyda sêl bendith y Coleg?

Gyda dyfodiad Owen Evans yn Warden, a oedd newid polisi'r Coleg o ran y Gymraeg wedi cythruddo'r David ifanc? A oedd yn rhoi ei amser yn gynyddol i gerddoriaeth, yn chwarae a chyfeilio mewn cyngherddau amrywiol, a hynny efallai ar draul ei astudiaethau ffurfiol yn y Coleg? Yn sicr profwyd senario tebyg pan aeth David yn ei flaen i Goleg Exeter, Rhydychen.

2.

Rhydychen

Oxford bowled him over. I still have a photograph of him in a college group taken on the steps of the oak-beamed Hall…..father wears his college blazer, and his straw boater is set at a slightly rakish angle – a young Welshman looking with amazed and amused eyes at the strange, unfamiliar, highly stylised and exclusive world of late Victorian Oxford.

Geiriau ei fab, Wynford Vaughan Thomas (1908-1987) oedd y rhain, flynyddoedd yn ddiweddarach, wrth iddo ysgrifennu ei hunangofiant, *Trust to Talk* (1980). Mewn mwy nag un ystyr, profodd David Thomas, yn ŵr ifanc deunaw oed, dipyn o ysgytwad diwylliannol wrth gyrraedd 'exclusive world' Rhydychen, chwedl ei fab. Gyda dyfodiad David i Rydychen, dyma ddywed 'Nodion o Rydychain' yn *Y Goleuad* ar 5 Tachwedd 1891. Dyfynnir yn yr orgraff wreiddiol, ynghyd â'r iaith flodeuog:

Ymhlith y Cymry newydd eleni mae un brawd ieuanc, sydd fel pe tae yn profi cywirdeb dywediad Plato yn y Wladwriaeth, fod y gwir gerddor yn mynd rhagddo, oddiwrth chware offerynau a thynu tanau, at efrydu cynghanedd yn ol egwyddorion sylfaenol mesuroniaeth, gan esgyn o'r teimladwy i'r dealladwy. Sef yw hwnw David Thomas o ysgol Llanymddyfri, yr hwn sydd wedi enill ysgoloriaeth mewn rhif a mesur yng Ngholeg Exeter. Cyn cyraedd ei ddeng mlwydd oed yr oedd Thomas yn fath o Joseph Hoffmann Cymreig. Yn nghapel mwyaf y Methodistiad yn Nowlais y datblygwyd gyntaf ei fedrusrwydd anarferol mewn chwareu yr harmonium. Daeth yn gyflym i feddiant o lawn cymaint o gelfyddyd ar y berdoneg...... Mae genym pob gobaith y daw yr ysgolor ieuanc i gryn sylw yma.

Wrth geisio setlo i'w fyd newydd, nid syndod oedd i David Thomas edrych am gysur ei gyd-Gymry yng Nghymdeithas Dafydd ap Gwilym yn y Brifysgol. Er yn hŷn nag ef, byddai selogion y Gymdeithas oedd yn gyn-ddisgyblion Coleg Llanymddyfri, trwy deyrngarwch brawdol mae'n siŵr, wedi ei groesawu'n frwd i'w plith. Sefydlwyd Cymdeithas Dafydd ap Gwilym ym mis Mai 1886, ychydig o flynyddoedd yn unig cyn dyfodiad David i Rydychen. Bu peth dryswch ynglŷn â manylion cychwyn 'Y Dafydd' gyda'r cofnodion cynharaf naill ai wedi eu colli, neu rywfaint ohonynt wedi eu difrodi. Serch hynny, mae'n amlwg mai'r prif symbylyddion oedd David Morgan Jones (1863-1937), Coleg Worcester, a ymfudodd yn y pen draw i weinidogaethu yn Brisbane, Awstralia; Daniel Lleufer Thomas (1863-1940), nad oedd yn perthyn i unrhyw Goleg penodol; ac O M Edwards (1858-1920), Balliol. Roedd y ddau gyntaf, ynghyd ag aelod cynnar arall, W Llewelyn Williams, Brasenose, yn gyn-ddisgyblion Coleg Llanymddyfri, a nhw fyddai wedi cymryd David o dan eu hadenydd. Eraill a ymunodd yn fuan ar y cychwyn oedd John Morris Jones (1864-1929), Coleg yr Iesu, a gafodd ddylanwad arwyddocaol wedi hynny wrth weithio'n ddiwyd i safoni orgraff yr iaith Gymraeg; John Owen Thomas (1862-1928), New College, a ddaeth ymhen amser yn Bennaeth Coleg Diwinyddol Unedig Aberystwyth; J Puleston Jones (1862-1925), Balliol, y gŵr anhygoel hwnnw, yn ddall ers ei blentyndod cynnar, a luniodd gyfundrefn o reolau Braille Cymraeg, ac a ddaeth yn un o ddiwinyddion mwyaf blaenllaw Cymru; ac Edward Anwyl (1866-1914), Oriel, Athro'r Gymraeg yn Aberystwyth yn fuan wedi hynny.

Y Llywydd o'r cychwyn oedd John Rhys (1840-1915), arbenigwr ar ieithyddiaeth Gymraeg, a fu'n efrydwr yn Paris, Heidelberg, Leipzig a Gottingen, yn ogystal â Rhydychen. Wedi sefydlu Cadair Astudiaethau Celtaidd yng Ngholeg Iesu ym 1877 penodwyd John Rhys yn Athro, ac ym 1881 fe'i gwnaethpwyd yn Gymrawd a Thrysorydd y Coleg. Daliodd swydd y Trysorydd yno hyd 1895, pryd yr etholwyd ef yn Bennaeth y Coleg, a hynny tan ei farwolaeth ym 1915. Ef oedd Llywydd 'Y Dafydd' hefyd hyd at ei farwolaeth, ac felly trwy gydol cyfnod David yn y Brifysgol. Dyma gasgliad rhyfeddol o ddoniau Cymraeg eu hiaith mewn môr o Seisnigrwydd, ac fe ddaeth sawl un ohonynt yn gewri'r genedl, a hefyd i gyffwrdd â bywyd David Thomas eto mewn gwahanol ffyrdd flynyddoedd lawer wedi iddo adael Rhydychen.

Penderfynwyd mai amcan y Gymdeithas fyddai 'ymdrin â llenyddiaeth a hanes a chelfau cain Cymru'. Pwysleisiwyd mai defod gyson mewn cyfarfod fyddai darllen un o gywyddau Dafydd ap Gwilym (c.1315-1350?), ac fe wnaethpwyd hynny'n rheolaidd, yn ogystal â darllen darnau amrywiol eraill o lenyddiaeth Gymraeg. Doedd dim sôn am ganu na cherddoriaeth yn y cyfansoddiad, ond eto fe ddaeth canu yn rhan annatod o'r cyfarfodydd.

Trwy wahoddiad yn unig y gellid dod yn aelod o'r Gymdeithas, ac o'r cychwyn cyfyngwyd yr aelodaeth i nifer fechan. Cynhaliwyd cyfarfodydd yn rheolaidd, gan amrywio'r lleoliad rhwng ystafelloedd yr aelodau, trwy wahoddiad 'y gŵr oedd piau'r nenbren' yng ngeiriau'r Gymdeithas ei hun. Mewn cyfarfod penodol yn ystod trydydd tymor 1891-2, T J Hooson, University College, oedd 'piau'r nenbren' ac yn ei ystafell ef y cynigiwyd David yn aelod gan Lewis Jones Roberts (1866-1931). Yn hanu o Roslannerchrugog, brawd hynaf y bardd I D Hooson oedd T J Hooson, gŵr a enillodd ysgoloriaeth i Rydychen yn yr un flwyddyn â David, ond hynny tra'n fyfyriwr eisoes yng Ngholeg yr Iesu yno. Roedd L J Roberts a David ill dau yn perthyn i Goleg Exeter, ac er nad oedd y naill na'r llall yn astudio Cerddoriaeth yno, roedd diddordeb y ddau ym myd cerddoriaeth yn amlwg, gyda Roberts eisoes yn cyfansoddi a chyhoeddi emyn-donau. Ymhen amser, dan adain O M Edwards, gweithredodd Roberts fel golygydd cerddorol y cylchgronau *Cymru* a *Cymru'r Plant*, gan gyfansoddi carol newydd bob blwyddyn. Mae tair o'i donau wedi dal eu poblogrwydd ar hyd y blynyddoedd ac wedi goroesi i'w cynnwys yn *Caneuon Ffydd* yr unfed ganrif ar hugain, sef *Llanbedr* (i'r geiriau 'Odlau tyner engyl'); *Llys Aeron* (i'r geiriau 'Canaf yn y bore'); a *Sychu'r Dagrau* (i'r geiriau 'Bydd canu yn y nefoedd'). Fe wnaeth y ddau gynnal eu cyfeillgarwch y tu hwnt i ddyddiau coleg, ac fe ddaeth L J Roberts yn Arolygwr Ysgolion Cymru dylanwadol iawn ym 1896, dim ond ychydig o flynyddoedd wedi iddo adael Rhydychen.

Ar wahân i'r ddau gyfaill yma, cyfoethogwyd cyfarfodydd 'Y Dafydd' yn y cyfnod hwnnw gan gyfraniadau cerddorol eraill, gyda'r pwyslais disgwyliedig ar ganu. Er enghraifft, rhoddwyd lle amlwg i gerddoriaeth yn y cyfarfod i ddathlu Gŵyl Ddewi, 1893, yng Ngholeg yr Iesu. 'Mor fuan ag y dechreuodd Thomas chwareu y berdoneg', meddai'r cofnodion, 'enynnodd y tân, ac wele bawb yn barod i ganu.' Pwyswyd yn gyson ar gymwynasau David fel cyfeilydd, weithiau gyda chanlyniadau doniol. Un ffefryn fel unawdydd oedd Tudno Williams (tad-cu'r diwinydd John Tudno Williams) a adwaenid fel Eos y Gogarth wrth berfformio. Dyma ddyfyniad ffraeth, eto o gofnodion y cyfnod:

> Galwyd ar Eos y Gogarth i ddatganu penillion.......yn ceisio dilyn y canwr ar y piano yr oedd David Thomas, ond yn wir yr oedd Tudno yn drech o ddigon.

Eithriad yn y cwmni oedd Robert Bryan (1858-1920), fel un oedd yn astudio Cerddoriaeth yn y Brifysgol a hynny am ddwy radd, B.A. a'r Mus.Bac. Yn hanu o Sir Ddinbych, gŵr hynod amryddawn oedd hwn, oherwydd yn ogystal â'i ddoniau fel cerddor roedd yn llenor ac ysgolhaig disglair, yn gyfieithydd medrus hefyd, gan drosi llenyddiaeth o nifer o wahanol ieithoedd. Yn anffodus, oherwydd afiechyd bu'n rhaid iddo adael Rhydychen ym 1893 cyn iddo raddio. Dros amser wedi hynny, cyhoeddodd gyfrolau o'i farddoniaeth a chyfansoddodd dipyn o gerddoriaeth, gan gynnwys unawdau a darnau i gorau meibion, gyda sawl un ohonynt yn ymddangos fel darnau prawf yn yr Eisteddfod Genedlaethol. Hwyrach mai ei ran-gân 'Y Teithiwr Blin' yw'r mwyaf adnabyddus ohonynt. Mewn ymgais i leddfu effeithiau ei salwch, treuliai y rhan fwyaf o'i aeafau yn yr Aifft, lle'r oedd ei frodyr yn fasnachwyr llwyddiannus.

O safbwynt cynnal ochr gerddorol 'Y Dafydd' yn y cyfnod hwn, roedd L J Roberts, Robert Bryan a David Thomas yn gyfuniad cryf, ond roedd un arwyddocaol arall yn eu plith. Fel cyfansoddwr caneuon, daethai enw William Davies (1859-1907) i amlygrwydd eisoes yng Nghymru, wedi iddo ennill sawl cystadleuaeth gyfansoddi yn yr Eisteddfod Genedlaethol. Flwyddyn ar ôl ennill yn Wrecsam ym 1888 gyda'r gân a ddaeth mor adnabyddus a phoblogaidd, 'O na fyddai'n haf o hyd', fe'i penodwyd yn brif denor Côr Coleg Magdalen yn Rhydychen. Cyfoethogodd nifer o gyfarfodydd 'Y Dafydd' fel datgeinydd, wedi ei dderbyn fel 'aelod anrhydeddus' o'r Gymdeithas, cyn iddo symud ymlaen i Eglwys Gadeiriol San Paul yn Llundain fel ficer corawl cynorthwyol ym 1894.

Ym mis Mehefin 1893, dewiswyd John Morgan Edwards (1868-1924), brawd iau O M Edwards, yn ysgrifennydd 'Y Dafydd', a David Thomas yn drysorydd ar gyfer y tymor canlynol. Nid oes unrhyw amheuaeth na wnaeth profiadau David fel aelod o Gymdeithas Dafydd ap Gwilym ddylanwadu'n arwyddocaol ar agweddau allweddol o'i fywyd yn ddiweddarach. Yn gyntaf, er yn alltud, roedd dyhead cryf ymhlith y mwyafrif llethol o'i gyd-aelodau mai dychwelyd i Gymru oedd eu nod, er mwyn cyfrannu mewn amrywiol feysydd at ddyfodol y genedl, a chysegru eu talentau a'u doniau i Gymru'r ugeinfed ganrif. Dyma ddelfryd a fyddai'n atseinio'n gryf ym meddwl David. Yn ail, er iddo ddysgu tipyn am lenyddiaeth ei famwlad yn Ysgol Watcyn Wyn, ac ychydig hefyd yn Llanymddyfri, 'Y Dafydd' wnaeth ddechrau agor ei lygaid a'i glustiau i gyfoeth barddoniaeth Gymraeg, ac yn arbennig i draddodiad cynganeddol beirdd y canol oesoedd. Yn olaf, er i'r Gymdeithas fod yn amholiticaidd wrth ymatal rhag trafod gwleidyddiaeth mewn cyfarfodydd, nid oedd agweddau o genedlaetholdeb gwleidyddol ymhell iawn dan y wyneb, ac yn sicr byddai David yn uniaethu â'r syniadaeth honno fwyfwy gyda threigl amser.

Os oedd unigolion o Gymdeithas Dafydd ap Gwilym i groesi llwybrau David Thomas yn y dyfodol, mae'n wir hefyd am rai o hoelion wyth yr Oxford University Musical Union, y gymdeithas y cyfrannodd David Thomas gymaint iddi yn ystod ei flynyddoedd olaf yn Rhydychen. Sefydlwyd y gymdeithas hon ym 1884 er mwyn astudio a pherfformio cerddoriaeth siambr, gan agor 'Club Room' i'r pwrpas yn Hydref y flwyddyn honno, gyda thros gant o aelodau. Ymhlith sefydlwyr y gymdeithas roedd rhai a fyddai'n chwarae rhan bwysig ym mywyd David Thomas, er gwell neu er gwaeth, gan gynnwys J H Mee (1852-1918), Percy Buck (1871-1947), a W H Hadow (1859-1937). Awgrymwyd pedair nodwedd i'r 'Clwb' fel y galwyd y gymdeithas yn wreiddiol, sef:

> (i) a weekly smoking concert by members; (ii) a weekly class for practice under professional teaching; (iii) a Club-Room in which musical considerations should have the first place; (iv) a low rate of subscription.

Gwireddwyd y pedair nodwedd gyda brwdfrydedd.

Ymddangosodd enw 'D Thomas' mewn rhaglen am y tro cyntaf ar 31 Ionawr 1894, yn chwarae rhan y piano ym Mhedwarawd Piano yn E♭ mwyaf Op. 16 gan Beethoven. Efallai mai dyma'r tro cyntaf iddo gymryd rhan mewn gwir gerddoriaeth siambr ers ei ddyddiau gyda Meta a William Scott a Frederic Griffith ym Merthyr. Hwn oedd yr ymddangosiad cyntaf o lawer iddo yng nghyngherddau'r 'Union' hyd at ddiwedd y flwyddyn academaidd honno, gan berfformio fel aelod o ensemble neu fel unawdydd, ac mewn trawstoriad diddorol o gerddoriaeth. Byddai hynny yn cynnwys darnau gan y cewri cydnabyddedig, yn ogystal â chyfansoddwyr 'ffasiynol' y cyfnod yn Lloegr, ond â'u darnau, gan fwyaf, wedi diflannu i ebargofiant ers hynny. Ar 7 Chwefror roedd David yn perfformio mewn darn gan gyfansoddwr o'r ail gategori, ond serch hynny, darn reit anarferol i gyngherddau'r 'Union'. George Mursell Garrett (1834-97), Cyfarwyddwr Cerdd Coleg Sant Ioan, Caergrawnt, ar y pryd, oedd cyfansoddwr *'Hope' – Waltzes for pianoforte and voices in B♭ major*. David oedd y pianydd, gyda chôr meibion o ryw ugain o leisiau'n canu'r dawnsfeydd.

Ychydig iawn o gerddoriaeth wreiddiol Ebenezer Prout (1835-1909) sydd wedi goroesi, ond fe gafodd y gŵr hwn ddylanwad sylweddol fel athro ac awdur gwerslyfrau cerddorol. Ym mis Mai 1894 fe berfformiwyd ei Bedwarawd Piano yn F mwyaf Op. 18 yn yr 'Union' gyda David fel pianydd. Yn nes ymlaen yn yr un mis gwelwyd David, fel unawdydd, yn perfformio darnau amrywiol gan Schumann ar y piano. Wrth i dymor y gymdeithas ddirwyn i ben ym mis Mehefin, am y tro olaf clywyd David yn perfformio Schumann eto, y tro yma fel pianydd yn ei Bumawd Piano yn E♭ mwyaf Op. 44. Y noson ganlynol, mewn cyngerdd i ddathlu degawd cyntaf bodolaeth y gymdeithas, perfformiwyd yr un rhaglen gan yr un chwaraewyr mewn 'Invitation Concert' yn neuadd coleg Balliol.

Nid oedd yn arferiad i nodi cyfeilyddion i unawdwyr lleisiol yng nghyngherddau'r gymdeithas, ac mae'n fwy na phosib y bu David yn cynorthwyo gyda'r ddyletswydd honno cyn 1894. Nid yw ei enw'n ymddangos chwaith mewn unrhyw un o'r cyngherddau achlysurol o gyfansoddiadau gan fyfyrwyr, sy'n awgrymu naill ai nad oedd bryd hynny wedi troi'n hyderus i'r cyfeiriad hwnnw, neu efallai, os oedd yn arbrofi wrth osod geiriau Cymraeg, nad Rhydychen oedd y lle priodol i arddangos ei ddoniau yn ei farn ef. Ym mis Mehefin 1894 fe'i hetholwyd yn aelod o bwyllgor y Gymdeithas. Byddai hefyd wedi cael cyfleoedd i ymweld â Chaergrawnt gan fod 'Music Club' wedi ei sefydlu yno hefyd ers 1890, ac roedd y ddwy gymdeithas yn ymweld â'i gilydd yn flynyddol i gynnal datganiadau. Nid oes amheuaeth i David elwa'n fawr iawn, a chael ei ddylanwadu hefyd, o glywed trawstoriad o weithiau cerddorol amrywiol nad oedd yn gyfarwydd â nhw cyn hynny, a chael y cyfle hefyd i bori yn llyfrgell sgoriau helaeth y gymdeithas. Yn yr un modd, fel ei gyd-aelodau, roedd modd iddo fenthyg o lyfrgell bersonol Thomas William Taphouse (1838-1905), casglwr offerynnau cerdd, llawysgrifau, sgoriau gweithiau cerdd ac ati. Cynhaliwyd sawl un o gyngherddau'r gymdeithas yng nghartref y cymwynaswr haelionus hwn.

Gwnaeth David Thomas ffrindiau cerddorol am oes trwy'r Oxford University Musical Union, yn unol â'r hyn a groniclwyd mewn cofnod o hanes cynnar y gymdeithas:

> A general friendliness has always prevailed amongst the members, leading in many cases to the establishment of friendships that already bid fair to be lifelong.

O ystyried ei brysurdeb gyda Chymdeithas Dafydd ap Gwilym a'r 'Musical Union', byddai'n rhwydd anghofio mai daliwr ysgoloriaeth mewn mathemateg oedd David yn Rhydychen, ac mai'r ddisgyblaeth honno oedd maes 'swyddogol' ei astudiaethau. Ar yr un pryd, pan oedd yn mynd tua thre yn ystod gwyliau, byddai tipyn o'i amser yn mynd i gyfeilio mewn amrywiaeth o gyngherddau a chystadlaethau. Os oedd ei waith coleg yn mynd i ddioddef, a fyddai'r awdurdodau'n anwybyddu'r broblem? Rheithor Coleg Exeter ar y pryd oedd William Walrond Jackson (1838-1931). Ni fyddai ef wedi cyfaddawdu o ran ei gyfrifoldeb i rybuddio'r myfyriwr ifanc am ei gyfrifoldebau, yn arbennig ei ddyletswydd fel ysgolor mathemateg. Serch hynny, mae'n bosib y lliniarwyd ar unrhyw gerydd gan bresenoldeb un arall ym mywyd Exeter. Ym 1887, priodwyd Jackson ag Amelia, gweddw Augustus Shepherd, a fu'n feddyg yn Llundain. Fe ddaeth Amelia Jackson (1842-1925) yn bersonoliaeth bwysig a dylanwadol ym mywyd cerddorol

Coleg Exeter y cyfnod. Yn wraig ddeallus ac yn gerddorwraig amatur frwd, denodd i'w pharlwr nifer o gerddorion gwych, a gwahoddodd bob un o fyfyrwyr israddedig y Coleg i ginio ddydd Sul o leiaf ddwywaith y flwyddyn. Byddai hi a'r Rheithor yn llwyr ymwybodol o dalentau cerddorol diamheuol David. Gwnaeth hynny ddyletswyddau'r Rheithor o atgoffa David am ei gyfrifoldebau tuag at ei astudiaethau mathemategol yn gymaint mwy o her, a beth bynnag, mae'n amheus a gafodd ei gyngor fawr o effaith ar y gŵr ifanc yn y pen draw. Cerddoriaeth a llenyddiaeth Gymraeg oedd yn mynd â'i fryd, ac roedd ei waith 'swyddogol' yn y Brifysgol yn siŵr o ddioddef.

Byddai pob myfyriwr yn Rhydychen ar ôl cyrraedd yno yn sefyll yr arholiadau 'Responsions', neu 'Little Go' fel y gelwid y drefn gan yr ymgeiswyr. Y bwriad oedd sicrhau bod safonau academaidd cyffredinol pob unigolyn yn briodol, pa bynnag bynciau y byddent yn eu hastudio yn y Brifysgol. Gan adlewyrchu cwricwlwm cyfyng Rhydychen y cyfnod, arholiadau mewn Lladin, Groeg a mathemateg oedd y 'Responsions'. Ni fu Groeg ar gwricwlwm Coleg Llanymddyfri, ac efallai, er tegwch, bod hynny'n esbonio mai dim ond ar ôl sawl ymdrech y gwnaeth David lwyddo. Hanner ffordd trwy ei astudiaethau, llwyddodd yn ei arholiad mathemateg, 'Moderations', ym 1893, ond eto dim ond ar ôl sawl ymdrech. Heb amheuaeth, roedd Cymru a cherddoriaeth yn dargyfeirio'i sylw. Ym mis Gorffennaf 1895, graddiodd mewn mathemateg a ffiseg gydag anrhydedd yn y trydydd dosbarth er na chymerodd ei BA yn ffurfiol tan Hydref 1902, a'i MA ym Mawrth 1908. Yn yr 'Oxford Letter' a ymddangosodd yn *The Llandovery School Journal* adeg y Nadolig, 1895, cyfunwyd elfen o ffraethineb gyda gwirionedd craff:

Our first duty is to congratulate H Price on his first in Math. Finals: we could have wished D. Thomas better luck, but perhaps the distinction he won at the 'Varsity' in the world of music more than compensated for the loss of a class in School.

Fel pob gŵr ifanc newydd-raddedig, roedd gan David Thomas benderfyniadau pwysig i'w gwneud. Yn ei achos ef, a oedd i aros yn Lloegr neu ddychwelyd i Gymru? A fyddai'n dilyn trywydd priodol i'w gymwysterau ffurfiol mewn mathemateg, neu'n gwyro rywsut i gyfeiriad cerddoriaeth? Y prif ddylanwad wrth iddo geisio dod i gasgliad oedd yr angen i sicrhau cyflog digonol i gynnal ei hun, wedi blynyddoedd o ddibynnu ar ysgoloriaethau a chefnogaeth ei deulu. Yn y lle cyntaf, dychwelodd adref am gyfnod byr, efallai i fyfyrio ar ei ddyfodol. Caiff David Thomas ei ddisgrifio yn Ebrill 1896 fel organydd cynorthwyol Eglwys San Teilo ym Mhontarddulais, lle'r oedd organ bib newydd wedi ei hadeiladu'r flwyddyn honno. Yn hytrach na rhyw 'dröedigaeth eglwysig' ar ei ran, mae'n fwy tebyg ei fod yn edrych am gyfle i wasanaethu'n ymarferol o gofio bod ei frawd, Jenkin, eisoes wedi ei sefydlu fel organydd Hermon, capel y teulu, lle bu'n gwasanaethu am gyfnod o ddeugain o flynyddoedd a mwy. Daeth mab Jenkin, T Haydn Thomas, yn arweinydd yr enwog Gymdeithas Gorawl Pontarddulais, côr a gyflawnodd gampweithiau corawl yn flynyddol yn y 1950au yng Ngŵyl Gerdd Abertawe o dan arweinyddion o fri rhyngwladol. Ond nid oedd gwaith digonol yn ardal Pontarddulais i gynnal y David Thomas ifanc, ac erbyn diwedd 1896 penderfynodd ddychwelyd i Loegr a mynd yn ysgolfeistr i ddysgu mathemateg. Ond eto, mae'r blynyddoedd nesaf yn tystio bod ganddo gynllun amgen yn ei feddwl hyd yn oed bryd hynny, ond bod angen strategaeth ofalus ac amyneddgar i'w wireddu.

3.

Yr athro ysgol

Er gwaethaf ei benderfyniad i fynd yn athro, roedd y sefydliad yr aeth David Thomas iddo ym 1896 braidd yn anghydweddol â'r traddodiad anghydffurfiol Cymraeg y magwyd ef ynddo, gan mai paratoi dynion ifanc ar gyfer gyrfa filwrol oedd prif amcan yr United Services College, Westward Ho, yng ngogledd Dyfnaint. Gyda'r Ymerodraeth Brydeinig yn ei hanterth, sefydlwyd y coleg gan gasgliad o swyddogion y fyddin ym 1874, er mwyn darparu addysg gymharol rad i feibion personél milwrol a'u gweision sifil, a oedd gan amlaf yn gwasanaethu dramor, yn bennaf yn India. Roedd yr hysbyseb am y swydd yn nodi'r angen am berson graddedig naill ai o Rydychen neu Gaergrawnt i ddysgu yn adran gynradd yr ysgol – mathemateg elfennol, ynghyd â Lladin, Ffrangeg a Saesneg fel pynciau atodol:

> Apart from teaching there is a share of 'Supervision Duty' and of evening preparation. A church-man is looked for. State if at all fond of and able to take part in Games. A rugby Football Player or a Cricketer would be heartily welcomed. Salary £70 per annum [cyfateb i £9,500 heddiw] in addition to Board and two Private Rooms.

Ar gyfer y swydd, ysgrifennwyd tystlythyron ar ran David Thomas gan Owen Evans ei gyn Brifathro yng Ngholeg Llanymddyfri, ('He was one of our best boys in his time.') ac A L Dixon, ei Diwtor Mathemateg yng Ngholeg Exeter, ('His knowledge of some branches of the subject to which he had really applied himself, was hardly adequately represented by his class.')

Paratoid y disgyblion ar gyfer yr Army Entrance

Examination a'r Royal Military Academy Sandhurst, ond serch hynny, mewn gwirionedd, doedd braidd unrhyw beth milwrol ynghylch y cwricwlwm. Gyda thros dri chwarter o'r disgyblion wedi eu geni y tu allan i'r wlad, roedd awyrgylch Eingl-Indiaidd yn perthyn i'r sefydliad, ac yno y bu Rudyard Kipling (1865-1936) yn ddisgybl tan 1882. Pan ymunodd David â'r staff yno fel athro mathemateg cynorthwyol, hefyd fel organydd a chôr-feistr, roedd yr ysgol eisoes yn colli tir, ar yr un llaw wrth i nifer o ysgolion bonedd y wlad gychwyn cynnig 'Cadet classes', ac ar y llaw arall oherwydd i deuluoedd y lluoedd arfog yn India ddioddef yn ariannol fel canlyniad i broblemau economaidd dybryd y wlad honno ar y pryd. Yn nogfennau perthnasol y cyfnod, nid oedd David Thomas wedi ei gofnodi fel preswylydd preifat o Westward Ho, ac yn unol â'r hysbyseb uchod, cafodd letya o fewn adeiladau'r coleg. Byddai hyn wedi ei gynorthwyo i gynilo rhywfaint a'i alluogi i ystyried newid cyfeiriad.

Am sawl rheswm, fe'i denwyd i Lundain. Sefydlwyd yr Oxford and Cambridge Music Club ym 1899 gan raddedigion o'r ddwy Brifysgol a oedd wedi bod yn ymwneud â'r byd cerddorol ynddynt, ac yn dymuno parhau â'r un math o weithgareddau yn Llundain. Y prif hyrwyddwyr oedd dau feddyg, Horace Marshall Abel (1863-1938), Rhydychen, a William Bernard Knobel (1875-1951), Caergrawnt. Cynhaliwyd y cyngerdd cyntaf ym mis Mawrth 1900 yn adeilad y Clwb yn 47 Leicester Square – tŷ rhwysgfawr, mawreddog, a fu, dros ganrif ynghynt, yn gartref i'r peintiwr portreadau, Syr Joshua Reynolds (1723-1792). Yn ystod degawd cyntaf ei fodolaeth roedd gan y Clwb tua 300 o aelodau, y mwyafrif helaeth ohonynt yn raddedigion o un o'r ddwy Brifysgol. Y tâl aelodaeth blynyddol oedd tair gini (£3.15). Cynhelid cyngherddau tua dwywaith y mis mewn gwahanol ystafelloedd o'r tŷ. Roedd yna hefyd ystafelloedd ymarfer ar gyfer cerddoriaeth anffurfiol. Gyda'i bwyslais ar gerddoriaeth siambr, byddai David yn gweld y cyfan yn debyg iawn i'r hyn a brofodd yn yr Oxford University Musical Union, ac felly daeth yn aelod brwd.

Yn Llundain hefyd byddai'n mynychu cyngherddau eraill yn y Queen's Hall a Covent Garden ac fe'i penodwyd yn organydd a chôr-feistr Eglwys Gymraeg Dewi Sant, Paddington ym 1901. Eglwys gymharol newydd oedd hon nad oedd ond wedi ei hadeiladu ychydig o flynyddoedd ynghynt ym 1896. Y prif gatalydd wrth sefydlu'r eglwys newydd oedd Syr John Henry Puleston, a fu'n allweddol hefyd yn ei bywyd cynnar. Mae'n enw cyfarwydd yn hanes David, gan mai nai y gŵr hwn oedd y John Puleston a chwaraeodd ran yn nyddiau cynnar Cymdeithas Dafydd ap Gwilym yn Rhydychen. Byddai'r ewyrth wedi bod yn ymwybodol o dalentau diymwad David, ac mae'n siŵr wedi cefnogi ei gais fel organydd. Yng nghyfrifiad 1901, cofnodwyd David Thomas fel 'boarder' mewn tŷ yn Loudoun Road, Hampstead, ac yn gyflogedig fel athro. Cyfnod braidd yn niwlog yw hwn yn ei hanes, ac ar wahân i'w swydd yn yr Eglwys, nid oes manylion pendant am waith cyflogedig arall. Mae'r cofnod ohono fel 'athro' yn y cyfrifiad o bosib yn awgrymu y bu'n dysgu'n breifat, er, fel 'boarder' rhaid ei fod yn ymweld â chartrefi ei ddisgyblion.

Mewn llythyr oddi wrth Y Parch. D Davies at Wynford Vaughan Thomas, dyddiedig 3 Chwefror 1954, yn croesawu'r darlledwr fel ymwelydd ag Awstralia, lle'r oedd y gweinidog yn byw erbyn hynny, mae'n ysgrifennu:

> As a boy from Pontardulais, in 1901, I sang in the 'Male Voice' Choir, conducted by your father, who at that time was our leading Pianist. He trained the Choir for the Merthyr National Eisteddfod.

Mae'r gweinidog saithdeg a phum mlwydd oed yn cyfaddef, 'My vision may be a little blurred', ac mae'n cyfarch Wynford fel 'Wilfred'. Beth bynnag am hynny, mae tystiolaeth y wasg o 1901 yn dangos yn glir mai John Watcyn Jones oedd wedi paratoi'r Côr ac wedi arwain ym Merthyr, a nodwyd y cyfeilyddion fel R C Davies a J Jones. Meddai Gareth Williams yn ei gyfrol, *Do you hear the people sing*:

In view of later developments, it is interesting to note that a 'Pontarddulais male choir' came last but one in 1901. Times would change!

Roedd David Thomas yn Llundain wrth gwrs ym 1901, ond mae'n bosib iddo gynorthwyo'n achlysurol gyda'r côr hwn pan fyddai gartref ar wyliau.

Er gwaethaf ei dalent a'i hyfedredd amlwg fel pianydd, nid oedd yn meddu ar unrhyw gymwysterau cerdd ffurfiol. Yn ystod y blynyddoedd yma penderfynodd unioni'r sefyllfa trwy ddulliau hunanhyfforddiant wedi eu cyfuno ag enghraifft gynnar o 'ddysgu o bell'. Y gŵr allweddol a fu'n gynhorthwy yn hyn o beth oedd George Oakey (1841-1927). Wedi graddio mewn cerddoriaeth o Brifysgol Caergrawnt, roedd Oakey yn arholwr mewn harmoni a chyfansoddi yn y Tonic Solfa College, ac yn Athro yn yr un pynciau yn y City of London College. Er i'w gyfraniad i gerddoriaeth fynd bron yn angof erbyn heddiw, gwnaeth waith clodwiw o ran trosi gweithiau corawl estynedig enwog a phoblogaidd i nodiant sol-ffa. Hefyd, ysgrifennodd nifer sylweddol o lyfrau didactig ar elfennau cerddoriaeth, a hynny gan ddefnyddio'r ddau nodiant. Yn fwy pwysig na dim yng nghyd-destun datblygiad David mewn harmoni, gwrthbwynt, cyfansoddi, offeryniaeth ac ati, roedd Oakey yn cynnig cyrsiau priodol trwy'r post, ac fe fanteisiodd David arnynt yn frwd a chydwybodol. Flynyddoedd wedyn, mewn cyfweliad â *The Sunday Strand*, fe wnaeth David gydnabod y 'thorough groundwork' a gafodd trwy gyfrwng gwersi Oakey.

Ym 1902 derbyniodd David Thomas swydd yn ysgol Monkton Combe ar gyrion Caerfaddon. Sylfaenwyd yr ysgol hon ym 1868 gan y Parch. Francis Pocock (1829-1919) ar gyfer meibion cenhadon oedd â'r bwriad o ddilyn yr un alwedigaeth, gyda'r canlyniad fod gan yr ysgol ethos Cristnogol cryf. Gan newid trywydd felly, aeth David yno'n athro cerdd o 1902 tan 1904. Mae'n debyg iddo barhau â'r gwersi 'o bell' gydag Oakey.

Felly, treuliodd flynyddoedd cyntaf ei yrfa fel athro mewn dwy ysgol unigryw, gwahanol iawn i'w gilydd, ond cymharol ddi-nod mewn cyd-destun cenedlaethol. Roedd hynny ar fin newid. Fel y nodwyd eisoes, un o sylfaenwyr yr Oxford University Musical Union oedd Percy Buck. Ym 1904, ef oedd Cyfarwyddwr Cerdd Ysgol Fonedd Harrow, un o'r ysgolion bonedd uchaf ei statws yn Lloegr, a'i hanes yn mynd yn ôl i'r unfed ganrif ar bymtheg. Llwyddodd David Thomas yn ei gais i fynd yno fel athro cerdd cynorthwyol ym mis Medi 1904, gydag atgofion Buck amdano yn Rhydychen efallai'n gymorth i'w gais. Roedd Buck ei hun wedi cyrraedd Harrow gyda phroffil uchel, ar ôl cyfnodau fel organydd yng Ngholeg Worcester, Rhydychen, ac Eglwysi Cadeiriol Wells a Bryste, gan aros yn Harrow tan 1927. Yn gerddor amryddawn fel addysgwr, perfformiwr, awdur a chyfansoddwr, fe ddaeth yn y pen draw yn Athro Cerdd yng Ngholeg y Drindod, Dulyn ac ym Mhrifysgol Llundain. (Urddwyd yn farchog ym 1937.) Byddai gweithio dan adain Percy Buck yn amhrisiadwy i David Thomas. Dyma gyfle i aeddfedu ymhellach fel cerddor, ac elwa o gyngor ac arweiniad gŵr hynod brofiadol, a hynny mewn sefydliad na ellir ond ei ddisgrifio fel elitaidd. Wedi'r cyfan, trwy ei astudiaethau 'o bell' gydag Oakey, roedd cynlluniau David i wella'i gymwysterau ffurfiol mewn cerddoriaeth eisoes ar y gweill, ac yn debyg o ddatblygu ymhellach yn Harrow.

Ond eto, oherwydd ei rôl gynorthwyol, efallai na chafodd gyfle i sefydlu ei hun yn llwyr ym mywyd cerddorol yr Ysgol. Byddai wrth gwrs wedi ymwneud â'i waith yn y dosbarth yn gydwybodol, ond o ran y gweithgareddau cerddorol allgyrsiol oedd yn britho bywyd yr ysgol, Percy Buck ei hun oedd prif ysgogydd a rheolwr y digwyddiadau. Cyhoeddai'r Ysgol bapur newydd misol, *The Harrovian*, ac ynddo ceir erthyglau mynych am ddatganiadau, perfformiadau a chyngherddau amrywiol gan y bechgyn, y staff a cherddorion allanol. Ymhlith yr arlwy roedd datganiadau organ rheolaidd gyda lle hefyd i unawdau lleisiol ac offerynnol. Bron yn ddieithriad, y Cyfarwyddwr

Cerdd fyddai wrth yr organ, a dim ond cyfeiriadau achlysurol sydd at 'Mr Thomas'. Ym mis Rhagfyr 1905, er enghraifft, mae'r *Harrovian* yn sôn amdano'n cloi un cyfarfod wrth berfformio ar yr organ 'the far-famed War March' – o bosib, 'Ymdeithgan Rhyfel yr Offeiriaid' o'r miwsig achlysurol i *Athalie*, Op. 74 gan Mendelssohn. Ond fisoedd cyn hynny, roedd ganddo swyddogaeth bwysig ac anrhydeddus mewn digwyddiad o fri yn yr Ysgol. Ar ddiwrnod olaf mis Mehefin, prif westeion 'speech day' yr Ysgol oedd y Brenin Edward VII a'r Frenhines. Meddai'r *Harrovian* ar y pryd:

> As they entered Speech-room the assembly rose and sang God save the King...... Cheers were then given, and the School Songs, conducted by Dr. Buck, and accompanied on the organ by Mr. Thomas, began.

Awgrymodd y papur hefyd bod yna resymau eraill am yr ymweliad brenhinol o ran diogelu tir yr ysgol rhag datblygiadau adeiladu'r dyfodol:

> On that day the King and Queen visited Harrow School, receiving an address from the head boy, and the King unfurled a flag at the boundary of some new land acquired, in order to prevent the school buildings being encroached upon by new erections.

Beth roedd David Thomas yn ei wneud o hyn oll? Mae hunangofiant ei fab, Wynford, nid yn unig yn awgrymu anesmwythder ei dad tuag at rwysg achlysur fel hwn, ond yn crisialu hefyd yr hyn oedd yn bendant ym meddwl David am ei ddyfodol, ac yn fwy allweddol, ei weledigaeth, a'r hyn a deimlai yn alwad gwirioneddol:

> I have a .... picture of him from the *Illustrated London News*, drawn by their artist during the visit of King Edward and Queen Alexandra to Harrow on Speech

Day. Father sits at the organ high over the distinguished assembly. Below are the billowingly-dressed ladies, the bemedalled soldiers, the gowned masters and the immaculate royal party. I can imagine father looking down on this concentration of cash, position and social power and secretly admitting to himself that the organ loft in Harrow was no place for a musician who was dreaming of joining the musical Renaissance and proving that Welsh music, too, could be rejuvenated and startled out of its old fashioned straitjacket of hymn tunes, anthems and eisteddfod test pieces.

Dywedodd Wynford rywbeth tebyg eto mewn erthygl ym 1949:

> I don't think he really enjoyed it. I took a walk recently through Harrow, and – magnificent and impressive as it is – I couldn't see the warm-hearted man I knew feeling at home there.

Daw David Thomas i amlygrwydd am y tro cyntaf fel cyfansoddwr trwy ennill cystadleuaeth yn Eisteddfod Genedlaethol Bangor ym 1902, pan oedd, wrth gwrs, yn athro yn Monkton Combe. 'Tristan' oedd ei ddewis cyfrwys o ffugenw, o gofio mai 'Trystan ac Esyllt' oedd testun y Gadair yn yr eisteddfod honno. Diddorol yw nodi mai gwaith offerynnol o'i eiddo ddaeth yn fuddugol, sef pedwarawd llinynnol, a hynny gyda chanmoliaeth uchel gan y beirniad, Dr Roland Rogers, organydd y Gadeirlan. Meddai gohebydd y *North Wales Times*:

> Dr Rogers, in announcing the decision of the adjudicators, said that the composition was about the best ever written for an Eisteddfod.

Roedd David Thomas yn amlwg yn mireinio'i sgiliau wrth weithio ar y ddisgyblaeth o greu cerddoriaeth siambr fel hyn, a thrwytho'i hun mewn egwyddorion gwead offerynnol, ynghyd â ffurfiau clasurol cysylltiedig. Yn hyn o beth, gallai bwyso ar ei brofiadau yng nghyngherddau cerddoriaeth siambr yr Oxford University Musical Union a'r Oxford and Cambridge Music Club fel ei gilydd. Cadarnhawyd ei fod eisoes ar y llwybr o baratoi am radd mewn cerddoriaeth, gyda chyhoeddiad yn y wasg fod yr enillydd ym Mangor nid yn unig yn B.A. (Oxon), sef ei radd mewn mathemateg wrth gwrs, ond hefyd yn Inter Mus.Bac. (Oxon), sef y garreg sarn honno oedd yn bodoli ar y pryd wrth baratoi am y radd derfynol.

Mentrodd hefyd ar gyfansoddi caneuon, gan gynnwys y gyntaf oll, sef 'Cân y Bardd wrth farw', gosodiad o eiriau Thomas Lloyd Jones, Gwenffrwd (1810-34) a gyflwynwyd i W T Rees, Pontarddulais. Er bod yna elfennau ychydig yn ystrydebol ynglŷn â'r gosodiad, gwelir addewid y cyfansoddwr yn ei linellau siapus i'r llais, yr ysgrifennu idiomatig i'r piano, ynghyd â'i ddyhead i fentro o ran cyweiredd, a'i allu i adlewyrchu neges y geiriau. Mae'r gân yn 'cyhoeddi' i'r genedl ddyfodiad cyfansoddwr addawol newydd. Gosodwyd hon fel darn prawf i denoriaid yn Eisteddfod Genedlaethol Abertawe ym 1907, cystadleuaeth a enillwyd gan David Ellis (1873-1941), yr hwn y sefydlwyd Gwobr Goffa, y 'Rhuban Glas', yn ei enw yn yr Eisteddfod Genedlaethol o 1948, ac un a ddaeth yn un o hoff gantorion y cyfansoddwr.

Erbyn mis Mai 1906, mae David Thomas wedi cwblhau'r gofynion ar gyfer y Mus.Bac. cyflawn. Ymhlith y cyfansoddiadau a gyflwynodd fel rhan o ofynion y radd mae gosodiadau o adrannau o'r Offeren. Hefyd y flwyddyn honno, daeth llwyddiannau pellach iddo yn adran gyfansoddi Eisteddfod Genedlaethol Caernarfon, wrth rannu'r wobr am gyfansoddi anthem, a dod i'r brig mewn cystadleuaeth i gyfansoddi unawd leisiol. Gosodiad o adnodau o'r bedwaredd Salm ar hugain oedd yr anthem SATB, 'Bendithiaf yr Arglwydd' a gyhoeddwyd tua'r un amser gan Hughes a'i fab. Heb dorri unrhyw dir newydd, mae'r gosodiad homoffonig yn dangos crefft a thechneg gadarn gyda ffresni mewn ambell ddilyniant cordiau.

Cân i fariton oedd y gân fuddugol yng Nghaernarfon, sef 'Angladd y Marchog', gosodiad o gerdd gan Robert David Rowland, Anthropos (c.1853-1944). Fel 'Cân y bardd wrth farw' fe'i cyhoeddwyd bron yn syth gan frawd y cyfansoddwr, Jenkin, oedd erbyn hyn yn cadw siop lyfrau a phapurau newydd, Caxton House, ym Mhontarddulais. Er nad oedd yn 'gyhoeddwr' yng ngwir ystyr y gair, mae'n amlwg fod ganddo'r offer priodol i argraffu cerddoriaeth yn y ddau nodiant, ac aeth ymlaen i wneud hynny gyda sawl un o gyfansoddiadau cynnar ei frawd. Saethodd y gân i boblogrwydd, ac fe'i dewiswyd fel darn prawf yn Eisteddfod Genedlaethol Llangollen ym 1908, wedi i gwmni Snell, Abertawe, fabwysiadu'r cyfrifoldeb am gyhoeddi. Cyflwynodd y cyfansoddwr ei gân i'r bariton o'r Pwll, Llanelli, David Brazell (1875-1959), oedd newydd adael yr Academi Cerdd Brenhinol yn Llundain lle bu'n astudio am bum mlynedd. Ar drothwy gyrfa broffesiynol hynod lewyrchus, meddai ar lais arbennig, gyda nifer o feirniaid y dydd yn nodi cyfoeth ei sain, a chysondeb trawiadol trwy'r cwmpawd lleisiol. Edmygai David hefyd ei ynganiad gofalus a chlir o eiriau, a'r cyfuniad yma o rinweddau oedd yn gyfrifol amdano'n datblygu i fod yn un o'r cantorion cyntaf i recordio'n helaeth ar gyfer y gramoffon. Cyflwynodd y cyfansoddwr ddarnau eraill i Brazell dros y blynyddoedd i ddod, ac ef fel bariton oedd dewis cyntaf David fel unawdydd mewn cyngerdd.

Er nad yw gosodiad David Thomas o 'Angladd y Marchog' yn torri i ffwrdd yn llwyr oddi wrth ganeuon dramatig Cymraeg y cyfnod, mae yna elfennau sy'n adlewyrchu dyhead y cyfansoddwr i edrych am ffyrdd newydd o fynegi mewn cân Gymraeg, yn enwedig o ran harmoni a thrawsgyweirio. Yn dechnegol sicr yn ôl y disgwyl, mae gofal o ran adlewyrchu neges y testun, er efallai nad cerdd Anthropos yw'r cyfrwng gorau i ysbrydoli newydd-deb cerddorol, gyda'i thema hiraethlon o ennill brwydr yng nghastell Caernarfon, ond colli'r marchog oedd ar flaen y gad. Mae dealltwriaeth ddisgwyliedig o beth sy'n effeithiol mewn cyfeiliant, a gwelir defnydd eang o ystod yr allweddell. Yn ogystal, mae'r ysgrifennu i'r llais bob amser yn addas a phriodol. Eto, efallai oherwydd natur y testun, mae'r ymdeimlad o strwythur 'adrannol' yn tanseilio llif y gerddoriaeth. Wrth syrthio'n ôl i hen arferion y gân Gymraeg, ceir ambell gymal ychydig yn ystrydebol, ond mae adrannau o drawsgyweirio sydyn a thrawiadol i gyweiriau anghysbell sydd yn gelfydd dros ben, ac yn dwyn i gof dechnegau Schubert. [*Enghraifft 1*]

Yng nghyd-destun y gân Gymraeg ar droad y ganrif, mae'r unawd hon yn gyfraniad clodwiw, ac nid oedd syndod am ei phoblogrwydd mewn cyngerdd a chystadleuaeth. Daeth cyfansoddwr newydd i sylw'r genedl, ond hwyrach mai addewid ar gyfer y dyfodol a geir yn y darn hwn a'r darnau cynnar eraill yn hytrach na newydd bethau arloesol.

Wedi gadael Harrow, symud yn ôl i Gymru a phriodi yn yr hydref 1906, bwriodd David Thomas ymlaen i gychwyn adeiladu gyrfa fel cerddor amryddawn, ac fe'i denwyd i arwain côr cymysg pentref Pontarddulais dros y ddwy flynedd nesaf. Nododd *Baner ac Amserau Cymru* y canlynol ym mis Hydref 1908:

> Cyflwynodd aelodau Cymdeithas Gorawl Pontarddulais anrheg o ddesg hardd i Mr David Thomas, yn awr o Abertawe, er ei ymadawiad o Bontarddulais. Yr oedd Mr Thomas wedi gweithredu fel arweinydd i'r côr dywededig.

Er nad oedd hyd yma wedi cyfansoddi'n helaeth, fe drodd, p'un ai trwy hyder neu ryfyg efallai, at gynfasau eang, gan fentro ar weithiau estynedig o sylwedd dros y blynyddoedd nesaf.

4.

Morfydd

Yng Nghyfrifiad 1891, nodwyd Morfydd Lewis (1868-1950) fel 'assistant teacher' yn byw gyda'i mam, Elizabeth, yn 'Lower Factory', Pontarddulais – adeilad a fu'n rhan o fusnes y tad fel gwehydd. Ar wahân i'r ffaith iddi briodi David yn y pen draw, mae iddi hi a'i theulu hanes hynod ddiddorol. Ganwyd Morfydd i Daniel ac Elizabeth Lewis ym 1868. Yn ogystal â'i waith fel gwehydd ac arwerthwr, roedd Daniel yn fardd yn ysgrifennu a chyhoeddi barddoniaeth o dan yr enw 'Petrys Bach Glandulais'. Meddai Glyn Hopkin yn ei lyfryn ar hanes capel y Gopa:

> Nid oedd ef fel ei dad yn un o dduwiolion y ddaear, ond yr oedd er hynny, yn ŵr o ddiwylliant anarferol. Trwythodd ei hun yn nhraddodiadau'r Derwyddon, a choleddai syniadau radicalaidd y cyfnod. Ffaith a barodd iddo ddod i wrthdrawiad â'r awdurdodau fel arweinydd y Beca.

Roedd yn anochel y byddai cythrwfl y tollbyrth yn gorlifo i Orllewin Morgannwg o Sir Gâr, ac fe ddigwyddodd hynny yn y pen draw am hanner nos ar 6 Gorffennaf 1843, pan ddinistriwyd y gât ar dollffordd Bolgoed ger tafarn y Fountain yn ardal y Gopa, Pontarddulais. Daniel Lewis (1816-1886) oedd y Beca yn arwain y terfysgwyr gyda'i ymarweddiad didaro, di-hid, a'i hyder heintus yn ysbrydoli ei ddilynwyr. Yn hoff o'i beint yn y Fountain, roedd wedi ennill calon Elizabeth, merch hynaf Richard Davies o fferm Ystumenlle ar lannau afon Llwchwr ym mhentref cyfagos Yr Hendy. Serch hynny, nid oedd wedi ennill cymeradwyaeth ei thad a oedd yn benderfynol y byddai ei ferch yn priodi ffermwr cefnog. Ond cyn helyntion Beca, roedd Daniel wedi amlygu ei hun fel unigolyn radical oedd yn meddu ar gydwybod gymdeithasol gref, ynghyd ag ymdeimlad trawiadol o genedlaetholdeb cadarn. Er enghraifft, bu'n aelod blaenllaw o'r Iorwerth Mystic Lodge of True Ivorites, a blynyddoedd yn ddiweddarach ym 1866 fe'i hanrhydeddwyd â medal arbennig am ei gyfraniad i'r mudiad hwnnw a enwyd ar ôl Ifor Hael, ac a roddodd bwyslais ar ddiogelu'r iaith a'r diwylliant, er gwaethaf enw swyddogol Saesneg y gyfrinfa.

O ran terfysg Beca, a'r ymosodiad ar y gât ger y Fountain, er iddo gael ei gyhuddo, methodd yr achos yn erbyn Daniel Lewis oherwydd nad oedd unrhyw un yn barod i dystio yn ei erbyn. Rhoddodd yr awdurdodau'r ffidil yn y to yn fuan wedyn, a diddymwyd yn gyfreithiol y rhan fwyaf o'r tollbyrth erbyn 1844.

Er gwaethaf gwrthwynebiad ei thad, wrth i Elizabeth gyrraedd oedran pan nad oedd angen ei ganiatâd mwyach, priododd Daniel ar ddydd Nadolig 1847 yn Eglwys Llanedi. Ganwyd iddynt wyth o blant, yr hynaf, Taliesyn, a'r ieuengaf, Morfydd. Flynyddoedd yn ddiweddarach, yn ei ddyddiadur teithio, *Madly in all directions*, (1967), mae Wynford Vaughan Thomas yn cofio pan oedd yn blentyn, ei fam, Morfydd, yn dweud wrtho am stori fawr y teulu:

> I was once again a small boy, sitting with Mother in her work parlour, listening spellbound as she knitted and related the great family saga, of how my grandfather narrowly escaped being transported for his part in destroying the toll gates in 1844 (sic), and how as a result I, and the rest of the family also, escaped being born Australians.

Bu farw Daniel ar 23 Chwefror 1886, gan fynd â'i hoffter o'r cyfrin gydag ef i'r bedd ym mynwent Capel y Gopa, wrth i'w deulu drefnu, yn unol â'i ddymuniad, arysgrif ar ei feddfaen oedd yn defnyddio gwyddor Coelbren y Beirdd. Honnai Iolo Morganwg mai Coelbren y Beirdd oedd wyddor yr hen feirdd Cymreig, a phrofodd yr wyddor yn boblogaidd gyda beirdd a derwyddon yn ystod y bedwaredd ganrif ar bymtheg. Yn y pen draw, ychydig oedd yn credu ei fod yn ddilys, wrth i dystiolaeth ddod i'r amlwg o duedd Iolo Morganwg i ffugio dogfennau. Hwyrach bod Daniel ei hun yn amau cymhelliad Iolo. Meddai Wynford eto, 'It was my grandfather's final joke and last attempt at social revolution.'

Nid oedd gyrfa gynnar Morfydd fel athrawes i barhau'n hir, oherwydd erbyn 1893, yn 32 mlwydd oed, hi oedd tafarnwraig y Farmers Arms ym Mhontarddulais. Cyn hynny, ei brawd, Taliesyn, fu'n gyfrifol am y dafarn, ac wedi ei farwolaeth ddisymwth yntau, syrthiodd y cyfrifoldeb ar ei wraig, Mary Anne. Wrth iddi hithau ailbriodi, Morfydd a ymgymerodd â'r gwaith. Mae'n anodd gwybod i sicrwydd pryd yn hollol cychwynnodd y garwriaeth rhwng David a Morfydd. Nodwyd yn y bennod agoriadol i deulu Jenkin Thomas, a David yn eu plith, symud ym 1886 o gapel y Gopa er mwyn dod yn aelodau yng nghapel newydd Hermon. Mae tystiolaeth hefyd i 'Mrs Lewis, y Ffatri a'i phlant', ugain mlynedd cyn hynny, symud o'r Gopa i Libanus, capel Methodistaidd arall eto, newydd ei agor yn yr Hendy. Serch hynny, caiff Morfydd ei hun ei chofnodi fel aelod yn Hermon, yn sicr erbyn 1896 os nad cyn hynny. Ac os nad y capel a'u denodd at ei gilydd, cofier nad oedd tafarn y Farmers ond tafliad carreg o gartref teulu'r Thomasiaid ar y stryd fawr. Yn bedair blynedd yn ieuengach na Morfydd, roedd David yn fyfyriwr yn Rhydychen pan aeth Morfydd i gadw'r dafarn, ond byddai adref yn y gwyliau wrth gwrs. Wrth iddi ollwng ei dyletswyddau yno ym 1903, roedd David yn athro yn Monkton Combe, Caerfaddon, ac roedd yn dal ar staff Ysgol Harrow tan ddiwedd tymor yr haf, 1906. Eto, mae'n rhaid y byddai'n dychwelyd adref yn ystod y gwyliau.

Beth bynnag yw hanes y garwriaeth, fe briododd y ddau ar 12 Hydref 1906, nid yn un o'r capeli Methodistaidd lleol, ond yn hytrach yn Eglwys San Teilo, gan ymgartrefu am gyfnod wedyn ym Mhontarddulais. Yn *Trust to talk*, wrth gyfeirio at ei fam a'i dad, mynegodd Wynford Vaughan Thomas ei farn ddiamwys mai cyfuniad priodasol delfrydol oedd hwn:

> Mother was father's perfect complement. He was a dreamer, she was practical. He had no confidence in himself, she had boundless confidence in him. He was a mathematician who was a child when it came to counting cash. She was a careful manager, to whom he wisely handed over every penny he earned.

Ganwyd Arthur Spencer, eu mab cyntaf o dri, ym 1907 ym Mhontarddulais. Yn y pen draw, ar ôl cyfnod yng Ngholeg yr Iesu, Rhydychen, yn astudio Saesneg, aeth yn ysgolfeistr, cyn symud ymlaen i yrfa lewyrchus ryngwladol fel gweinyddwr ym myd addysg. Bu farw ym 1973. Mae'r *Jesus College Record*, 1977 yn sôn am ei farwolaeth yntau a'i wraig Molly. Yn ôl ei hewyllys hithau, derbyniodd y coleg gymynrodd, yr oedd hi a Spencer wedi'i gynllunio gyda'i gilydd, a bu'r Coleg yn edrych am gymhwyso'r anrheg hon at bwrpas a fyddai'n coffáu eu cysylltiad ar y cyd â'r Coleg mewn ffordd briodol. Fel canlyniad, sefydlwyd Cronfa Vaughan-Thomas, gyda'r incwm ar gael i gefnogi gweithgareddau cerdd. Mae Cronfa Vaughan-Thomas yn dal i fodoli.

Ganwyd yr ail fab yn Abertawe, wedi i'r teulu symud i fyw yn 9 Calvert Terrace yng nghanol y dref. Doedd y teulu'n dal heb arddel yr enw 'Vaughan' bryd hynny, ac enwyd y plentyn yn Lewis John Wynford Thomas. Serch hynny, flynyddoedd yn ddiweddarach, dilynodd y teulu cyfan y tad wedi iddo fabwysiadu'r enw 'Vaughan' wrth gael ei dderbyn i'r Orsedd yn Eisteddfod Caerfyrddin ym 1911. Fel canlyniad, daeth y mab hwn yn adnabyddus fel Wynford Vaughan Thomas, newyddiadurwr o fri, darlledwr dawnus gyda'r BBC, gohebydd treiddgar yn ystod yr ail ryfel byd, ac un o sylfaenwyr cwmni teledu HTV. Fel ei dad, enillodd le yng ngholeg Exeter, Rhydychen, lle bu'n astudio Hanes Modern. Bu farw ym 1987 yn Abergwaun.

Ganwyd y trydydd mab, a nodwyd yng nghyfrifiad 1911 fel Hugh Wyndham Vaughan Thomas, ym 1910. Anodd yw esbonio'r enw 'Vaughan', oherwydd, er ar fin gwneud, nid oedd y teulu eto wedi mabwysiadu'r enw hwnnw. Hwyrach mai rhyw fath o 'achub y blaen' oedd y bwriad. Unwaith eto, dilynodd y mab hwn ei dad i goleg Exeter, Rhydychen, lle, yn wahanol iawn i'w dad, amlygodd ei hun fel athletwr hynod ddawnus. Chwaraeodd ambell gêm o griced i Forgannwg ym 1933, a hoci hefyd i'r Alban wedi mynd yn athro yno. Bu'n aelod o staff Mountbatten yn 'Combined Operations' ac fe'i dyrchafwyd yn Frigadydd. Wedi hynny datblygodd yn ŵr busnes llwyddiannus yn Sussex, a bu farw yno ym 1986. Testun balchder i David a Morfydd oedd bod y tri mab ar un adeg yn Rhydychen ar yr un pryd, dau ohonynt yn hen goleg eu tad.

Mae hunangofiant Wynford yn crynhoi'r bywyd teuluol cynnar, a'r profiadau a oedd yn ei dyb ef yn rhai hynod hardd a thlws. Ysgrifenna'n freuddwydiol am wyliau haf hudolus ym Mhort Eynon, Bro Gŵyr, lle byddai'r teulu'n mynd yn flynyddol. Ceir atgofion plentyn hefyd o naws y cartref yn llawn hapusrwydd a bodlonrwydd – magwraeth ddelfrydol; ac am ei dad, meddai:

He was a scholar and an artist. He never made much money, but he made magnificent music and great happiness for his family. I can still hear the sound of the piano coming to me muted from his study as I lay half asleep upstairs as a small boy...... The sounds came to me and seemed so incredibly beautiful, remote, exotic – I could have wished that all life would be like this dream world that father was building at his fingertips on the piano.

Yn gymar bywyd ac angor trwy gystuddiau a threialon, yn ogystal â llwyddiannau a dathliadau, goroesodd Morfydd ei gŵr, a bu farw ar 18 Medi 1950 yn ei chartref bryd hynny, 43 Glanmor Park Road, Abertawe, ac fe'i claddwyd fel gweddillion ei gŵr ym mynwent Ystumllwynarth.

Flynyddoedd cyn hynny, yn dilyn marwolaeth ei gŵr, derbyniodd lythyr o 10 Downing Street, dyddiedig 2 Mawrth 1936, yn datgan:

I am desired by the Prime Minister to inform you that, on his recommendation, the King has been pleased to award you a Civil List Pension of £60 [cyfateb i £4,300 heddiw] in recognition of the services rendered by your husband, the late Dr Vaughan Thomas, to music.

5.

Y gweithiau corawl estynedig

Rhwng 1907 a 1910, er ei ddiffyg profiad fel cyfansoddwr, lansiodd David Thomas ymdrech i ddatblygu safonau cerddorol ei genedl trwy gyfrwng gweithiau corawl estynedig nad oedd fawr o gynsail iddynt cyn hynny yng Nghymru. Mae'n wir fod yna enghreifftiau o weithiau Cymraeg o'r math yn mynd yn ôl i'r ganrif flaenorol, gan gynnwys cynnyrch Joseph Parry, yn ogystal â'r gwaith cynharaf gan Edward Stephen Jones, Tanymarian (1822-55), *Ystorm Tiberias*. Oratorio'n gryf o dan ddylanwad arddull Handel oedd hwnnw gydag offeryniaeth gelfydd gan S S Wesley (1810-76) wrth sgorio'r cyfeiliant. Byddai David Thomas hefyd yn ymwybodol o weithiau estynedig mwy diweddar, megis *A Psalm of life* (1895) a *Job* (1904) gan David Jenkins (1848-1915), a *Llawenhewch yn yr Iôr* (1906) a *Coming of Arthur* (1907) gan David Evans (1874-1948), yn ogystal ag enghreifftiau priodol o dramor, a'r datblygiadau mwyaf diweddar yn Lloegr.

O ystyried cyfyngder ei gynnyrch cyhoeddedig a chydnabyddedig erbyn 1906, syndod braidd yw iddo dderbyn comisiwn gan yr Eisteddfod Genedlaethol i gyfansoddi darn sylweddol i gôr ac unawdwyr gyda chyfeiliant cerddorfaol, a hynny ar gyfer perfformiad yn Abertawe ym 1907. Ei libretydd oedd John Gwili Jenkins (1872-1936), gŵr a ddaethai i amlygrwydd eisoes trwy ennill y Goron yn Eisteddfod Genedlaethol Merthyr Tydfil ym 1901. Yn gyfoedion, cawsant brofiadau addysgiadol tebyg i'w gilydd, ac er ar wahanol adegau, bu'r ddau yn ddisgyblion yn Ysgol Watcyn Wyn ac yn fyfyrwyr yn Rhydychen. Byddent wedi adnabod ei gilydd yn dda, gyda Gwili'n byw o fewn hanner milltir i gartref David, er dros y ffin sirol yn Yr Hendy, Sir Gaerfyrddin. Paratôdd y cyfansoddwr gyfieithiad mydryddol Saesneg i'r libreto cyfan, ac mae peth tystiolaeth iddo addasu ac ychwanegu at y Gymraeg wreiddiol.

Gyda thua phymtheg mil o wrandawyr yn bresennol ym mhafiliwn yr Ŵyl yn Abertawe, perfformiwyd *Llyn y Fan* gan gôr enfawr o dri chant a hanner o leisiau, tri o unawdwyr ynghyd â cherddorfa sylweddol ei maint, y cyfan dan arweiniad y cyfansoddwr, a Gwili hefyd yn bresennol. Seiliwyd y libreto ar fersiwn Cymreig o chwedl oedd yn gyfarwydd ar draws y gwledydd Celtaidd, a thu hwnt, sef merch brydferth – un o'r tylwyth teg yn yr achos hwn – yn mentro o'r llyn i berthynas dynol ar y lan, carwriaeth sydd ymhen amser yn troi'n chwerw, a'r eneth yn dychwelyd i'r llyn. Maggie Davies (soprano) oedd yn canu rhan Gwen, y ferch; Trevor Evans (tenor), Aneurin, y bugail a'i denodd o'r llyn; a David Hughes (bariton), tad Gwen. O ran ymateb y gynulleidfa, nid oes amheuaeth y bu'r perfformiad yn llwyddiant ysgubol, ac i'r gwaith newydd brofi derbyniad twymgalon, gyda'r ymdeimlad bod Cymru wedi darganfod eilun cerddorol newydd.

Mae'r gwaith yn syrthio i bedair adran, gyda phreliwd agoriadol. Yn yr adran gyntaf mae Aneurin yn dotio ar Gwen wrth ei gweld yn codi o'r llyn. Cynigia fara iddi, ond ymateba hi ei fod yn rhy gras iddi, a dychwela i'r llyn. Yn yr ail adran gwna Aneurin ymdrech arall, ond y tro hwn mae ei fara'n rhy llaith i'r ferch, ac mae hi'n dychwelyd i'r llyn unwaith eto. Mae tad Gwen yn y drydedd adran yn datgan, 'Cei fy merch, a chei yn waddol / Hanner f'eiddo dan y llyn', ond yn rhybuddio Aneurin, o daro'r ferch deirgwaith, y byddai hi'n diflannu eto i'r llyn. Yn yr adran olaf, anghofia Aneurin y rhybudd, a cherydda ei wraig deirgwaith. Wrth ei cholli, mae'n ymbil am faddeuant, ac mae'r gwaith yn gorffen gydag elfen o addewid hudol, wrth i leisiau'r bugeiliaid a merched Myddfai uno i ganu:

> A mynych gyda'r hwyrddydd,
> Fe gyfyd merch y llyn
> Drachefn o'r dyfroedd llonydd
> I gwrdd â mab y bryn.

Yn ôl y disgwyl, mae'r cyfansoddwr yn dangos dealltwriaeth gadarn o ysgrifennu i leisiau, gyda'r adrannau corawl efallai'n fwy gafaelgar na'r unawdau. Mae'r gytgan i forynion y llyn yn yr adran gyntaf, 'Daethost yn ôl i'r dyfnder' yn dlws ac yn gweithio'n effeithiol, ond hefyd yn adlewyrchu'r iaith gerddorol geidwadol sy'n nodweddu llawer o'r ysgrifennu'n gyffredinol. [*Enghraifft 2*] Nid oedd gan y cyfansoddwr gefndir cerddorfaol ymarferol o gwbl, ond byddai wedi datblygu'r sgiliau hanfodol o leiaf i ysgrifennu cyfeiliannau argyhoeddiadol i gerddorfa. Yn yr achos hwn, mae'r preliwd agoriadol, byr ond deniadol, yn dystiolaeth ddigonol i ddangos medrusrwydd. Hwyrach ei fod yntau'n ymwybodol o'i gyfyngiadau o ran 'meddwl' yn gerddorfaol, ac ar wahân i'w gyfeiliannau, a oedd gan amlaf yn gymwys a chymen, ni chwblhaodd erioed weithiau ar raddfa symffonig (er, gweler y bennod olaf).

Perfformiwyd y gwaith eto ychydig fisoedd yn ddiweddarach, yn briodol ym Mhontarddulais, a hynny ddwywaith ar 5 a 7 Rhagfyr. Parhaodd poblogrwydd y gwaith, ac yn arwyddocaol fe'i cyhoeddwyd gan un o gwmnïau cyhoeddi mawr Lloegr, Novello. Cafwyd perfformiad pellach yn yr Eisteddfod Genedlaethol hefyd, y tro hwn yn Wrecsam ym 1912, eto dan arweiniad y cyfansoddwr. Gyda T Haydn Thomas, nai'r cyfansoddwr, yn hyrwyddwr a lladmerydd brwd, fe arweiniodd yntau berfformiad o'r cantata gyda Chymdeithas Gorawl Pontarddulais yn y dref ym 1935, ac eto yn Neuadd y Brangwyn Abertawe ar Ddydd Gŵyl Dewi, 1938, pan ddarlledwyd y perfformiad ar y radio gan y BBC. (Gweler Atodiad 1)

Er nad yw'r gwaith hwn yn drobwynt arwyddocaol yn hanes cerddoriaeth Cymru, mae'n enghraifft o gyfansoddwr oedd yn ceisio datgan ei fod yn frwd i greu cyfanwaith a fyddai'n symud i ffwrdd oddi wrth arddull geidwadol y gorffennol. Yn sicr, roedd Cymru gerddorol yn synhwyro seren newydd yn y ffurfafen.

Wedi cwblhau gofynion ei fagloriaeth yn Rhydychen,

roedd llygad David Thomas ar y wobr academig eithaf, sef doethuriaeth, Mus Doc y Brifysgol. Yn y dyhead hwnnw ceir tarddiad ei waith estynedig nesaf, yn yr iaith Saesneg bellach, sef *A Song for St Cecilia's Day* (a adweinir ar adegau fel *An Ode to St Cecilia*). Hwn oedd ei 'Exercise' ar gyfer ei ddoethuriaeth – gradd oedd yn gofyn am drawstoriad trawiadol o fedrau cerddorol allweddol. Er gwaethaf diddymu, ers 1890, y rheol yn gofyn am berfformiad byw o'r 'Exercise', roedd y gofynion yn parhau i ofyn am gyfansoddi cantata, seciwlar neu gysegredig, gyda cherddorfa lawn. Yn ogystal â hynny, roedd arholiadau terfynol mewn pum adran i ddelio â nhw, sef harmoni, gwrthbwynt, ffiwg a chanon, offeryniaeth, a hanes. Cyflwynodd David Thomas ei 'Exercise' ar 10 Mehefin 1908, ac er nad oedd y gofynion yn mynnu hynny, perfformiwyd *A Song for St Cecilia's Day* yn hanner cyntaf un o gyngherddau Eisteddfod Genedlaethol Llundain ym mis Mehefin 1909. Côr a Cherddorfa'r Eisteddfod, ynghyd â'r unawdydd tenor Herbert Emlyn (1872-1926) oedd yn perfformio dan arweiniad Merlin Morgan, hen ffrind David o ddyddiau Dowlais a Merthyr.

Byddai thema'r gerdd, a ysgrifennwyd ym 1687 gan Fardd y Brenin, John Dryden (1631-1700), wedi apelio yn arbennig at y mathemategydd yn David Thomas, gyda'i chrybwylliadau at harmonïau nefol a cherddoriaeth y sfferau ac arwyddocâd cyfrannau rhifiadol – harmoni yn ganolog i fodolaeth y bydysawd. Tynnodd Dryden hefyd ar theori Feiblaidd y greadigaeth a arweiniodd at ymddangosiad dynolryw yn y byd. I raddau helaeth, beirniadwyd y gosodiad cerddorol gan wasg Llundain ar y sail mai gwaith 'academaidd' ydoedd yn y bôn, yn rhoi mwy o bwyslais ar ofynion y radd yn hytrach na gadael i'r awen lifo a llewyrchu. O ystyried y gwrthbwynt heriol a chaeth i wyth o leisiau corawl, a'r disgwyl i ymateb i ofynion pedantig a chyfyng o ran strwythur a ffurf, mae elfen o wirionedd yn y farn feirniadol. Serch hynny, mae yma unawdau telynegol, er yn ddeilliadol, i'r tenor, [*Enghraifft 3*]; ysgrifennu egnïol i'r côr; a chadernid ac argyhoeddiad yn yr offeryniaeth – yn arbennig i'r adran bres. Dyma strwythur y gwaith:

Côr Dwbl – 'From Harmony'
Unawd Tenor – 'What passion can not music raise'
Côr Dwbl – 'But oh! What art can teach'
Unawd Tenor – 'Orpheus could lead the savage voice'
Côr Dwbl – 'As from the powers of sacred lays'

Os mai negyddol oedd ymateb ambell feirniad yn Lloegr, cadarnhaol oedd ymateb arholwyr Rhydychen, a llwyddodd David Thomas i ennill ei radd fel doethur ym mis Tachwedd 1909, er nad oedd i dderbyn yr anrhydedd yn swyddogol, fel y gwelwn, tan 1911. Cyn hynny, roedd ganddo ddarn estynedig arall yn barod i'w berfformio.

Mae cerdd Thomas Gray (1716-71), *The Bard*, a gyhoeddwyd ym 1757, yn dychmygu gwrthdaro rhwng y gorchfygwr Seisnig, Edward I, â'r bardd olaf i oroesi yng Nghymru. Mae Edward wedi dedfrydu beirdd Cymru i farwolaeth er mwyn atal eu hadroddiad o hanes gormesiad y Cymry yn y gorffennol. Mae'r Bardd yn melltithio Edward ac yn proffwydo ei orchfygiad pan fyddai Cymru'n rhydd unwaith eto. Ar y diwedd, mae'r Bardd yn taflu ei hun i mewn i afon Conwy, y weithred herfeiddiol olaf. Daeth y gerdd yn hynod boblogaidd, gan helpu i greu syniad o Gymru rydd. Wedi'i hysbrydoli'n rhannol gan ymchwiliadau Gray i hanes a llenyddiaeth ganoloesol, roedd y gerdd yn ddylanwad grymus ar genedlaethau'r dyfodol o feirdd, ac arlunwyr hefyd, ac fe'i hystyriwyd gan lawer fel gwaith creadigol cyntaf y Diwygiad Celtaidd ac fel gwraidd y mudiad Rhamantaidd ym Mhrydain. Dyma thema a chefndir wrth fodd y cyfansoddwr, â'i ystyriaethau hanesyddol a llenyddol yntau a ddaeth yn ysbrydoliaeth i'w osodiadau cerddorol yn y dyfodol.

Comisiwn gan y Cardiff Triennial Festival oedd gosodiad David Thomas ar gyfer Gŵyl 1910, ac fe berfformiwyd y gwaith am y tro cyntaf yn y Park Hall ym mis Medi o'r flwyddyn honno dan arweiniad y cyfansoddwr, gydag Ivor Foster (1870-1959) yn unawdydd. Ym marn Hubert Parry (1848-1918), Pennaeth y Coleg Cerdd Brenhinol, Foster oedd y bariton mwyaf talentog i astudio yn y Coleg. Nid hwn oedd y tro cyntaf i'r Ŵyl roi llwyfan i osodiad o gerdd Gray, gan fod y Gwyddel Charles Villiers Stanford (1852-1924), un o gyfansoddwyr Saesneg mwyaf dylanwadol y dydd, eisoes wedi cyflwyno ei osodiad yntau ym 1895. Wynebwyd yr un her gan y ddau gyfansoddwr wrth geisio ymateb i ddwyster deifiol y testun, ffaith sydd hefyd yn esbonio nad oedd unrhyw un arall o bwys wedi mentro ar osod y gerdd gyfan. Yn ogystal â chôr ac unawdydd bariton, ysgrifennodd David Thomas ar gyfer cerddorfa o faint sylweddol, a oedd yn rhoi palet o liwiau trawiadol iddo o ran offeryniaeth. Yn ogystal â'r cyflenwad arferol o offerynnau llinynnol, roedd y sgorio ar gyfer 3 ffliwt, 2 obo, cor anglais, 2 clarinét, clarinét bas, 3 baswn, 4 corn Ffrengig, 3 trwmped, 3 trombôn, tiwba bas, tympanau, drwm ochr, drwm bas, symbalau, a thelyn. Heb unrhyw amheuaeth, dyma'r gwaith mwyaf trawiadol ac uchelgeisiol a gyfansoddwyd gan Gymro hyd hynny. O ystyried cerddoriaeth Gymreig y gorffennol, gan gynnwys dau waith estynedig David Thomas ei hun, roedd *The Bard* yn cynrychioli naid sylweddol mewn arddull ac iaith gerddorol, strwythur, offeryniaeth ac ymdriniaeth o eiriau. Yn ôl pob tebyg, llafurus fu'r broses greu wrth i'r cyfansoddwr ddyfalbarhau i lunio cyfanwaith a fyddai'n darbwyllo perfformwyr a gwrandawyr, fel ei gilydd, o'i rinwedd artistig. Rhwystredig fu'r paratoi a'r ymarfer, er bod y cyfansoddwr ei hun yn derbyn y bai am hynny. Mewn cyfweliad i'r *South Wales Daily Post*, dywedodd:

> Considering the limited amount of time we had for rehearsal – and it is by no means anybody's fault but my own – the performance was truly remarkable…. Much of the work to my mind came off perfectly, and had it been out a little earlier I know perfectly well that a more steady performance would have been given.

Nid oes rhagarweiniad o unrhyw fath, ond un bar cwta'n cyflwyno ynganiad bygythiol y Bardd tuag at y brenin, 'Ruin seize thee, ruthless king!' Yn y cychwyn anarferol hwn, mae'r ysgrifennu cromatig i'r gerddorfa yn adlewyrchu tyndra'r testun, a chyflwynir motiffau byr yn y cyfeiliant sydd i'w defnyddio'n grefftus yng nghorff y gwaith. Yn fwriadol, mae'r gosodiad yn anelu at y bratiog yn hytrach na llinellau cerddorol hir; syniadau tameidiog sy'n nodweddiadol o'r darn, gan osgoi alawon cynaliadwy. Mae'r newydd-deb yng nghyd-destun cerddoriaeth Cymru'n amlwg a thrawiadol. O ran y testun, caiff y cyfansoddwr ei wthio tuag at adrannau sy'n gyson gynddeiriog eu natur, darluniau o angerdd a chwyrndra didostur a di-baid. Yn hyn o beth, defnyddia'i adnoddau o ran offerynnau pres a tharo yn gelfydd, ac wrth gwrs, o gofio'r testun, mae lle teilwng i'r delyn yn y sgôr. Arweiniodd hyn oll, fel sail resymegol y gosodiad, at feirniadaeth am brinder gwrthgyferbyniadau mewn awyrgylch, ond eto pan fo'r cyfle, mewn adran offerynnol fer, er enghraifft, cyn cyfeirio at y 'cherub choir', gall y cyfansoddwr ymateb yn briodol ddigon. [*Enghraifft 4*]

Yn y dyfyniad hwn, mae'n wir y clywir dylanwad Wagner, ac mae yna adleisiau eraill hefyd yn y gwaith, megis o Richard Strauss, ond dylanwadau nid annisgwyl sydd yma, yn hytrach na dynwared disylwedd – cymathiad o iaith ac arddull yr Almaenwyr dylanwadol yn hytrach nag efelychiad arwynebol. Meddai gohebydd *The Standard*:

> Despite the composer's fevered utterances, they are not without a certain graphic illustrative power, while the terms in which they are expressed are no slavish imitations of any particular style of composer. Upon the whole he speaks in a language which is neither the language of France nor Germany.

Ategwyd y sylw gan *The Times*:

> Sometimes a really striking phrase flashes out, and

shows that, however much his individuality is over-laid at present by the methods of other men, it has a strong and independent existence of its own.

Bwriad y cyfansoddwr oedd creu cyfanwaith yn adlewyrchu aflonyddwch ac anesmwythder y testun heriol, gyda momentwm didostur, ac wrth lwyddo i wneud hynny, llusgodd gerddoriaeth Cymru i mewn i'r ugeinfed ganrif gerfydd ei gwar! Unwaith eto, roedd y wasg Seisnig yn unedig wrth awgrymu arwyddocâd arbennig y gwaith hwn o safbwynt datblygiad cyfansoddi yng Nghymru ar ddechrau'r Ugeinfed Ganrif. 'The Bard is a clever work, probably the most advanced produced by a Welsh composer. The work reveals power,' medd *The Musical Times*. 'Almost every page bears evidence of a definite creative musical faculty,' medd *Musical Opinion*.

Mewn erthygl i'r *Western Mail* ddegawdau wedi hyn ym 1949, dywedodd Sydney Northcote (1897-1968), oedd erbyn hynny yn ymgynghorydd cerdd y Carnegie United Kingdom Trust, wrth gymharu *The Bard* â chyfansoddiadau cynharach y cyfansoddwr:

> Some of his early work, for all its charm... is often diffuse. But with *The Bard* he reveals something of his growing strength. Whatever [it owes] to Wagner [it owes] as much to a sensitive and searching mind seeking an individual utterance and a sure competence of a practical technique.

Gan adlewyrchu statws y cyfansoddwr o Gymro erbyn hyn, perfformiwyd y gwaith eto yn y Queen's Hall yn Llundain yn Ebrill 1912 gan y London Choral Society a'r New Symphony Orchestra, gyda ffefryn y cyfansoddwr, David Brazell, fel unawdydd y tro hwn. Flwyddyn yn ddiweddarach, dan arweiniad Harry Evans, hen ffrind i Vaughan Thomas, perfformiwyd y gwaith gan y Welsh Choral Union yn Neuadd y Ffilharmonig Lerpwl, eto gyda Brazell yn unawdydd – digwyddiad a sbardunodd un gohebydd i osod her:

> Cardiff, London and Liverpool have heard the work. When will Swansea take it up? Is it not a discredit to musical Swansea that it allows other centres first to honour the composer who lives in its midst?

Maes o law dechreuodd Vaughan Thomas a Chymdeithas Gorawl Abertawe gynllunio ar gyfer cyngherddau a fyddai'n cynnwys perfformiadau o *The Bard* ynghyd â *Queen Mab* Holbrooke, ac *Israel in Egypt* Handel. Hwyrach y llesteiriwyd y cynlluniau gan broblemau economaidd cynyddol yn deillio o gyflafan y rhyfel.

Yn ogystal â dylanwadau cyfandirol, roedd yn anochel y byddai David Thomas yn cael ei ddenu at ddatblygiadau cyfoes yn Lloegr. Cafodd ei brofiadau yn Rhydychen, ysgolion bonedd Lloegr, cyngherddau a datganiadau cerddorol yn Llundain eu heffaith amlwg arno, fel y cafodd y cyfeillgarwch oedd yn raddol ddatblygu rhyngddo ef â chyd-gerddorion yn Lloegr. Wedi'r cyfan, roedd dau o'i weithiau corawl estynedig yn osodiadau o eiriau Saesneg gan feirdd Seisnig ac fe'u perfformiwyd mewn lleoliadau yn Llundain. Y Queen's Hall oedd un o neuaddau cyngerdd pwysicaf y brifddinas tan yr ail ryfel byd. I roi ei waith felly yn ei gyd-destun, cyfansoddai ar adeg pan oedd proffil gwyliau corawl mewn canolfannau fel Birmingham, Leeds a Norwich yn codi'n arwyddocaol. Roedd y Three Choirs Festival (Caerloyw, Caerwrangon a Henffordd) yn Ŵyl i gorau mawr, wedi eu hyfforddi'n drwyadl, ac yn tanio diwylliant o gomisiynau i gyfansoddwyr brodorol. Yn ogystal â Stanford a Hubert Parry, y cyfeiriwyd atynt eisoes, Alexander Campbell Mackenzie (1847-1935) Frederic Cowen (1852-1935) ac Edward Elgar (1857-1934) oedd y cyfansoddwyr arloesol, gydag eraill fel Granville Bantock (1868-1946), a ddaeth yn gyfaill mynwesol i David, hefyd yn dod i amlygrwydd. Gyda llwyddiant *The Bard*, er yn amodol yn llygaid rhai beirniaid, roedd David Thomas yn ymddangos ar drothwy posibiliadau mawr o ran cyfansoddi gweithiau corawl estynedig pellach, a diau y cynigiwyd comisiynau iddo. Ymhlith papurau'r cyfansoddwr mae llawysgrif o gychwyn libreto mydryddol bratiog o dair tudalen yn dwyn y teitl, 'The Waters of Babylon, or The Feast of Bel'. Nid oes dyddiad nac enw awdur chwaith, ac amhosib yw dirnad ei darddiad. Yn sicr, nid eiddo'r cyfansoddwr ei hun yw'r farddoniaeth sydd ar adegau ychydig yn drwsgl. Ffansïol efallai yw damcaniaethu os bu gan y cyfansoddwr fwriad yn ystod y cyfnod hwn, neu'n hwyrach yn ei fywyd, i fentro ar waith estynedig ar y thema hon. (Ymddangosodd campwaith gorchestol William Walton, *Belshazzar's Feast* ym 1930.)

Ond mewn gwirionedd, nid oedd i fentro ymhellach ar weithiau o'r fath. Er mor anodd yw cynnig rhesymeg hollol argyhoeddiadol dros y terfyniad sydyn ac annisgwyl hwn ar ei ran, mae'n ddigon posib ei fod yn poeni am ddod, ym marn y cyhoedd, yn gyfansoddwr Seisnig arall, a bod ei resymau dros ddychwelyd i'w famwlad mewn perygl o gael eu tanseilio.

6.

'Professor of Music'

Denwyd David Thomas yn ôl i Gymru oherwydd ei argyhoeddiad bod y genedl ar drothwy pethau mawr – dadeni diwylliannol ynghyd â phosibiliadau o ddatblygiadau gwleidyddol cyffrous. Ddiwedd y bedwaredd ganrif ar bymtheg crynhowyd y dyheadau gan fudiad Cymru Fydd, a sefydlwyd yn wreiddiol ymhlith Cymry Llundain, Manceinion a Lerpwl cyn lledaenu i Gymru. Er mai byrhoedlog oedd ei hanes, cyflwynodd syniadau allweddol o ran datblygiadau cenedlaethol, a grisialwyd gan un o'i arweinyddion, yr Aelod Seneddol Rhyddfrydol dros Feirionnydd, Thomas Edward Ellis (1859-99), mewn araith yn y Bala ym mis Medi 1890. Meddai:

> Rhaid i ni yn fuan gael Prifysgol i Gymru, amgueddfa genedlaethol, oriel i gadw ein darluniau o'n gwlad, a llyfrgell i gadw ein llenyddiaeth hen ac ardderchog. Ac ni roir i fyny nes cael y gymanfa fawr o holl Gymru i wneud ein cyfreithiau ein hunain, yr hyn fyddo yn arwydd ac yn rhwymyn o'n cenedlgarwch.

Ysbrydolodd y weledigaeth hon y math o ddatblygiadau y byddai rhywun fel David Thomas wedi gobeithio eu gweld, ac yn wir wedi gobeithio bod yn rhan ohonynt. Dyma bwyslais ar genedligrwydd, hanes a thraddodiadau'r wlad ynghyd â diwylliant cymdeithasol, a hyd yn oed ar ymgyrch am fesurau o hunanlywodraeth. Erbyn troad y ganrif gwelwyd egni grymus newydd a nodweddid, er enghraifft, gan syniadau gwreiddiol ym myd llenyddiaeth Gymraeg gyda beirdd fel T Gwynn Jones (1871-1949), Silyn Roberts (1871-1930), W J Gruffydd (1881-1954), R Williams Parry (1884-1956) a T H Parry-Williams (1887-1975) yn arwain y ffordd; cyfrolau ar hanes Cymru, fel *Wales* gan Owen M Edwards; dylanwad John Morris Jones ar safonau crefftwaith llenyddol a chywirdeb iaith; a datblygiadau amrywiol ym myd drama, celf a hyd yn oed pensaernïaeth. O ran addysg a'r gyfraith hefyd gwelwyd newidiadau arwyddocaol dan ddylanwad pobl fel W Llewelyn Williams. Mae'n werth nodi cysylltiad sawl un o'r unigolion yma â'r Brifysgol yn Rhydychen, gyda nifer ohonynt, fel gwelwyd eisoes, yn gyn-aelodau o Gymdeithas Dafydd ap Gwilym. Ni ddylid dibrisio dylanwad Rhydychen ar hunan-barch ymddangosiadol y genedl Gymreig a Chymraeg yn y cyfnod dan sylw.

O'r 1890au ymlaen bu cryn feirniadu ar gyflwr cerddoriaeth yng Nghymru, gyda galw arbennig am godi safonau perfformio'n gyffredinol, ehangu *repertoire*, datblygu addysg gerddorol gan gynnwys darpariaeth offerynnol, ynghyd â'r angen i gyfansoddwyr ehangu eu gorwelion. Ar flaen y gad, mewn ymgais i siglo'r *status quo*, roedd cerddorion dylanwadol fel Francis Lloyd (1852-1917), Frederic Griffith, David Jenkins, D Emlyn Evans (1843-1913), Harry Evans a Cyril Jenkins (1875-1978). O'r tu allan i Gymru hefyd, cyfrannodd Granville Bantock at y dadleuon. Gallai geirfa Cyril Jenkins (gweler isod) gythruddo'n rhwydd, ond roedd Bantock, ffrind da i David Thomas a chyfaill yr Eisteddfod, yn gyson adeiladol ei sylwadau. Gwelwyd eisoes bod David Thomas, ar ôl dychwelyd i Gymru, wedi anelu at symud cyfansoddiadau cyfoes i dir uwch gyda'i weithiau estynedig, a bellach mae'n barod i barhau â'i ymateb i'r her ehangach o ddylanwadu ar chwaeth gerddorol y genedl.

Gyda David a Morfydd ynghyd â'u tri o feibion (a morwyn) yn byw yn Calvert Terrace, Abertawe, nododd Cyfrifiad 1911 mai galwedigaeth David oedd 'Professor of Music'. Ystyr hynny oedd ei fod yn gweithio'n rhyfeddol o brysur fel cerddor ar ei liwt ei hun, gan ganolbwyntio ar gyfansoddi, ond hefyd yn hyfforddi, beirniadu, arwain a darlithio. Hefyd ers 1908 ef oedd organydd a chôr-feistr

Eglwys Mount Pleasant, gan ddal y swydd am ddeng mlynedd. Fe'i hystyrid erbyn hyn yn un o brif gerddorion Cymru, eisoes yn eilun i lawer, ac yn un a fyddai'n mynnu codi safonau artistig y genedl o gyffredinedd ei gorffennol. Yng nghyd-destun y datblygiadau cenedlaethol a nodwyd eisoes, hwn oedd y proffwyd a dynghedwyd i ddangos y ffordd o ran cerddoriaeth.

Yn 1864 adeiladwyd y Music Hall yn Craddock Street, Abertawe, gyda lle i 2,500 yn y gynulleidfa. Ailenwyd yr adeilad yn Albert Hall ym 1881, a'r adeilad hwn oedd prif ganolfan perfformiadau cerddorol y dref am y degawdau dilynol, ynghyd â'r capeli mawr a oedd hefyd yn lleoliadau pwysig ar gyfer datganiadau o gerddoriaeth grefyddol. Yn ogystal â'r brif neuadd, roedd hefyd Albert Minor Hall o fewn yr adeilad pan fyddai cynulleidfaoedd llai. Gyda ffyniant economaidd y dref o ganlyniad i'r diwydiannau glo a dur, datblygiad y porthladd a dyfodiad y rheilffordd, denwyd trigolion newydd i Abertawe, ac yn eu plith, gerddorion diddorol. Nodwyd eisoes ymdrechion Joseph Parry, ac mae cyswllt Adelina Patti (1843-1919), y *diva* garismataidd a hynod gyfoethog, â'r dref yn un lliwgar a hudol. Gŵr ychydig llai trahaus a mwy hynaws ei natur oedd yr arweinydd cerddorfaol, William Frederick Hulley (1854-1929), a ddaeth o Great Yarmouth i Abertawe ym 1873. Cyfrannodd yn sylweddol i fywyd cerddorol y dref am hanner can mlynedd, nid yn unig wrth drefnu perfformiadau cerddorfaol, ond trwy sicrhau cerddorfa i gyfeilio i'r gweithiau corawl niferus a berfformid yn neuaddau a chapeli Abertawe a thu hwnt. Roedd yn gerddor amryddawn: roedd Patti ei hun yn ei edmygu'n fawr ac yn ei groesawu'n aml i ddigwyddiadau cerddorol yn ei chartref ysblennydd yng Nghraig-y-nos. Cydweithiwr a ffrind iddo oedd John Squire (1833-1903), feiolinydd talentog, a'i deulu'n frith o offerynwyr llinynnol dawnus, gan gynnwys ei fab, y cyfansoddwr W H Squire; gweithiodd ef yn ddiwyd i drefnu cyngherddau o gerddoriaeth siambr. Ar adegau, gan rai, disgrifiwyd Abertawe ar droad y ganrif fel tref gymharol ddiffrwyth o safbwynt cerddoriaeth offerynnol, ond mae'n amlwg o ystyried ymdrechion Hulley a Squire nad gwirionedd llwyr mo hynny. Wedi'r cyfan mewn digwyddiad o statws arbennig, croesawyd hyd yn oed Kreizler i roi datganiad yn yr Albert Hall ym 1906 yn ystod ei daith ar draws Prydain. Ym 1908 cymerodd David Thomas at yr awenau gyda'r Swansea Philharmonic Orchestral Society gan ddilyn Thomas Tomlinson (1856-1935) fel arweinydd. Ym 1907 roedd Tomlinson a'r gerddorfa wedi ennill yn Eisteddfod Genedlaethol Abertawe, gyda Walford Davies (1869-1941) fel beirniad yn ysgogi Cymru i ddatblygu ei cherddoriaeth offerynnol – argoelion o'r hyn oedd i ddod, mae'n siŵr.

Un cyfraniad pwysig arall i fywyd cerddorol Abertawe'r cyfnod oedd sefydlu cwmni'n gwerthu cerddoriaeth, offerynnau a recordiau yn yr Alexandra Arcade ym 1900. Yr entrepreneur craff oedd David John Snell (1880-1957), gŵr ifanc braidd allan o'i arddegau, ond eisoes yn ŵr busnes o weledigaeth. O fewn deng mlynedd, wrth weld y cyhoeddwr Benjamin Parry (1835-1910) yn ymddeol, prynodd Snell ei stoc ynghyd â'i hawlfreintiau, gan ddechrau ar ei waith o gyhoeddi cerddoriaeth a sefydlu catalog sylweddol o gyfansoddiadau Cymreig a Chymraeg, hen a newydd, gan gynnwys llawer o gerddoriaeth Thomas ei hun.

Awgrymwyd gan rai, o ran perfformiadau'r cyfnod o ddarnau corawl, mai'r prif ymborth yn Abertawe, fel yng Nghymru'n gyffredinol, oedd gweithiau Handel a Mendelssohn. Er bod sail i'r gosodiad hwnnw, roedd yn anwybyddu perfformiadau arwyddocaol iawn. Mae'n wir fod Côr Siloh Newydd, Glandŵr, wedi perfformio'r *Eleias* ym 1909, a chapel Adulam Bôn-y-maen wedi perfformio *Samson* Handel, tua'r un adeg. Ar gyfer eu perfformiadau hwythau, roedd Bethel Llansamlet yn hurio cerddorfa, a chwaraewyr o orllewin Lloegr a de Cymru'n aelodau, a Chymdeithas Gorawl Tabernacl Treforys yn gwneud yn yr un modd. Serch hynny, gwelwyd y gorwelion yn ymestyn, a gyda'r Eisteddfod Genedlaethol yn ymweld ag Abertawe ym 1907, perfformiwyd yno, mewn cyngerdd, gampwaith Berlioz, *Faust*. Ddwy flynedd yn ddiweddarach, gyda Harry Williams yn arwain, perfformiodd St Paul's Choral Society y dref *The Kingdom*, gan Elgar.

Yn wreiddiol o'r Rhondda, wedi iddo ymgartrefu yn Abertawe, sefydlodd Llewelyn R Bowen gôr meibion ym 1905 y daethpwyd i'w adnabod maes o law fel y Swansea and District Male Choir. Enillodd Bowen nifer o gystadlaethau fel bariton, gan gynnwys yn yr Eisteddfod Genedlaethol, ac roedd yn unawdydd poblogaidd mewn cyngerdd ac oratorio. Profodd ei hun yn arweinydd medrus hefyd, gyda'i gôr yn ennill droeon yn y Genedlaethol cyn ac ar ôl y rhyfel. Ond yr hyn oedd fwyaf trawiadol am ei waith gyda'r côr oedd ei barodrwydd a'i frwdfrydedd i fentro o ran *repertoire*, gan arloesi gyda pherfformiadau o weithiau corawl estynedig nad oedd i'w clywed yn aml. Er enghraifft, yn Ionawr 1908, rhoddodd ei gôr berfformiad o gantata John Henry Maunder (1858-1920), *The Martyrs* yn Neuadd Albert, Abertawe. Ychydig o waith Maunder sydd wedi goroesi, ond ceir perfformiadau o hyd o'i gantata i gôr cymysg, *Olivet to Calvary*, adeg y Pasg mewn eglwysi a chapeli ledled y wlad.

Cafwyd perfformiad arloesol arall gan Bowen a'i gôr ym mis Mawrth 1911, y tro hwn gyda'r Beecham Symphony Orchestra'n cyfeilio. Bu Félicien David (1810-76) yn un o gyfansoddwyr Ffrengig mwyaf poblogaidd ei ddydd, ac yn arbennig o adnabyddus am ei ganeuon, ond hefyd am ei waith estynedig, *Le désert*. Yn parhau am ryw hanner can munud, mae'n waith a alwyd gan y cyfansoddwr yn 'ode-symphonie', ac yn cynnwys cyfres o symudiadau symffonig ac eitemau lleisiol, pob un wedi'i gysylltu gan naratif. Yn hynny o beth, gellir ei ddisgrifio fel oratorio seciwlar gyda datganiadau llafar barddonol wedi eu hychwanegu. Disgrifia'r testun egsotig daith carafán trwy wlad Arabaidd. Yn yr un cyngerdd perfformiwyd agorawd yr Albanwr, Hamish MacCunn (1868-1916), 'Land of the mountatin and the flood', dan arweiniad y cyfansoddwr, yn ogystal â cherddoriaeth gan Wagner ac eraill.

Yn Ebrill 1913, cyhoeddodd *The Cambria Daily Leader*:

> The Swansea and District Male Voice Choir, who will perform Mendelssohn's 'Antigone' at the forthcoming South Wales Musical Festival, held a rehearsal of the piece in the Minor Hall on Thursday evening under the personal direction of Sir Henry Wood. The well-known conductor of the Queen's Hall Orchestra arrived in Swansea yesterday afternoon from Cardiff, and was introduced to the choir in the evening by his host, Lord Glantawe.

Dyma enghraifft arall eto o flaengaredd Llew Bowen a'i gôr, yn mentro ar gerddoriaeth achlysurol i ddrama fawr Sophocles, a hynny dan arweiniad y cawr o arweinydd, Henry Wood (1869-1944). Mae'r gerddoriaeth yn cynnwys agorawd a saith o eitemau i unawdwyr tenor a bas, adroddwyr, a chôr meibion dwbl. Mewn cyfweliad i'r un papur newydd, mynegodd Henry Wood ei edmygedd o waith paratoi'r côr a'r arweinydd:

> The quality of tone is splendid, because it is so warm, deep, and so free, and of course that is where the quality amongst Welsh voices is so far in advance of the English voices, particularly in large centres like London. Let me say here, that I am delighted with the way in which Mr. Bowen, the conductor of the choir, has arranged everything. I had absolutely nothing to do as regards the general reading of the piece.

Abertawe oedd un o bedair canolfan ar gyfer cyngherddau Gŵyl Gerdd De Cymru, gyda'r lleill yng Nghastell-nedd, Aberpennar a Chasnewydd, y cyfan i'w cynnal ar bedair noson olynol o 21 i 24 Ebrill 1913. Yn Abertawe, yn ogystal â cherddoriaeth *Antigone*, perfformiwyd Pumed Symffoni Beethoven, 'Humoresque' Dvorak a'r agorawd i *Der fliegende Holländer* gan Wagner. Canodd y côr meibion ffefryn o waith

Daniel Protheroe, 'Nidaros', ac mae'n werth nodi i'r cyfansoddwr hwnnw, flynyddoedd yn ddiweddarach, oherwydd ei edmygedd o Llew Bowen, gyflwyno iddo sgôr llawn (côr a cherddorfa) o'r darn.

Gŵr talentog ac amryddawn arall a weithiodd yn ddiwyd yn Abertawe, dros ddegawd cyn dyfodiad David Thomas i'r dref, oedd Donald Wallace Lott (1868-1947), mab J B Lott, organydd Eglwys Gadeiriol Lichfield. Cyn dod i Abertawe ym 1895 bu Donald Lott yn dipyn o grwydryn, gan ddal swyddi fel organydd a chôr-feistr yng Nghapel Ysbyty Sant Ioan, Lichfield, yn ogystal ag organydd cynorthwyol yn Eglwys Gadeiriol Lichfield, (1885); Coleg St Columba's Dulyn, (1888); Coleg St Chad's, Denstone, (1890); Eglwys y Plwyf, Caerhirfryn, (1892); a'r Drindod Sanctaidd, Broadstairs, (1893). Daeth i Abertawe fel organydd a chôr-feistr Eglwys y Drindod Sanctaidd yn y dref, ac athro cerdd yn Ysgol Uwchradd Abertawe i Ferched. Ym 1905, yn ogystal ag arwain y Newton Orchestral Society, sefydlodd y Swansea Orpheus Choral Society, a gyda'r côr hwnnw cynlluniodd gyfres o berfformiadau yn cynnwys *Hiawatha*, Coleridge Taylor, ym 1906; *Dream of Gerontius*, Elgar, 1908; a *Christ in the Wilderness*, Granville Bantock, 1909. Gwelwyd y côr yn cystadlu yn Eisteddfod Genedlaethol Abertawe ym 1907, ac yn yr un flwyddyn trefnodd Lott berfformiad gan yr Orpheus o fadrigalau a rhan-ganau. Trodd at arwain cymdeithasau eraill hefyd, gan gynnwys Parti Meibion Ravenhill, a oedd yn ddigon grymus i fentro ar 'Nidaros' mewn cyngerdd yn y Central Hall ym 1908. 'Their rendition has seldom, if ever, been excelled locally', meddai sylwebydd *The Cambrian*. Gyda phrysurdeb rhyfeddol a fyddai'n gadael y mwyafrif o feidrolion yn fyr eu gwynt, bu'n cyfeilio mewn cyngherddau, yn ymddangos fel unawdydd ar y piano, yn trefnu darlithoedd, yn rhoi datganiadau organ ar hyd a lled y de-orllewin, ac ar yr un pryd yn darganfod amser digonol i gyfansoddi, a hyd yn oed trefnu arholiadau lleol y London College of Music! Pan ddaeth Sir Frederick Bridge (1844-1924), Abaty Westminster, i draddodi darlith yn

Albert Hall Abertawe ym 1906, trefnodd Lott gôr bychan er mwyn enghreifftio ei sylwadau. 'I have never heard a lecture better illustrated', meddai Bridge.

Gallai Lott fod yn ddiflewyn ar dafod, ac nid oedd ei ymdrechion clodwiw yn Abertawe yn gwbl ddidrafferth bob amser. Fel cyfarwyddwr cerdd cymdeithas arall eto – y Swansea Operatic Society – mynnodd ym 1909, yn ddigon rhesymol, mai ef yn hytrach nag unrhyw bwyllgor ddylai benderfynu beth i'w berfformio, a dewis y cast. Bu eisoes peth anghydfod ym 1901 pan benodwyd Lott yn arweinydd yn annisgwyl ar draul Hulley. Beth bynnag am hynny, gyda'i ymdrech ddiweddaraf i danlinellu ei awdurdod, tynnodd nyth cacwn ar ei ben, ac achosodd y cweryl dilynol iddo ymddiswyddo. Yn waeth fyth, gan fod gorgyffwrdd o ran aelodaeth wrywaidd y gymdeithas operatig a'r Orpheus, lledaenodd y drwgdeimlad. Esboniodd Lott hyn mewn llythyr i'r wasg wrth resynu'r tanseilio a fu wrth i'r Orpheus geisio ymarfer ar gyfer perfformiad uchelgeisiol arfaethedig o *Ddioddefaint Sant Mathew*, J S Bach:

> The male members, once so loyal and enthusiastic – members who have the performance of *The Dream of Gerontius* and *Christ In the Wilderness* to their credit – these members hardly ever attended a rehearsal for months - making it impossible for any conductor to rehearse with the care and attention which it calls for such a noble creation of art. I am well aware that a great hostility was avowed against me by my determination to resign from the Operatic Society, and remarks were often made that a determined effort would be made to ruin my choral society.

Mewn blynyddoedd cynt roedd Lott wedi datgan ei farn yn gyhoeddus mai lle cerddorion proffesiynol bellach oedd arwain y ffordd, ac er iddo gydnabod ymdrechion 'amaturiaid', hwyrach mai cythruddo llawer a wnaeth yn ei ddewis o eiriau:

Surely the experts are the fit persons to be trusted to
carry through this work. Such incidents as soloists
moving from their places and conducting the
conductor, as the principal violin finding it necessary to
have a vocal score on his desk to prevent accidents,
should be never seen. The time has come when the
amateur can only compete with the trained professional
by coming up to the mark in all respects, and as a
professional musician, zealous of the town's reputation,
it seems to me that no question of false modesty should
prevent him from uttering the truth upon this vexed
point. It is not a matter of sentiment, but of capability.

O ystyried yr holl ddatblygiadau yma, mae'n amlwg bod
Abertawe'n bell o fod yn ddiffeithwch cerddorol, fel mynna
rhai beirniaid oedd yn rhy barod i gyffredinoli. Roedd y
South Wales Daily Post ddiwedd 1910 yn awyddus i gydnabod
llafur cerddorion diwyd y dref:

Men like Donald Lott and David Thomas have done a
great deal towards familiarising the masses with some
of the higher flights into the realms of music.

Yn sicr roedd Lott yn cydnabod statws Thomas, gan
ysgrifennu amdano fel 'our distinguished townsman, Dr.
Thomas'. Hefyd, cydweithiodd y ddau wrth sefydlu cangen
o'r Free Church Musicians' Union yn Abertawe ym 1909, ac
wrth i Lott fentro ar flaengaredd sylweddol arall eto
ddiwedd 1909, wrth gyflwyno ac arwain Swansea's First
Symphony Concert, gan gynnwys perfformiadau o Symffoni
Pathetique, Tchaikovsky, a thrydedd agorawd i *Leonora*,
Beethoven, roedd David Thomas yn bresennol fel un o'r
cefnogwyr.

Ond roedd y ddau yn wahanol iawn i'w gilydd hefyd o
ran anian a blaenoriaethau. Roedd David Thomas yn barod
i fynd y tu hwnt i Abertawe er mwyn parhau i gefnogi
digwyddiadau traddodiadol y genedl trwy deithio ledled

Cymru'n beirniadu mewn eisteddfodau, ac arwain cymanfaoedd, boed yn y Gymraeg neu mewn 'singing festivals' Saesneg. Ym 1910 er enghraifft, roedd yn arwain côr o 800 o leisiau yng Ngŵyl Flynyddol Bedyddwyr Casnewydd a'r cylch yn y Central Hall. Mewn cystadlaethau cerddorol amrywiol daeth i adnabod prif gerddorion cyfredol y genedl yn ogystal â sawl Sais oedd yn ymweld â gwyliau Cymru'n achlysurol, megis Granville Bantock a Walford Davies – y cyntaf, fel y nodwyd eisoes, a ddaeth yn ffrind mynwesol, a'r ail yn rhywfaint o 'nemesis' ymhen amser. Deuai Bantock ei hun i feirniadu mewn eisteddfodau lleol yn aml, gan gynnwys Eisteddfod Treforys ym 1910.

Ond hefyd, fel Donald Lott, roedd David Thomas yn awyddus i ymestyn gorwelion trwy gyflwyno gweithiau corawl clasurol a fyddai'n gwbl newydd i'r gwrandawyr yn Abertawe. Ym mis Chwefror 1909, trefnodd berfformiad yn yr Albert Hall o Requiem Brahms, gan Gôr Capel Mount Pleasant gyda Mrs Henry Wood a David Brazell yn unawdwyr, a cherddorfa lawn gyda J W Duys, Caerfaddon, fel blaenwr, yn hytrach na Hulley y tro hwn. Mae'n bosib mai unwaith yn unig y clywyd y gwaith hwn yng Nghymru cyn hyn. Roedd gan y soprano Mrs Wood gefndir Rwsiaidd go egsotig ac fe gâi ei hadnabod ar adegau gwahanol fel Olga Mikhailov, Mrs Olga Hillman a hyd yn oed y Dywysoges Olga Ourousoff. Ychydig cyn y Nadolig, 1909, daeth y newyddion trist am ei marwolaeth ddisymwth. Roedd Brazell wrth gwrs yn un o ffefrynnau mawr David Thomas. Mewn rhaglen faith, yn ogystal â'r Requiem, cafwyd datganiadau cerddorfaol o weithiau gan Mendelssohn a Wagner ynghyd â rhai unawdau lleisiol. Gyda'r neuadd dan ei sang, ar y diwedd galwyd y ddau unawdydd yn ôl am *encore* yr un, gyda Mrs Wood yn dewis yr aria 'Voi che sapete' allan o *Le nozze di Figaro* gan Mozart, a Brazell, braidd yn anghydweddol efallai, ond o barch i'r arweinydd mae'n rhaid, yn dewis cân David Thomas, 'Angladd y Marchog', a ddisgrifiwyd gan un gohebydd fel, 'a thing of fine emotional eloquence and vividly descriptive'. Roedd y cyngerdd yn llwyddiant ysgubol, gan ysgogi J D Williams (1878- 1934) golygydd yr *Evening Post* i ysgrifennu'n hwyliog:

> Dr Thomas worked up his choir until they were obsessed with the work. Indeed, there is a legend that the altos, fearful of their form, made it a subject of prayer at one of the Mount Pleasant services of grace. I can well believe it.

Er y gwamalrwydd, roedd yma gydnabyddiaeth bod Thomas yn mynnu'r safonau uchaf mewn perfformiad. Gwelir felly ddyhead deublyg David Thomas i feithrin hen draddodiadau cenedlaethol y 'werin Gymraeg', tra hefyd yn cyflwyno cerddoriaeth o ddyfnder artistig, mewn perfformiadau o safon, a fyddai'n newydd i drwch y boblogaeth.

A oedd tyndra o gwbl rhwng David Thomas a Donald Lott? Amcan y ddau yn ei hanfod oedd codi safonau ac ymestyn gorwelion wrth gyfrannu at y dadeni cerddorol gobeithiol. Roedd talentau sylweddol y ddau yn ddiymwad, ac yn sicr roeddent yn rhannu'r un weledigaeth ehangach. Er hynny, a oedd rhai o sylwadau Lott yn peri rhywfaint o anesmwythder i David Thomas? Rhaid gofyn hefyd, mewn rhagflas posib o dyndra a ddatblygodd flynyddoedd yn ddiweddarach mewn cyd-destun arall, os oedd David Thomas yn gyndyn i roi sylw i farn mewnfudwr o Sais. Hwyrach, er yr elfen o wirionedd, mai annoeth efallai ar ran Lott oedd cyhoeddi rhai o'r ensyniadau canlynol:

> [I ask] the vocalists of Swansea to support the leaders (whoever they may be), to put aside all feelings of race prejudice, and to rally round their own Welsh leaders, and to give the same support to us who are Englishmen, perhaps no less qualified to train choirs than the others.

Mae'n mynd ymlaen i gydsynio â barn y *Musical News*, trwy ddyfynnu:
It would most decidedly be detrimental, if not fatal to

the ultimate progress of music in Wales, if it should encourage provincialism at the expense of cosmopolitanism ... the musical salvation of Wales will not proceed from within. Welsh deficiencies, patent as they might be, were never accepted as facts, as long as the critics were Englishmen ... the greatest need of Wales is the knowledge of what music is, outside her own borders.

Ac wedyn meddai:

A man does not know more or less of music because he happens to be a Welshman or of some other nationality.

Byddai rhai yn beirniadu ei awydd i ddweud ei ddweud fel ystyfnigrwydd, ac eraill, yn angharedig efallai, yn cyfeirio at yr elfen o siom a brofodd wrth gynnig am y swydd o hyfforddwr Côr yr Eisteddfod ym 1907. Bryd hynny, cynhaliwyd pleidlais gan y pwyllgor i ddewis o blith tri ymgeisydd, sef J D Thomas, arweinydd yng Nghapel Ebenezer, a chyn arweinydd Parti Meibion y Cymrodorion; Harry Williams, arweinydd y St. Paul's Choral Society gyda 300 o aelodau; a Donald Lott, a nodwyd fel arweinydd Capel Castle-street. Enw J D Thomas ddaeth i'r brig. Beth bynnag am hynny, o ran perthynas Lott a David Thomas â'i gilydd, ni fu tystiolaeth o unrhyw ddrwgdeimlad personol rhwng y ddau. Ond doedd Lott ddim i aros yn Abertawe, nac yng Nghymru chwaith, ac erbyn Mehefin 1913 roedd yn cychwyn ar swydd newydd yn cyfrannu i gerddoriaeth St Bartholomew's the Great, un o eglwysi hanesyddol ac ysblennydd Llundain, er na restrir ef fel un o organyddion swyddogol yr Eglwys yn y cyfnod hwnnw.

Nodwyd eisoes mai wrth gael ei dderbyn i'r Orsedd yn Eisteddfod Genedlaethol Caerfyrddin ym 1911 y mabwysiadodd David Thomas yr enw 'ychwanegol', Vaughan. 'Pencerdd Vaughan' oedd ei enw barddol, ac o hynny ymlaen, ac yntau'n 38 mlwydd oed, trodd David

Thomas yn D Vaughan Thomas. Yn wir, i bob pwrpas, collwyd yr enw David, a daethpwyd i'w adnabod fel Vaughan Thomas, neu Dr D Vaughan Thomas, ledled Cymru a thu hwnt. Ym mis Gorffennaf, ychydig cyn yr Eisteddfod, fel arwydd o barch y dref tuag ato, trefnodd Cymrodorion Abertawe noson yng ngwesty'r Cameron i'w longyfarch ar ei Ddoethuriaeth ym Mhrifysgol Rhydychen. Gwelwyd iddo lwyddo yn yr holl ofynion beth amser ynghynt, ond dim ond nawr ym 1911 y cyflwynwyd y radd yn swyddogol iddo gan y Brifysgol. Ar ran y Cymrodorion, cyflwynodd y diwydiannwr Syr Alfred Mond, Is-lywydd y gymdeithas, ei wisg academaidd fel Doethur Rhydychen iddo, ac ymhlith y siaradwyr roedd Arglwydd Glantawe. Beth bynnag oedd arfer y cyfnod o ran y wisg orseddol, dewis Vaughan Thomas oedd gwisgo fel Doethur wrth gael ei urddo i'r Orsedd gan Dyfed o'r Maen Llog! Cyfarchwyd yr aelod newydd gan y llyfrgarwr D J Llewelyn, Talnant (1869-1942), a lwyddodd i gyfeirio at ddau o weithiau'r cerddor, gydag awgrym cynnil hefyd o'r arwisgo a fu yng Nghaernarfon ychydig wythnosau'n gynt:

> I gyfrin gylch yr orsedd wiw
> Croesawn heddiw'r cerddor.
> I'w wlad fe roddodd 'Llyn-y-fan'
> A'r 'Bardd' yn gannaid drysor.
> Yn uwch ei fri, o'i ben i'w draed
> Na'r Duciaid elo'r Doctor.

Hwyrach mai llac, neu o leiaf ystwyth, oedd gofynion yr Orsedd yn ystod degawdau cyntaf yr ugeinfed ganrif o ran gwisg yn ystod seremonïau, gyda ffraethineb Cynan yn dod i'r amlwg wrth gofio Eisteddfod Genedlaethol Caernarfon ym 1921:

> Y mae darlun o'r Coroni hwnnw gennyf. Faint o aelodau'r Orsedd sydd ar y llwyfan yn eu hurddwisgoedd, debygech chi ? Dim ond dau ddwsin, a

Dyfed ac Eifionydd yn eu harwain. Ond y tu ôl iddynt, ar risiau'r Rostrum yn cefnogi'r seremoni, y mae John Williams Brynsiencyn, R. Williams Parry, J. H. Jones (Y Brython), J. E. Jones (y Canwr Penillion), Silyn, Tegla, Tecwyn, Llew Tegid, Ernest Hughes, Vaughan Thomas, yr Arglwydd Davies, a Llewelyn Williams – a meidrolion eraill heb fod y wisg briodol gan neb ohonynt.

Roedd Vaughan Thomas ymhlith casgliad o feirniaid corawl grymus yn Eisteddfod Caerfyrddin, gan gynnwys Daniel Protheroe, Coleridge Taylor, D Emlyn Evans a Walford Davies, a gosodwyd ei anthem, 'Yspryd yw Duw' [sic], yn ddarn prawf yn yr ail gystadleuaeth gorawl. Ei frawd unwaith eto gyhoeddodd y darn am y tro cyntaf cyn i Snell maes o law gymryd y cyfrifoldeb, gan ddiweddaru'r orgraff i 'Ysbryd yw Duw'. Cyflwynodd y cyfansoddwr yr anthem hon i'w rieni. Gyda chyfeiliant annibynnol i'r organ, mae'r harmoni a'r trawsgyweirio'n fwy anturus na modelau Cymraeg y gorffennol. Gosodir y naws priodol gydag unawd cychwynnol i lais bariton cyn mynediad y côr pedwar llais yn ddigyfeiliant gyda'r organ yn ailymuno ar ôl y brawddegau cyntaf. Mewn strwythur teiran, cyrhaedda'r adran ganol uchafbwynt yng nghywair cyfoethog D♭ mwyaf cyn symud i lonyddwch yr adran olaf gan ddychwelyd i'r F mwyaf gwreiddiol. Roedd dwyster y gosodiad yn ormod i rai sylwebyddion, ac yn dilyn perfformiad gan y Rhymney United Choir ym 1912, meddai gohebydd y *Merthyr Express*:

> This is a classical piece. It has some weird passages – and there is much that savours of the funereal about it – the changes from one mood to another are never sudden but slowly graduated. It is a piece which requires knowing. This doubtless accounted for the somewhat meagre applause which followed.

O ran Eisteddfod Caerfyrddin, sefydlwyd patrwm, oherwydd o hynny ymlaen, tan y 1920au hwyr, gwelid enw

Vaughan Thomas yn gyson fel aelod o'r panel beirniaid, a'i weithiau'n ddarnau prawf.

Ymysg ei gynnyrch ar yr adeg hon ymddangosodd trefniant digyfeiliant ar gyfer côr meibion o gerddoriaeth Brinley Richards, 'God Bless the Prince of Wales', yn gyflwynedig i Llewelyn Bowen a'i Swansea and District Male Voice Party. Medd y daflen a gyhoeddwyd ar y pryd, 'Specially arranged for the above society on the occasion of their performance before Their Majesties King George V and Queen Mary at Cardiff, June 25th 1912.' Hwyrach bod gan Vaughan Thomas lygad ar bob math o gyhoeddusrwydd. Ar y llaw arall, ychydig o sylw yng Nghymru a gafodd ei osodiad o 'Dorset Voices' – geiriau (Mrs) J J Cadwaladr, Eos Gwalia. Ymdrech a geir yn y darn i greu naws alaw werin Seisnig, 'dedicated by permission to Thomas Hardy OM'. Cyhoeddwyd y darn gan Weekes & Co, Llundain.

Er y cyfansoddi, y beirniadu, yr arwain ac ati, sylfaen ei fywoliaeth yn Abertawe oedd ei waith fel athro preifat yn ei gartref, lle croesawyd trawstoriad o 'ddisgyblion' amrywiol, yn blant ac oedolion – rhai i ddysgu'r piano, ac eraill i ddatblygu eu sgiliau a'u techneg o ran delio gydag elfennau cerddoriaeth a chyfansoddi. Dyma ddisgrifiad y newyddiadurwr J D Williams eto:

> I can recall those days, the immersion of a poet in the hard graft of teaching, the constant stream of pupils coming to the house in Calvert Terrace....The piano was going all day. One dared not call until late in the evening because of the press of pupils.

Un o'r plant oedd Mildred, merch ifanc Clarence Arthur Seyler (1866-1959), gŵr a ddaeth yn ffrind agos i Vaughan Thomas a'i deulu. (Roedd yn frawd i'r actores gomedi theatr a ffilm enwog, Athene Seyler, 1889-1990.) Cyfrannodd Seyler erthygl i rifyn coffa D Vaughan Thomas o'r cylchgrawn *Tir Newydd* ym 1939 (lle nodwyd ei enw'n anghywir fel Clarence E Seyler). Gwyddonydd o Sais, a ddaeth i Abertawe ym 1892, oedd Seyler, gan ymuno â Labordai Abertawe, a dod yn gyfarwyddwr yno ym 1895. Dros bron hanner canrif, bu'n gweithredu fel dadansoddydd cyhoeddus i fwrdeistref Abertawe a siroedd Morgannwg, Caerfyrddin a Phenfro. Enillodd ei waith ymchwil gymeradwyaeth ryngwladol, a dyfarnwyd iddo fedal aur y South Wales Institute of Engineers ym 1931 ymhlith gwobrwyon gwyddonol eraill o bwys. Am wersi piano ei ferch, ysgrifennodd yn *Tir Newydd*, mewn cyfieithiad:

> Deuai fy merch adref â phob math o hanesion difyr am Dr Thomas, ac am y modd y gallai osgoi peth o galedwaith y dysgu trwy fanteisio ar ei frwdfrydedd mawr am weithiau'r meistri, a'i ddenu i siarad amdanynt a chanu enghreifftiau ar y piano. Barnem fod yr ysbrydoliaeth gerddorol a gâi fy merch lawn mor werthfawr â'r hyfforddiant y llwyddai i'w hosgoi.

Flynyddoedd yn ddiweddarach ym 1974, yn dilyn canmlwyddiant geni'r cyfansoddwr, ysgrifennodd un arall o ferched Seyler, Brynhilda, at Wynford Vaughan Thomas, gan gofio ymweliadau mynych ei dad â'u cartref nhw yn Eaton Crescent. Yn ei llythyr, rhoir cipolwg diddorol, er prin, ar ochr arall o gymeriad y cerddor parchus – ei hiwmor a'i ffraethineb. Meddai Brynhilda:

> Not only did your father have a cigarette dangling from his lips, but also a glass of whisky on the piano. He used to start the evening after dinner with some of his newest compositions, and with his customary modesty, used to turn to father and say: 'Do you think it will do, Seyler?' Then, fortified perhaps by the whisky, he would move on to Drawing Room Ballads, as sung by the young lady who was taking lessons in voice production. I remember one entitled 'Oh light of love that shimmers in the twilight'. Then an imitation of the baptismal service at Mount Pleasant Chapel ('Come down on the

splaash, doctor') followed by a description of a conductor at the Welsh National Eisteddfod, which was so vivid that we could picture the whole choir singing their hearts out. As the evening wore on the songs became more ribald. Your mother used to smile quietly, but we were all in fits of uncontrollable laughter.

Ond roedd nodyn o ddwyster a thristwch hefyd yn y llythyr wrth i'r ferch esbonio mai dymuniad ei thad yn y pen draw oedd i'w weddillion gael eu claddu nesaf at fedd Vaughan Thomas yn Ystumllwynarth – dyhead na wireddwyd. Gyda'r teulu wedi symud o Abertawe, a Seyler ei hun wedi byw i oedran mawr, gwasgarwyd ei lwch yn Bournemouth.

Aeth nifer o ddisgyblion Vaughan Thomas ymlaen i wneud cyfraniad arwyddocaol i fywyd cerddorol y genedl. Gweithiodd Haydn Morris (1891-1965) mewn pwll glo tan oedd yn 25 mlwydd oed, pan sylweddolodd mai gyrfa gerddorol oedd ei ddelfryd. Aeth at Vaughan Thomas am wersi piano, gan lwyddo yn ei arholiad ARCM ym 1918 ac ennill mynediad i'r Academi Gerdd Frenhinol yn Llundain. Graddiodd ym 1923 ac enillodd ddoethuriaeth o Brifysgol Efrog Newydd ym 1943. Gwrthododd swyddi cerddorol o bwys yn Llundain a thramor, gan aros fel organydd a chôr-feistr mewn nifer o gapeli yn Ne Cymru. Yn debyg i'w fentor yn Abertawe, cyfrannodd hefyd fel athro, beirniad, arweinydd a chyfansoddwr. Daeth ei fab Wyn Morris (1929-2010) yn arweinydd rhyngwladol o fri.

Cyfoeswr i Haydn Morris, ac un arall a aeth yn wreiddiol i weithio yn y pyllau glo, oedd William John Williams, Sgiwen (1886-1962). Mynd at Vaughan Thomas am wersi organ wnaeth yntau. Horeb, capel y Bedyddwyr, oedd ei gartref ysbrydol a phenodwyd ef yn organydd ac arweinydd y gân yno, ac o dan ei arweiniad perfformiwyd sawl oratorio yn y 1920au. Cyfrannodd yn helaeth i'w gymuned fel Prifathro Ysgol Coedffranc, a bu'n un o'r cyfeilyddion swyddogol yn Eisteddfod Genedlaethol Castell-nedd ym 1934.

Un o ddisgyblion disgleiriaf Vaughan Thomas oedd Albert Haydn Jones (1892-1974), un, fel ei athro, a ddangosodd ddoniau cerddorol disglair fel pianydd pan oedd yn ifanc. Wedi gwasanaethu yn y Rhyfel Byd Cyntaf, aeth i astudio yn Aberystwyth, lle serennodd fel myfyriwr, ac wedi hynny aeth yn athro cerdd yn Ysgol Ramadeg y Bechgyn Llanelli hyd at 1957. Bu'n organydd capel Jerusalem Penygroes am ddegawdau rhwng 1905 a'i farwolaeth.

Tra'r oedd Haydn Jones yn dysgu yn ysgol y bechgyn, Llanelli, roedd Idris Griffiths (1905-1987) yn Bennaeth Cerdd yn ysgol y merched yn y dref. Yn enedigol o Resolfen, dyma un arall eto a aeth i weithio yn y lofa pan yn ifanc. Yn y pen draw, wrth iddo yntau hefyd newid cyfeiriad, cafodd wersi gan Vaughan Thomas, ac wedi cyfnod yn Llundain, cwblhaodd ddiplomau LRAM ac ARCO. Aeth yn organydd a chôr-feistr Bethania Treorci, ac yn ddiweddarach yn Nhabernacl Llanelli, er iddo adael ei swydd yno ym 1947 yn dilyn anghydfod rhyngddo ef â'r Gweinidog, E Gwyndaf Evans (yr Archdderwydd maes o law), a oedd yn gwrthwynebu'r cyngherddau a gynhelid yn y capel. Beth bynnag am hynny, bu Idris Griffiths yn gyfeilydd prysur gyda'r BBC, ac ymunodd â staff yr Ysgol Ramadeg ym 1950 tan 1970.

O ran disgyblion amrywiol Vaughan Thomas, efallai mai'r un mwyaf ei ddylanwad ymhen blynyddoedd i ddod oedd Irwyn Ranald Walters (1902-92). Ac mewn ffyrdd annisgwyl braidd, ac yn aml yn drawiadol iawn, profodd y ddau ohonynt lwyddiannau a siomedigaethau tebyg i'w gilydd, er ar adegau gwahanol wrth gwrs. Wedi gwersi cychwynnol yn ei dref enedigol, Rhydaman, gyda Gwilym R Jones (1874-1953), arweinydd corawl profiadol, aeth Irwyn Walters at Vaughan Thomas yn Abertawe am wersi piano. Gydag Anne, mam Vaughan hefyd yn wreiddiol o ardal Rhydaman, byddai hithau siŵr o fod wedi cofio William, tad Irwyn, yn cadw siop bapurau ar sgwâr y dref. Wedi graddio yn Aberystwyth, aeth Irwyn Walters yn athro i Loegr, fel y gwnaethai Vaughan Thomas yn ŵr ifanc, ac mewn cyd-ddigwyddiad pellach aeth hefyd yn organydd mewn eglwys Gymraeg yn Llundain. Fel Vaughan Thomas unwaith eto, dychwelodd i Abertawe i fyw, gan ddod yn Arolygydd Ysgolion. Sefydlodd sawl cerddorfa, a'i orchest fwyaf, mae'n siŵr, oedd sefydlu Cerddorfa Ieuenctid Genedlaethol Cymru ym 1945, gydag yntau'n Gyfarwyddwr a Clarence Raybould (1886-1972), yn Arweinydd. Profodd Irwyn Walters hefyd siomedigaethau tebyg i'r rhai a lethodd Vaughan Thomas flynyddoedd yn gynt. Cododd diflastod ynglŷn â gweinyddiaeth y Gerddorfa Ieuenctid ym 1957, a thrwy broses o ad-drefnu, tanseiliwyd rôl Irwyn Walters fel Cyfarwyddwr, ac fe gamodd o'r neilltu. Ac mewn un tebygrwydd rhyfeddol arall rhwng y disgybl a'r athro, ddiwedd ei yrfa, fe aeth Irwyn Walters yn Arholwr Tramor gyda Choleg Cerdd y Drindod, Llundain, gan deithio'r byd yn y swydd honno. Fel Haydn Morris, magodd fab a ddaeth i amlygrwydd fel cerddor, sef y cyfansoddwr, Gareth Walters (1928-2012).

Ymhlith ei ffrindiau yn y dref, fel Seyler a J D Williams, yn wamal gelwid Vaughan Thomas yn 'Herr Dockter', a phan oedd amser yn caniatáu, byddai ef a'i gyfeillion yn mwynhau cwmni diddan ei gilydd yn trafod ac athronyddu wrth grwydro'r strydoedd. Ar un adeg, daeth O M Edwards i Abertawe i aros gyda'r ysgolhaig a'r llenor Richard Morris Lewis (1847-1918). Trefnwyd i gwrdd gyda Vaughan Thomas, J D Williams a'r gweinidog lleol y Parch. Thomas Sinclair Evans (1853-1927). Cymaint oedd y blas ar y dadlau a'r trafod wrth gerdded o gwmpas y dref, fel yr anghofiwyd treigl amser yn llwyr. Meddai Williams:

> I remember a policeman who looked suspiciously at us at one corner where Dr Thomas paused to show how a certain Welsh song went. That was a night – or perhaps it was morning – when the world was well forgot. So were our suppers.

7.

America

Erbyn canol y bedwaredd ganrif ar bymtheg, gwelodd Unol Daleithiau America dwf sylweddol yn y nifer o Gymry oedd yn ymfudo yno. Apeliai talaith Pennsylvania'n arbennig iddynt gan ei bod yn cynnig cyfleoedd gwaith yn y diwydiannau haearn a glo, yn ogystal ag amaethyddiaeth. Erbyn blwyddyn gyntaf yr ugeinfed ganrif roedd dros chwarter miliwn o drigolion yr Unol Daleithiau yn gallu hawlio cefndir Cymreig, dros gan mil ohonynt yn Pennsylvania. Daeth yr ymfudwyr â'u traddodiadau diwylliannol gyda nhw, gan sefydlu corau ac eisteddfodau, a'u cefnogi gyda brwdfrydedd rhyfeddol. Yn nodweddiadol o'r eisteddfodau roedd defnydd o'r iaith Gymraeg yn ogystal â'r Saesneg, yn gyhoeddus ac mewn cystadlaethau amrywiol; darnau gosod cerddorol gan gyfansoddwyr o Gymru ac America (yn aml o dras Gymreig); beirniaid o'r ddwy wlad hefyd; a hyd yn oed cystadleuwyr, gan gynnwys corau o Gymru ac America. Roedd nifer o gerddorion blaenllaw Cymru eisoes yn adnabyddus yno – yr enwocaf wrth gwrs oedd Joseph Parry, gyda'i deulu'n ymfudo i Danville, Pennsylvania, ym 1854. Wedi hynny, aeth 'nôl ac ymlaen rhwng y ddwy wlad am rai blynyddoedd, ond parhaodd ei statws anhygoel yn yr Unol Daleithiau am gyfnod maith. Un arall yn nes ymlaen mewn categori tebyg oedd Daniel Protheroe, a ymfudodd i Scranton yn 19 oed, ac am wyth mlynedd bu'n arweinydd y Cymmrodorion Choral Society yno. Ym 1894 symudodd i Milwaukee a bu'n arweinydd ar amryw o gorau yno. Yn ddiweddarach wedyn, symudodd i Chicago, ac eto, fe'i penodwyd yn arweinydd ar nifer o gorau; yn athro yn y Sherwood Music School, ac yn gyfarwyddwr cerdd y Central Church. Ymwelai â Chymru yn gyson, a bu'n beirniadu yn yr Eisteddfod Genedlaethol yn aml, ond mewn gwirionedd, Americanwr o Gymro ydoedd yn ei aeddfedrwydd fel cerddor. Enillodd radd doethur o Brifysgol Efrog Newydd ym 1903.

Eisteddfod bwysicaf Unol Daleithiau America yn ystod y bedwaredd ganrif ar bymtheg oedd honno a gynhaliwyd fel rhan o Ffair y Byd, Chicago ym mis Medi 1893 – gŵyl ryngwladol a gynhaliwyd i ddathlu pedwar canmlwyddiant taith Christopher Columbus i America. Unwaith eto gwelwyd cystadleuwyr o Gymru'n croesi Môr yr Iwerydd ar gyfer yr Eisteddfod, yn unigolion a chorau. Manteisiodd y Rhondda Gleemen a Chôr Meibion y Penrhyn ar y cyfle i ymestyn eu teithiau trwy gynnal cyngherddau mewn ystod o ganolfannau, fel y gwnaeth y 'Côr Merched Cymreig' dan arweiniad Clara Novello Davies. Yn yr un Ŵyl, Evan Rees, Dyfed (1850-1923), enillodd y gadair ar y testun 'Iesu o Nasareth'.

Gyda chynnal Eisteddfod fawr arall yn Pittsburg ugain mlynedd yn ddiweddarach, ym 1913, ac yntau erbyn hynny yn Archdderwydd, dychwelodd Dyfed i'r Unol Daleithiau gan sefydlu Gorsedd Gogledd America yno. Ar yr un pryd, urddwyd Thomas Edwards, Cynonfardd (1848-1927), yn Archdderwydd America. Gŵr o ardal Glandŵr, Abertawe, oedd Edwards, er iddo ymfudo i'r Unol Daleithiau ym 1870 gan sefydlu ei hun yno fel gweinidog nifer o eglwysi. Yn gydymaith i Dyfed, a nifer o Gymry eraill yng Ngŵyl 1913, roedd David Vaughan Thomas fel beirniad cerdd, yn teithio dramor am y tro cyntaf erioed – ond yn sicr, nid y tro olaf.

Gan adlewyrchu statws arbennig yr Ŵyl yn llygaid Cymry Gogledd America, flwyddyn ynghynt, ym 1912, ymadawodd Robert Humphrey Davies, Gomerian (1856-1947), Ysgrifennydd Eisteddfod Pittsburg, ar daith hir er mwyn gwahodd yn bersonol David Lloyd George, a oedd bryd hynny yn Ganghellor y Trysorlys, i ddod i'r Ŵyl ymhen blwyddyn, ac i lywyddu mewn dau sesiwn yno. Roedd teulu Davies wedi ymfudo i America ac yntau'n fachgen bach, ac fe dyfodd i ddod yn un o ohebwyr blaenllaw sawl papur newydd yn ardaloedd Pennsylvania, gan ysgrifennu yn y

Gymraeg a'r Saesneg. Bu'n rhaid i'r Canghellor wrthod ei wahoddiad, ond gan addo y byddai'n croesi'r Iwerydd pan fyddai amser yn caniatáu. Wrth gwrs, daeth y rhyfel cyn iddo allu gwireddu ei addewid. Honnai rhai mai Lloyd George awgrymodd i Robert Davies y dylid sefydlu Gorsedd yn America yng Ngŵyl 1913.

Ar drothwy'r Ŵyl, a chyn i David Vaughan Thomas adael ar ei daith, derbyniodd rodd gan Gôr y Swansea Musical Society mewn cyfarfod arbennig yn ysgoldy Eglwys Sant Paul yn y dref. Wrth ddiolch am ei waith fel arweinydd y Côr, dymunwyd yn dda iddo ar ei daith i America, a chyflwynwyd iddo 'handsome dressing case', a fyddai'n addas a defnyddiol ar gyfer ei daith. Fe'i hanogwyd i beidio ag anghofio ei 'apostles' nôl adref yn Abertawe, cyfeiriad cynnil at y ffaith y byddai'n dychwelyd adref i barhau paratoi'r Gymdeithas ar gyfer perfformiad o waith mawr Elgar.

Yn ystod ei daith, manteisiodd Vaughan Thomas ar y cyfle i groniclo ei brofiadau mewn cyfres o lythyron yn Saesneg i'r wasg yng Nghymru, yn llawn sylwadau craff. Mae'r rhain yn arddangos ei ddawn arbennig i hoelio sylw'r darllenydd, gyda'i ddisgrifiadau trawiadol a'i ffraethineb iach. Cawn hanes ei fordaith allan, ei deithiau o fewn dwyrain America, yr Eisteddfod yn Pittsburg ynghyd â'i fordaith adref, y cyfan mewn iaith lifeiriol ac arddull apelgar.

Am 5.00 y prynhawn ar 14 Mehefin 1913, ymunodd Vaughan Thomas â'r llong, Carmania, yn nociau Lerpwl, yn un o 1700 o deithwyr yn barod i hwylio yn y lle cyntaf i Queenstown (Cobh erbyn hyn) ar ddeheudir Iwerddon, ac ymlaen i Efrog Newydd. Wedi gadael Lerpwl, ysgrifennodd:

For a few hours we have the North Wales coast in sight but the sun is setting, a ball of fire, into the sea, and for a while we watch him bulging out into elliptic shape, until at last only a streak of light is seen on the far horizon, and he swiftly sinks into his ocean bed. The

Skerries Lighthouse is flashing its light over the sea. Next Holyhead is dimly visible. The night is quickly coming down on us, and the last we see of the old country is a light far off on the Carnarvon coast. We turn in to see more of the boat. Welshmen make themselves known to us, and we are happy to hear 'Yr hen iaith' on the lips of several who, like ourselves, are sailing, on a beautiful sea, to an unknown land.

Ychwanegodd ei falchder o ddarganfod bod ganddo gaban bortwll i ddau berson yn unig. Ei gydymaith yno oedd Arthur Sims, arweinydd Cymdeithas Gorawl Casnewydd, cerddor blaengar a berfformiodd nifer o weithiau cyfoes gyda'i gôr uchelgeisiol. Mae'r ddau yn rhoi cynnig ar eu 'bunk beds', ac yn fodlon arnynt. Mae'n gwch coeth gydag ystafell fwyta ddeniadol, ystafell arlunio, ystafell ysmygu a dec promenâd! Mae cerddorfa yn chwarae yn y boreau a'r prynhawn. Mae'r ffrindiau'n genfigennus! Dena'r fordaith atgofion o hanesion chwedlonol ei famwlad, a thu hwnt hefyd:

> Our last thoughts are not untouched by romance and legend. Matholwch's ships came over these waters to beg the hand of Branwen at the Court of Bendigaid Vran at Harlech. Over this sea came also the beautiful Princess Isolda, the charge of her lover Tristan, to wed the old King Mark of Cornwall. The lilt of the wave in Wagner's music comes back to our minds. Whether the stories be true or not, we were glad to be under their spell.

Nid oedd y fordaith heb ei heriau o bell ffordd o ran tywydd ac ymchwydd y môr, ond mewn wyth niwrnod ar ei ben, cyrhaeddodd y llong dir America. Mewn llythyr i'r wasg eto, meddai Vaughan Thomas:

> The entrance into New York Harbour was a delightful

experience. The skyscrapers of the city are visible many miles out at sea. The great spans of Brooklyn Bridge came into sight, with the Statue of Liberty on our left, and Ellis Island. We slowly passed up the Hudson, and in due course were moored alongside the Cunard landing-stage.

Arhosodd am ychydig ddiwrnodau gyda'i gefnder, Thomas Griffith Jones, yn Arlington, cyn parhau â'i daith i Pittsburg, ryw bum can milltir o Efrog Newydd. Fe'i difyrrwyd gan rai o arferion anghyfarwydd teithio mewn trên yn America, gan gynnwys y defnydd o docyn rhyfeddol o hir. Ar ôl gwirio'r tocyn, byddai'r archwiliwr ar y trên yn ei ddychwelyd i'r teithiwr trwy ei roi yn rhwymyn ei het. Tybiodd Vaughan Thomas mai arfer anniogel oedd hwn, a phrysurodd i drosglwyddo'i docyn i'w boced. Maes o law, gyda'r archwiliwr yn ail gydio yn ei ddyletswyddau, estynnodd Vaughan ei docyn iddo o'i boced. Wedi'r archwiliad, dychwelodd yr archwiliwr y tocyn i'r het, gan ddweud, 'Say, boss, I gesh you'll lose it unless you keep it where it ought to be.'

Yn ei hunangofiant, disgrifiodd Wynford Vaughan Thomas ei dad wrth y piano yn eu cartref:

> I have a picture of my father, a cigarette at the corner of his mouth, his manuscript on the piano before him, his sensitive hands touching the keys and his mind far away.

Roedd yn ysmygwr sigarennau felly, a dyma syndod arall iddo ar drenau America, wrth ddarganfod, er bod adran wedi ei neilltuo i ysmygwyr sigâr neu getyn pib, gwgu a wneid ar ysmygwyr sigarennau, er eu goddef, er mawr ryddhad i Vaughan Thomas mae'n siŵr.

Beth bynnag am hynny, ar ei daith o Efrog Newydd i Pittsburg fe'i cyfareddwyd wrth weld cymaint o enwau Cymraeg neu Gymreig – Narberth, Brynmawr, Radnor, St David's a Berwyn. O weld yr enw olaf, fe'i hatgoffwyd o ysblander y golygfeydd uwchlaw'r Berwyn yn Nyffryn Llangollen, golygfeydd godidocaf y byd yn ôl Ruskin, meddai. A oedd cywydd enwog Cynddelw yn ei feddwl wrth iddo fyfyrio ar yr adeg hon, a gosodiad cerddorol ohoni'n cychwyn deor yn ei ddychymyg efallai? Wrth i'r trên gyrraedd gorsaf Pittsburg yn ardal ddiwydiannol y ddinas, teimlodd Vaughan Thomas ei fod wedi cyrraedd, yn ei eiriau ef, 'a kind of glorified Landore, belching forth smoke and fire on all sides', (ardal ddiwydiannol o Abertawe). Ond yn fuan, sylweddolodd wrth fynd ymhellach i ffwrdd o'r gweithiau dur a glo, bod y ddinas wedi ei chynllunio gydag ardaloedd prydferth, agored gerbron yr afonydd Monongahela ac Alleghenny wrth i'r ddwy lifo i ffurfio afon Ohio. Y tir gerbron y cydlifiad hwn oedd lleoliad yr Eisteddfod, mewn neuadd ysblennydd a elwid yr Exposition Hall. Gyda thridiau cyn cychwyn yr Ŵyl, treuliodd Vaughan Thomas ei amser yn ymddiddan gyda phwysigion yr Eisteddfod, Cymry Cymraeg y ddinas, ynghyd â'r fintai o gyd-deithwyr a ddaeth gydag ef o Gymru, gan neilltuo ychydig o amser hefyd i chwarae golff, cyn prysurdeb y cystadlu a'r beirniadu yn ystod wythnos gyntaf mis Gorffennaf.

Eisteddfod Goffa oedd hon, i gofio am y Capten W R Jones, ac i sefydlu Cartref Gofal yn ei enw gydag unrhyw elw a fyddai'n deillio o'r Ŵyl. Gyda'i deulu wedi ymfudo i'r Unol Daleithiau o Gymru ym 1830, naw mlynedd cyn ei eni, daeth William Richard 'Bill' Jones (1839-1889) fel oedolyn yn un o gewri byd diwydiannol America. Ar ôl ei ddyddiau fel Capten ei gatrawd yn Rhyfel Cartref America, adeiladodd waith dur enfawr Edgar Thomson yn Pittsburg, a dod yn rheolwr yno. Roedd yn uchel iawn ei barch gan ei gyflogwr Andrew Carnegie, y gŵr a ddaeth, wrth gwrs, yn un o ddinasyddion cyfoethocaf yr Unol Daleithiau. Ymladdodd William Jones yn ddiflino dros hawliau gweithwyr y diwydiant a'u diogelwch yn y gweithle. Yn eironig, collodd ei fywyd mewn amgylchiadau erchyll mewn damwain yn un o ffwrneisi'r gwaith.

Roedd lle yn yr Exposition Hall i ddeng mil o gynulleidfa, ac fe heidiodd Cymry alltud yno o bob rhan o'r Unol Daleithiau a Canada i'r Ŵyl a gynhaliwyd rhwng 2 a 5 Gorffennaf, ac a ddisgrifiwyd mewn un papur newydd fel, 'a Welsh Eisteddfod of extraordinary scope'. Argraffwyd rhaglen swmpus yn rhedeg i 52 o ddudalennau yn llawn gwybodaeth berthnasol ynghyd â lluniau o bwysigion yr Ŵyl ac erthyglau amrywiol. Yn ogystal, yn gynwysedig yn y rhaglen roedd geiriau pob darn prawf yn yr adran gorawl. Ar wahân i gystadlaethau cerddorol amrywiol, rhoddwyd lle teilwng i lenyddiaeth yn y ddwy iaith, gan gynnwys ysgrifennu nofel 'am un o'r pioneers o Gymru'. Yn fwy trawiadol efallai oedd gofyn am stori fer Saesneg ar y testun, 'An Eisteddfod Romance'! Gyda chynifer o gystadlaethau, sicrhawyd gwasanaeth toreth o feirniaid, ond y prif feirniaid cerdd, a'r panel ar gyfer y cystadlaethau corawl, oedd Vaughan Thomas; Daniel Protheroe, ei ffrind ers dyddiau 'Coleg' Joseph Parry yn Abertawe; a Henry Edward Krehbiel (1854-1923), gohebydd cerdd uchel ei barch y *New York Tribune*, ac yn enedigol i rieni a ymfudodd i America o'r Almaen.

Digwyddiad cyntaf yr Ŵyl oedd cyfarfod yr Orsedd ar y bore Mercher, a byddai Vaughan Thomas wedi bod wrth ei fodd yn gwrando ar anerchiad ei ffrind a libretydd *Llyn y Fan*, Gwili, oedd hefyd yn ymweld â'r Ŵyl ar ran yr Orsedd.

Dechreuodd y cystadlu yn y prynhawn gyda 27 o gorau plant yn ymgiprys am wobr o $250 i'r buddugol, $150 i'r ail a $100 i'r trydydd. Oherwydd y niferoedd, rhannwyd y gystadleuaeth rhwng un sesiwn yn y prynhawn ac un arall yn yr hwyr. O ystyried gwobrwyon yr Ŵyl hon, er mwyn cael amcangyfrif o symiau cyfatebol heddiw, dylid lluosi gyda 25! Byddai cyfanswm gwobrwyon y gystadleuaeth corau plant yn unig felly yn cyfateb i $12,500 heddiw. Y darnau prawf oedd 'School Festival Song' gan Rhys Herbert ac 'Out in the fields' gan Paul Bliss. Mae'n werth oedi gyda hanes cyfansoddwr y darn cyntaf. Ganwyd William Rhys-Herbert (1868-1921) yn Resolfen, ac ymfudodd i'r Unol Daleithiau ym 1899, gan sefydlu ei hun yno fel cerddor amryddawn. Yn gyfansoddwr toreithiog, arhosodd yn uchel ei barch yn ei bentref genedigol hyd yn oed ar ôl ymfudo, a'i adnabod fel un o'r 'Tri Doctor Resolfen', fel y gelwid Dr David Evans, Dr T Hopkin Evans (1879-1940) a Dr William Rhys-Herbert ei hun. Parhaodd statws y tri yn eu bro enedigol ymhell i mewn i'r unfed ganrif ar hugain, ac fe drefnwyd cyngerdd o'u gweithiau yn Resolfen yn 2008. Yn yr un flwyddyn roedd darn Rhys-Herbert 'Ffarwel i'r Gwynt a'r Eira' yn dal ei boblogrwydd ac wedi ei gynnwys fel darn prawf i ddeuawdau yn Eisteddfod Genedlaethol yr Urdd, a'r geiriau'n eiddo William ap Madoc, un arall o bwysigion Eisteddfod Pittsburgh, 1913.

Tro'r corau merched, rhwng 40 a 55 o leisiau, oedd hi ar y dydd Iau yn yr Exposition Hall. Y dasg iddynt hwythau oedd perfformio 'Indian Mountain Song' gan Charles Wakefield Cadman, a 'The Fountain' gan Homar Bartlett, y ddau gyfansoddwr yn Americanwyr brodorol. Gyda'r gwobrwyon yn esgyn yn eu gwerth, cynigid $500 i'r buddugol a $250 i'r ail. Nid oedd trydedd wobr i gorau'r oedolion. Gyda 13 o gorau'n cystadlu, rhannwyd y gystadleuaeth hon eto yn ddau sesiwn, un yn y prynhawn ac un gyda'r hwyr. Yn yr hwyr hefyd cafwyd Seremoni Coroni'r Bardd, seibiant i Vaughan Thomas, a fu wrthi'n ddiwyd o ragbrofion y bore hyd at gloriannu unawdwyr lleisiol ac offerynnol yn sesiynau'r prynhawn a'r hwyr, yn ogystal â chystadleuaeth y corau merched wrth gwrs.

Yng ngwir draddodiad unrhyw eisteddfod, cafwyd o leiaf un dyfarniad dadleuol i'r eisteddfodwyr ei drafod, a hwnnw yn y gystadleuaeth i bumawdau lleisiol. Ym marn y beirniaid cerdd, nid oedd unrhyw un o'r pumawdau wedi cyrraedd safon gymeradwy i haeddu'r wobr lawn, ac fe'i hanerwyd. Y pumawd siomedig oedd y Stephen Quintet, Pittsburgh.

Dychwelodd Vaughan Thomas i ragor o ragbrofion fore Gwener, ac yn y prynhawn i wrando ar 15 o gorau meibion, rhwng 45 a 60 mewn nifer, yn canu 'Castilla' gan ei gyd-feirniad, Daniel Protheroe, a'r rhan-gân 'What care I how fair she be' gan Jacques Blumenthal, Almaenwr a setlodd yn

Llundain tan ei farwolaeth ym 1908. Yr olaf i ymddangos ar y rhaglen oedd y Rhondda (Wales) Choir dan arweiniad John Phillips, ac yn yr achos hwn, 'yr olaf a fydd flaenaf', gyda'r côr yn cipio'r wobr gyntaf o $1,000. Yn ail iddynt daeth y Mendelssohn Choir, Pittsburgh dan arweiniad Ernest Lunt, gan ennill $500. Cyflwynwyd medalau i arweinydd pob côr buddugol ym mhob un o'r cystadlaethau corawl yn yr Ŵyl. Yn ei lyfr, *Do you hear the People Sing?*, esbonia Gareth Williams mai côr *ad hoc* oedd y buddugwyr, wedi ei sefydlu'n benodol er mwyn ymgymryd â thaith i'r Unol Daleithiau. Mae'n ymddangos nad aeth eu henillion yn Pittsburgh yn bell gan iddynt redeg allan o arian yn Efrog Newydd ar y ffordd adref. Beth bynnag am hynny, un o uchafbwyntiau'r Eisteddfod oedd cyngerdd ar y nos Wener gyda'r holl gorau meibion yn cyfuno i berfformio rhaglen amrywiol.

Ar fore olaf yr Ŵyl, cynhaliwyd yr ail sesiwn o'r Orsedd, a'r pryd hwnnw manteisiwyd ar y cyfle i urddo deugain i'r Orsedd Americanaidd newydd, yng ngŵydd dros bum cant o gefnogwyr. Yn nes ymlaen ar y Sadwrn hwnnw cafwyd Seremoni Cadeirio'r Bardd, gyda'r Archdderwydd Dyfed yn cael y pleser o gadeirio'r un bardd ag a gadeiriodd yn Eisteddfod Genedlaethol Caerfyrddin, 1911, sef William Roberts, Llangollen (Gwilym Ceiriog). Cofier, wrth gwrs, i Vaughan Thomas a Daniel Protheroe feirniadu ym Mhrifwyl Caerfyrddin hefyd, ac i Vaughan Thomas gael ei dderbyn i'r Orsedd yno.

Yn dilyn y seremoni, y corau cymysg oedd wrthi yn y 'Chief Choral', er mai cymharol siomedig oedd y niferoedd gyda dim ond chwe chôr yn cystadlu. Y dasg heriol i gorau rhwng 100 a 150 o leisiau oedd cyflwyno 'The Callenge of Thor' a 'Little Bird in the Air' allan o *King Olaf* gan Edward Elgar, gan gystadlu am gyfanswm o $6,500 o wobrwyon ariannol. Scranton United Choral ddaeth i'r brig, gyda'r Haydn Choral Society, Chicago yn ail. Uchafbwynt yr Eisteddfod oedd perfformiad o waith cyfan Elgar y noson honno gyda'r corau cymysg yn cyfuno.

Ar y Sul dilynol yn y Liberty Hall, cafwyd cyrddau pregethu yn y prynhawn, gyda Gwili yn pregethu yn Saesneg a Dyfed yn y Gymraeg, ac yn yr hwyr, Cymanfa Ganu a Protheroe yn arwain.

O edrych yn ôl dros y cystadlaethau y bu'n eu beirniadu, beth oedd argraffiadau cyffredinol Vaughan Thomas? Teimlai fod ansawdd lleisiol yr adran unawdau benywaidd yn rhyfeddol o dda, er iddo gael ei siomi o ran unawdau'r dynion. Nododd fod hynny braidd yn od oherwydd bod adrannau tenor a bas y corau yn arbennig o ddisglair. Ym marn Vaughan Thomas, prin y cyrhaeddwyd safonau Cymru yng nghystadlaethau'r corau plant, er y niferoedd sylweddol yn cystadlu. Techneg cynhyrchu'r llais oedd y broblem, meddai, gydag ansawdd y sain yn galed ar adegau. Sylwodd ar yr un gwendidau yn rhai o'r corau merched, ond roedd y goreuon yn arddangos chwaeth gerddorol ynghyd â chanu disgybledig, meddai. 'Yn yr ornest wrywaidd y gwnaethom gyrraedd y lefel yr ydym yn gyfarwydd â hi yn yr hen wlad', meddai wedyn, gan nodi y byddai nifer o gorau America yn wrthwynebwyr peryglus i'r corau gorau yng Nghymru a Lloegr. Hon oedd yr ornest fwyaf brwd i'r beirniaid dystio iddi gyda'r pedwar côr olaf i gystadlu'n rhyfeddol o agos i'w gilydd mewn safon. Y ddau arall, yn ogystal â'r Rhondda a'r Mendelssohn oedd y Dr Parry Glee Club o Scranton a The Gwents o Edwardsville. Tawedog oedd Vaughan Thomas o ran y corau cymysg – arwydd efallai nad oedd wedi ei wefreiddio'n llwyr gan berfformiadau'r gystadleuaeth ei hun. Serch hynny, roedd yn uchel ei glod am y perfformiad o *King Olaf*, Elgar, gyda'r corau cyfunol o dros fil o leisiau a cherddorfa lawn dan arweiniad Daniel Protheroe yn y cyngerdd oedd yn cloi'r Ŵyl.

Mewn cyfraniad arall i bapur newydd, dangosodd Vaughan Thomas ei hiwmor iach, a'i allu arbennig i ysgrifennu'n ddychanol. Dyma fe'n dyfynnu'n chwareus un o'r Cymry alltud yn Pittsburgh yn hel atgofion am yr hen ddyddiau yn y famwlad, ac yn cofio'i ffrind cerddorol:

Oh, those old days in Rhondda Fach! She had belonged to Cochyn Bach's Choir, singing alto then; but later she had been turned into a superano, winnin' many prizes and serstificates under Caradog, and Wil Bach y Cantwr, who was the one who gave her her first 'stage.' She would never forget Wil Bach y Cantwr. He was a musician, if you like, much better than Brinley Richards and Dr. Parry, who cut 'er down after singin' ten bars of 'Seren Fach Bethlehem,' and she had taken two eggs raw, before singin' too, that mornin'—she cried like a baby.

Gan barhau â'r dychan, roedd Vaughan Thomas yn fwy na pharod i fychanu ei hun fel beirniad yn llygaid ambell un:

Who is that adjudicatin now on the piano solo? Is that Dr. Thomas, of Swansea? I suppose he is like the rest of them - I mean those Doctors of Music who can cure diseases in harmony and give a prescription for lock-jaw. It is his jaw that wants lockin', that it is. He was talkin' just now, about the way the young people, competin' in the piano solo, should play a certain passage 'piano.' There's a silly. It was all a 'piano' passage. It wasn't an organ solo. Shows how much he knows.

Wedi'r Eisteddfod, manteisiodd Vaughan Thomas ar y cyfle i deithio ymhellach gan ymweld â Chicago yn ogystal â'r Niagara Falls. Yn ôl *The Cambria Daily Leader*, cyrhaeddodd Vaughan Thomas adref ar 29 Gorffennaf, wedi gadael y Mauretania wrth iddi alw yn Abergwaun ar ei ffordd yn ôl i Lerpwl. 'Dr Vaughan Thomas has earned a new distinction', medd y papur, 'He was the champion draughts player on the Mauretania!' Yn ogystal, ychwanegodd y 'Leader', 'Dr Thomas, who is looking extremely well, was received in private interview at Washington by the President.' Os oedd gwirionedd yn y gosodiad, byddai Woodrow Wilson wedi cychwyn ei dymor fel Arlywydd ym mis Mawrth 1913.

O fewn dim amser roedd Vaughan Thomas yn brysur yn beirniadu mewn eisteddfod arall o bwys, sef y Genedlaethol yn y Fenni. Yn y brif gystadleuaeth gorawl, un o'r darnau prawf oedd y gytgan 'Rise up, Arise!', allan o *St Paul*, Mendelssohn, gyda'r corau i ganu gyda chyfeiliant cerddorfa, a drefnwyd i'r pwrpas gan yr eisteddfod. Y cyntaf i ganu oedd Cymdeithas Gorawl Aberaman dan arweiniad T Glyndwr Richards. Roedd yr arweinydd yn anhapus gydag awgrym yr Eisteddfod i dalfyrru'r rhagarweiniad cerddorfaol i'r gytgan, a gofynnodd i'r beirniaid a allai'r gerddorfa chwarae'r rhagarweiniad yn llawn. Y panel beirniaid oedd Walford Davies, Vaughan Thomas, Harry Evans a David Jenkins. Mewn un adroddiad papur newydd, awgrymwyd mai Vaughan Thomas ymatebodd gan ddweud, 'Speechmaking by conductors is a new feature in eisteddfod competitions'. Mewn llythyr diweddarach i'r wasg yn dilyn yr eisteddfod, honnodd Glyndwr Richards mai gan Walford Davies yn unig y cafwyd ymateb cwrtais i'w gais, gan ganiatáu chwarae'r rhagarweiniad cyfan. Ond nid dyna'r diwedd, ac mewn llythyr dilynol i'r wasg, esboniodd Vaughan Thomas nad ef oedd wedi ynganu'r geiriau coeglyd a briodolwyd iddo, ac yn fwy na hynny, mai ef ei hun oedd wedi awgrymu i'r panel y dylid chwarae'r rhagarweiniad cyflawn, ac mai fel cadeirydd y panel yn unig yr ymatebodd Walford ar eu rhan. Mae arwyddocâd y digwyddiad hwn yn mynd yn bellach nag anghydfod eisteddfodol gymharol ddibwys, gan fod llythyr Vaughan Thomas yn dangos yn glir ei fod yn aflonydd ac yn anesmwyth gyda dylanwadau rhai Saeson ar ddatblygiad cerddorol cenedl y Cymry. Yn benodol, er iddo gyd-feirniadu ag ef cyn hyn, roedd ganddo broblem arbennig gyda Walford Davies – gwrthdaro sylweddol oedd i barhau yn bell i'r dyfodol. Yn *The Cambria Daily Leader*, wrth esbonio'r hyn a ddigwyddodd yn Y Fenni, manteisiodd Vaughan Thomas ar y cyfle i fynd i'r afael â Walford:

> It will interest Mr. Richards to know that I was told off to 'watch the intonation' of the choirs! Our chairman

evidently thought my little brain could not think of more than one department of choral singing at a time. At Pittsburg my brain was considered big enough to grasp the whole. Not so in Wales. Let Mr. Richards take heart. His humiliation is no greater than that of Welsh musicians, who have always to take a back seat to any English musician engaged by our National Eisteddfod committees. This lauding the English and down-kicking of his fellow-countrymen is the part of Mr. Richards's letter which really hurts Welshmen. It is the old story – Saes Addoliaeth! I hope the day will soon come when no self-respecting Welsh musician will agree to sit on any board under the conditions that have always prevailed in Wales.

Ym mhen rhai blynyddoedd, gwelwyd y tyndra yma rhwng y ddau gerddor yn ffrwydro i wrthdaro agored, gyda chefnogwyr amrywiol brwd ar y ddwy ochr.

8.

Ar drothwy Rhyfel Byd

I had heard the crying of the mothers as they clung desperately to the men who had been passed fit, and the wailing of the children clustered around. I saw myself already crying in the street. The scene had a dramatic attraction, but it never took place. Father was rejected as unfit and returned to do voluntary war work, while mother practised bandaging and we entertained wounded soldiers to tea.

Dyma ddisgrifiad byw Wynford o'r hyn roedd yn ofni ei brofi yn sgil ymweliad ei dad ag asesiad meddygol y Bwrdd Recriwtio ar doriad y Rhyfel Byd Cyntaf. Yn ôl ei fab, felly, barnwyd nad oedd Vaughan Thomas yn addas ar gyfer y fyddin oherwydd cyflwr ei iechyd. Nid yw'n glir beth oedd natur y broblem, ac nid yw'n glir chwaith beth oedd natur y 'voluntary war work', ond roedd rhyddhad y teulu'n amlwg. Wedi dweud hynny, mae'n bosib mai rhy hen oedd Vaughan Thomas erbyn hyn, gan mai 41 oedd y terfyn uchaf o ran oedran mynd yn filwr ar y pryd. Mae asesiad o'i lwyth gwaith ym 1914 yn dangos prysurdeb rhyfeddol ac amrywiaeth arwyddocaol yn y gorchwylion y bu'n ymgymryd â nhw.

Ar 26 Ionawr yn Neuadd Albert Abertawe, perfformiwyd *The Apostles* Edward Elgar gan Gymdeithas Gorawl y dref dan arweiniad Vaughan Thomas – o bosib y perfformiad cyntaf o'r gwaith yng Nghymru. Yn waith cymharol newydd, cyfansoddwyd yr oratorio ym 1903, ac fe'i hysgrifennwyd ar gyfer soprano, contralto, tenor a thri unawdydd bas, côr llawn, cerddorfa fawr ac organ. Er bod y geiriau yn seiliedig ar destunau Beiblaidd, mae detholiadau Elgar yn rhoi pwyslais penodol ar hanes Judas Iscariot a Mair Magdalen. Mae hyn yn rhannol oherwydd bod Elgar eisiau dangos sut mae Crist yn siarad â phobl gyffredin yn eu gwendid a'u pechod. Ychydig o berfformiadau a fu hyd yn oed yn Lloegr yn dilyn y perfformiad cyntaf yn Birmingham, pan na lwyddodd y gwaith yn llwyr i ddenu brwdfrydedd gwrandawyr na beirniaid fel ei gilydd. Ffactor arall oedd y costau ariannol sylweddol ynghlwm â gwaith oedd yn mynnu adnoddau cerddorol swmpus i'w berfformio'n llwyddiannus. Serch hynny, gyda'r un brwdfrydedd ag a welwyd wrth iddo gyflwyno Requiem Brahms ym 1909, dangosodd Vaughan Thomas unwaith eto ei weledigaeth, ei flaengaredd a'i ddyhead i ehangu gorwelion *repertoire* corawl ei gyd-Gymry.

Yn fwy na hynny, cynlluniodd strategaeth wreiddiol oedd yn paratoi'r ffordd ar gyfer y perfformiad. Yn gyntaf, cyhoeddodd erthygl dreiddgar yn y wasg ar y cyfansoddwr; yn ail, cyflwynodd ddadansoddiad o'r gwaith, eto i'r wasg; ac yn drydydd, rhoddodd ddarlith gyhoeddus ar y gwaith. Cyhoeddwyd ei erthyglau yn yr *Herald of Wales and Monmouthshire Recorder*, ac ynddynt, cyn troi at yr oratorio, teimla Vaughan Thomas y rheidrwydd i gyflwyno Elgar i'w gynulleidfa Gymreig, gan esbonio rhai o'i rinweddau arwyddocaol mewn cyd-destun rhyngwladol. Nid yn unig roedd gwaith y cyfansoddwr hwn yn fynegiant o unigoliaeth amlwg, meddai, ond hefyd roedd iddo sylwedd aruchel digonol i herio barn gyfandirol o ddifrif. Roedd cerddorion eraill, meddai wedyn, wedi llafurio'n daer ac yn ffyddlon o ran eu crefftwaith, a'u medr adeiladol, ond heb afael bob amser ar yr un elfen ddyrchafol honno sydd mor anodd ei diffinio a chael gafael ynddi. Disgrifiad chwareus Vaughan Thomas o'r elfen honno oedd 'y corrach bach'! Meddai, yn iaith wreiddiol yr erthygl:

> That little gnome, which lurks behind the subtlest theories of construction, and cannot be probed even at the rapier point of analysis, had come forth [yng ngwaith Elgar], and with a wave of his magic wand had set the elements dancing.

Roedd ei edmygedd o Elgar yn amlwg. Cyfeiria Vaughan Thomas at gampwaith blaenorol Elgar, sef *Breuddwyd Gerontius*, gan ddweud bod problemau bywyd a phenbleth meddwl o ddiddordeb mawr i Elgar. Mae'n fodlon delio ag enaid byw, nerfus, hanner tywyll Gerontius. Ond ar yr un pryd, fel pob dyn athrylithgar, mae'n gwrthod bod yn gyson, ac yn aml mae'n torri allan mewn arddull Seisnig unigryw, bob amser yn iach, ac yn aml yn hwyliog. Er nad oedd Elgar yn anelu at gyfoeth llawn offeryniaeth Wagner, meddai Vaughan Thomas, mae gan gerddorfa Elgar flas unigryw ei hun. Ac mewn brawddeg gofiadwy, ychwanega, 'Elgar's wine is a sherry; Wagner's a full-blooded port.'

Wrth droi ei sylw at y gwaith oedd ar fin cael ei berfformio yn Abertawe, dywed Vaughan Thomas y bu testun *The Apostles* dan ystyriaeth gan Elgar ers blynyddoedd lawer, sef delio â sefydlu'r 'Eglwys', gan ddechrau gyda galwad yr apostolion i'w gweinidogaeth. Ymdrinnir â gwahanol benodau ym mywyd Crist, mewn ffordd sy'n hynod i Elgar – bywiog, nerfus, ond yn fwy na dim gyda dyfnder defosiynol.

Os mai tanio brwdfrydedd a chwilfrydedd cynulleidfa ddichonadwy oedd bwriad yr erthygl, aeth Vaughan Thomas gam ymhellach yn y cyfeiriad hwnnw wrth gyhoeddi dadansoddiad trwyadl o'r gwaith yn *The Cambria Daily Leader* ychydig ddyddiau cyn y perfformiad. Mae'n werth ei ddarllen nid yn unig am y craffter cerddorol a diwinyddol a amlygir ynddo, ond hefyd am y disgrifiadau coeth mewn Saesneg llifeiriol a chyfoethog sy'n codi'r ysgrifennu i statws llenyddol. Hoelir sylw'r darllenydd o'r cychwyn cyntaf:

> A mystic ushering of a theme of absorbing interest to millions of believers, followed by the prayer of one lonely man in a mountain at night, form the opening material of Elgar's treatment of the founding of the kingdom of Christ, and the 'Calling of the Apostles'.

Cyffelyba Vaughan Thomas yr olygfa gyfriniol o'r nos a'r

mynydd i sefyllfaoedd tebyg yn operâu Wagner, gan gyfeirio at gymeriadau Brunnhilde a Siegfried, a Tristan ac Isolde. Ond gwahanol yw'r cyd-destun, ac mae gan Elgar ei fynegiant unigryw a phersonol ei hun wrth arwain tuag at y 'Bregeth ar y Mynydd'. Disgrifia Vaughan Thomas ddull Elgar o ymdrin â'r storm ar Fôr Galilea, ynghyd â'r storm sy'n deillio o bechod. Yma, unwaith eto, wrth sôn am awydd Elgar i gyflwyno Mair Magdalen i'r stori, llwydda Vaughan Thomas i lunio disgrifiad trawiadol:

> In music that vibrates and throbs with nervous life, and again in notes that heal the troubled heart, we feel the love that shelters the Magdalenes of the world from the blind hatred and scorn of the phylacteries, and the coldly virtuous; the 'prisoners of hope' turn unto the Lord, for 'He will forgive their iniquity, and He will remember their sin no more'.

Wrth symud i ddisgrifio cychwyn ail ran y gwaith, nid yn unig y cyfeiria Vaughan Thomas at sydynrwydd ymddangosiad brawddeg gerddorol argoelus, ond mae'n dyfynnu'r nodau yn ei lawysgrifen ei hun – dyfais hynod anarferol mewn erthygl ar gyfer papur newydd dyddiol. Mae'n disgyn, meddai, fel cysgod o'r trychineb sydd i ddod ym mywyd y Gwaredwr. Wedyn, mewn un ymadrodd ingol o ychydig fariau, meddai, torrir ar unigedd a distawrwydd Golgotha gan synau'r gerddorfa'n unig, yn 'Eli Eli, lama Sabachthani'. Llethir Mair Magdalen gan alar am y Gwaredwr coll, ond cyn hir clywir yr angylion yn canu eu 'Alleluia' ger y beddrod, mewn cymalau a gynhelir trwy'r gwead cerddorol hyd y diwedd. Ac unwaith eto, mae Vaughan Thomas yn ei awydd i gyfathrebu'n effeithiol gyda'r darllenwyr yn cynnwys dyfyniad o nodau'r 'Alleluia' yn ei lawysgrifen ei hun.

Wedi cyhoeddi ei erthygl a'i ddadansoddiad, dewisodd Vaughan Thomas gyflwyno'i ddarlith yn ysgoldy gorlawn Mount Pleasant. Yn unol â'i ddulliau arferol mewn darlithoedd cyhoeddus, eglurodd ei sylwadau trwy roi enghreifftiau cerddorol, naill ai gan chwarae ei hun ar y piano, neu gan arwain grŵp dethol o gantorion o blith ei gôr. Dyma ddyfeisgarwch trawiadol eto ar ei ran, yn adlewyrchu ei ddoniau amlwg fel cyfathrebwr ac addysgwr. Yn y ddarlith adlewyrchir ei awydd i symud ei gynulleidfa ymlaen o'r gorffennol cerddorol 'diogel' i her y tueddiadau a'r dulliau newydd – y dadeni newydd y dyheodd ef amdano ac y dymunodd chwarae ei ran yn cyfrannu tuag ato. Gwaith cyfoes yw *The Apostles*, meddai wrth ei gynulleidfa, wedi ei saernïo'n wahanol iawn i gerddoriaeth y gorffennol; mae'n perthyn yn gadarn i heddiw yn hytrach na ddoe, oedd ei neges glir. Esboniodd y prif themâu cerddorol a'u harwyddocâd i'r testun, gan gyfeirio at dechnegau *leitmotif* Wagner, a fabwysiedir gan Elgar i'w bwrpas ei hun. Ceir syniadau cerddorol unigol ar gyfer 'Ysbryd yr Arglwydd', 'Crist, Dyn y Gofidiau', 'Cenhadaeth Crist', 'Goleuni Bywyd'; ar gyfer cysur, yr eglwys, y Gwaredwr fel Mab Duw, a galwad yr Apostolion. Mae ymdriniaeth ddyfeisgar Elgar o'i ddeunydd cerddorol yn adlewyrchu ei athrylith arbennig, meddai Vaughan Thomas, gan gadarnhau y byddai'r gwrandawyr ymhen ychydig ddyddiau'n cael y fraint o wrando ar gampwaith gorchestol.

Yr oedd y perfformiad yn llwyddiant ysgubol, gyda rhai o ffefrynnau Vaughan Thomas ymhlith yr unawdwyr gwadd – Ada Forrest, Phyllis Lett, Herbert Brown, David Brazell, David Ellis a Josiah Thomas. Yn y gerddorfa fawr, roedd Vaughan Thomas wedi sicrhau gwasanaeth Phillip Lewes o Gerddorfa Symffoni Llundain fel blaenwr. Llewelyn Bevan oedd yr organydd. Meddai 'Harmonic' am y perfformiad yn y *South Wales Weekly Post*:

Dr. Vaughan Thomas deserves our thanks for producing a work that is best described as noble; and our praise for so training the singers of the Musical Society that they were throughout assured and confident, and so could devote their attention chiefly, always beautifully and eloquently, to the interpretation of the dramatic aspect of the music. The fine orchestra..... had the pith and the core of the work, and it and the choir were admirably balanced, and the volume of tone, full and smooth, was always adequate but not over- powering.

Meddai sylwebydd arall yn y *Cambria Daily Leader*:

It was above all, the triumph of the conductor. Dr. Thomas has had his reward. For months he has veritably lived 'The Apostles'. He made its theme and its purport the central point for his choristers' attention. Without that emphasis, had the choir been simply trained in the music without reference to the appeal of the music, we might have had a brilliant performance, which would have gained plaudits enough perhaps – but would not have brought the meaning of Elgar – the most spiritual of all our composers – home to those with ear, to hear.

Parhaodd y ganmoliaeth yn y *Cambria Daily Leader*, gydag argoel y tro hwn o densiynau'n dechrau ymddangos am ddiffyg gwerthfawrogiad priodol i waith diflino Vaughan Thomas:

With the 'German Requiem', and now with 'The Apostles', he has established a reputation as a conductor unequalled.... and it will be well for Welsh music and interpretation generally when his services in this direction are more fully recognised.

Ac mewn llythyr dienw i'r wasg, ailadroddwyd y geiriau o glod:

May I be permitted to express my appreciation of your references to the performance of 'The Apostles' at the Albert hall on Monday last, and to join in the paean of praise to Dr. D. Vaughan Thomas, M.A., and the excellent band of performers who assisted him so admirably. Rarely, if ever, has so devout and reverent a performance been heard locally. To those who were privileged to be present it was an inspiration.

Daeth o leiaf un cwyn, nid am y perfformiad ei hun, ond am ddiffyg sensitifrwydd rhai ymhlith y gynulleidfa. Mae diweddglo'r gwaith yn disgyn i *pianissimo* pur pan glywir effaith *arabesque* hardd ar y delyn. Ond cyn hynny, wrth i rai gamddeall, wrth glywed y sain gerddorfaol yn chwyddo, bod y gwaith yn dod i'w derfyn, dechreuwyd ar gymeradwyaeth frwd, gan foddi'n llwyr y gwir ddiweddebau terfynol. Taniodd un gohebydd blin ei ergyd:

> Impetuosity in recognising merit is an excellent trait, but when, as upon this occasion, it serves to obscure the message of the composer it is to be deplored. It is a bad habit we have got into at Swansea, and the sooner we cure ourselves of it the better for music. It is no compliment to choir or conductor to refuse to listen to the last notes.

Yn y wasg, crybwyllwyd i'r fenter gostio £200, gyda rhan helaeth o'r gwariant yn mynd ar y gerddorfa, wrth 'fewnforio' offerynwyr o Loegr. Sbardunodd hyn Vaughan Thomas i ymateb mewn llythyr manwl a threiddgar gan danlinellu'r her o gyflwyno'r math yma o waith i'r cyhoedd. Roedd ei gynnwys hefyd yn adlewyrchu'n amlwg ei safonau proffesiynol uchel yntau. Ceisiodd bob amser, meddai, recriwtio offerynwyr o Abertawe a'r gymdogaeth ar gyfer ei gerddorfeydd. Serch hynny, oherwydd ymrwymiadau sefydlog yn y theatrau lleol a mannau eraill, nid oedd modd i bawb ohonynt allu derbyn. Esboniodd wedyn broblemau ymarferol munud olaf, gan nodi iddo orfod, hyd yn oed dau ddiwrnod cyn y cyngerdd, geisio darganfod 'trydydd trwmped' i'r adran bres. Wedi methu gyda'i ymholiadau ar draws de Cymru, llwyddodd ar y funud olaf i sicrhau gwasanaeth trwmpedwr o Birmingham. Cafodd yr un anhawster gyda chwaraewyr i'r adran daro. Mae'n well gadael llonydd i waith fel *The Apostles*, meddai Vaughan Thomas, oni bai bod cerddorfa gymwys yn cymryd rhan, gan ychwanegu bod gan y cyfansoddwr hawl i fynnu'r effeithlonrwydd gweithredol uchaf.

Yn hyn o beth, cyfeiria yn ei lythyr at sefyllfa unigryw cyfansoddwr wrth gyfathrebu, o'i gymharu ag eraill yn gweithio o fewn meysydd creadigol gwahanol. Crynhoir ei ddadl yn effeithiol:

> An artist may have his pictures exhibited for months and even years, and the student may scrutinise the workmanship and judge of its inspiration at leisure. But the composer has a brief two hours, sometimes twenty minutes, to disclose his message. He has, of all artists, overwhelming reasons for perfection in the matter of presentation.

Symuda ymlaen i drafod costau. Esboniodd y profwyd colled o £55 ar y cyngerdd, gyda rhai colledion eraill, ond nid fel canlyniad uniongyrchol i'r gwariant ar y gerddorfa, meddai. I'r gwrthwyneb, teimlodd, o ystyried nifer y chwaraewyr angenrheidiol, y sicrhawyd y gerddorfa am bris rhesymol. Ond wrth iddo barhau â'i esboniad, mae anfodlonrwydd Vaughan Thomas â'r pris a bennwyd ar gyfer y tocynnau'n amlwg. Barnodd rhai, er nad yw'n esbonio pwy, i'r prisoedd gwreiddiol a gynlluniwyd er mwyn sicrhau llwyddiant ariannol, fod yn rhy uchel, wedi eu pennu ar 10s.6d. (52½ ceiniog) a 7s.6d. (37½ ceiniog). Pam hynny, gofynna Vaughan Thomas, gan gyfeirio at berfformiad arfaethedig yn fuan o *Parsifal*, Wagner, ym Mryste, gydag amcangyfrif o £500 fel costau. Dywed yn gadarn, a sylwer yn arbennig ar y frawddeg frathog olaf:

> I should cheerfully undertake a similar performance of 'Parsifal' in its entirety, next season in Swansea, if I

thought there were sufficient financial support forthcoming. The cost need not be £500 nor anything like that amount. Still, when we are told that 5s. [25 ceiniog] is the limit, in money terms, of appreciation of the highest and noblest music, what incentive is there for effort? True, Swansea is not Bayreuth, but Wagner is Wagner.

Un yn unig o nifer o ddarlithiau Vaughan Thomas yn ystod 1914 oedd yr un i baratoi'r ffordd ar gyfer y perfformiad o *The Apostles*. Hyd yn oed cyn honno, yng nghanol prysurdeb mis Ionawr, bu'n annerch Cymdeithas Gymraeg Castell-nedd ar Joseph Parry, a hynny i dorf sylweddol. Unwaith eto, chwaraeodd enghreifftiau ar y piano er mwyn egluro'i sylwadau. Mae'n amlwg iddo fod yr un mor gartrefol yn darlithio yn y ddwy iaith fel ei gilydd. Fel cyn-ddisgybl i Parry, o leiaf am gyfnod byr yn ei ieuenctid, crynhodd ei farn ar ei gerddoriaeth gan ddarogan y byddai Parry wedi ennill parch ehangach petai wedi gallu mwynhau'r cyfleusterau addysg gerddorol oedd bellach ar gael. Bu'n eilun y genedl, ond erbyn hyn, roedd y farn negyddol am safon ei weithiau ar gynnydd. Nid ymunodd Vaughan Thomas â'r feirniadaeth honno, ond yn hytrach pwysleisiodd rinweddau Parry yng nghyd-destun hanes cerddorol Cymru, a'r cyfleusterau addysgol prin oedd yn bodoli yn ystod ei ddyddiau cynnar. Ni chyfeiriodd at sylwadau ymosodol a didrugaredd diweddaraf y cerddor Cyril Jenkins ar waith Parry. Er y gwirioneddau oedd yn sail i'w feirniadaeth yntau, fe ddigiodd y genedl i raddau helaeth oherwydd natur sarhaus ei eirfa. Nid dim ond Parry ddaeth dan ei lach, gan iddo beintio cerddorion Cymru'n gyffredinol â'r un brws mewn erthygl ddeifiol ym 1913. Nid eithriwyd Vaughan Thomas chwaith, er gwaethaf ei ymdrechion arbennig yntau. Tybed a oedd Jenkins yn edifar o hynny, oherwydd dim ond ychydig fisoedd yn ddiweddarach, yn Ionawr 1914, fe gyflwynodd ei waith diweddaraf, *Llewelyn*, cantata a berfformiwyd yn Llundain, 'to my sincere friend, Dr D

Vaughan Thomas, Swansea'? Fel mae'n digwydd, mae llwybrau'r ddau yn croesi eto yn yr haf, y tro hwn mewn llys barn!

Neuadd Mond, Abertawe, oedd lleoliad darlith arall gan Vaughan Thomas ym mis Chwefror, y tro hwn ar Brahms, gyda pherfformiadau o rai o'i weithiau i'r piano, gyda Josiah Thomas yn ymuno i ganu enghreifftiau o *Lieder* y cyfansoddwr. Ymhen mis, roedd Vaughan Thomas wrthi eto, y tro hwn mewn darlith gyhoeddus ar 'Modern Music' yn Llyfrgell Gyhoeddus Abertawe, gan ddenu torf sylweddol unwaith eto. Ym mis Mai, roedd yn y Christian Temple yn Rhydaman yn darlithio ar Beethoven. Siaradodd am geinder mewn celfyddyd, gan awgrymu bod gan y ceinder hwnnw bedair priodoledd sef, undod, amrywiaeth, cymesuredd a chyfrannedd, gan chwarae enghreifftiau allan o sonatau Beethoven i egluro'i ddadleuon.

Yn hwyrach yn y flwyddyn, ym mis Tachwedd, cyflwynodd ddarlithiau cyffredinol ar gerddoriaeth yng nghapel Nazareth, Tonna, Castell-nedd; ac i Gymrodorion Abertawe; ynghyd â thrydedd yn Neuadd Gyhoeddus Trecynon. Yn yr olaf hon, canodd Vaughan Thomas enghreifftiau o ganeuon Schubert i'w gyfeiliant ei hun, gan ddweud, 'Music, in the first place, is the voice of God to the soul, and in the second place, the voice of the heart's aspiration towards God.'

Roedd y galw am ei wasanaeth fel datgeinydd ar yr organ ar gynnydd hefyd, yn aml i 'agor' offeryn newydd. Ym 1914 bu'n perfformio yng nghapel Carmel, Trecynon (Ionawr); Ebenezer, Porth (Chwefror); Carmel, Abercraf (Mawrth); a Hermon, Cwmogwy (Hydref), lle comisiynwyd organ newydd ar gost o £350. Prin braidd yw'r manylion a'r dystiolaeth am unrhyw hyfforddiant ffurfiol a gafodd Vaughan Thomas ar yr offeryn. Gwelwyd ei fod yn gwbl gymwys yn dechnegol ar yr harmoniwm yn blentyn, yn ennill yn yr Eisteddfod Genedlaethol, yn cyfeilio mewn ymarferion corawl ac yn cynorthwyo yng nghapel Bryn Seion, Llangennech a Hermon Pontarddulais. Serch hynny, roedd organau pib gyda mwy nag un allweddell, troedfwrdd a dyfeisiau amrywiol i gynorthwyo'r organydd, yn fyd gwahanol. Eto i gyd, mae'r sylwadau canmoliaethus yn y wasg am ei berfformiadau'n awgrymu ei fod erbyn hyn yn organydd hynod fedrus, ac mae sylwi ar ei *repertoire* hefyd yn arwydd o'i gymhwysedd ar yr offeryn. Yn ei raglenni byddai'n cynnwys cerddoriaeth gyfarwydd a gyfansoddwyd yn benodol i'r offeryn gan Bach, Handel a Mendelssohn, a hyd yn oed symudiadau o Symffonïau i'r Organ gan y cyfoeswr o Ffrainc, Charles-Marie Widor (1844-1937). Ar yr un pryd, roedd Vaughan Thomas yn frwd dros gynnwys perfformiadau byrfyfyr yn seiliedig ar emyn-donau, yn ogystal â thrawsgrifiadau o ddarnau cerddorfaol cyfarwydd fel agorawd Franz von Suppé, 'Y Bardd a'r Gwerinwr', a'r 'Agorawd Gŵyl Academaidd' gan Brahms. Hynodrwydd o'r mwyaf oedd perfformio darnau piano gwreiddiol fel Polonaise yn A fwyaf Chopin a'r Preliwd yn C# leiaf, Rachmaninov ar yr organ.

Rhagorwyd ar ei boblogrwydd fel darlithydd ac fel organydd gan y galw am ei wasanaeth fel beirniad, a hynny ar draws Cymru gyfan, a thu hwnt ar adegau. Yn ystod 1914 bu'n beirniadu yn Eisteddfod Eglwys Llanbadarn Fawr yn y Coliseum Aberystwyth (Chwefror); cyngerdd cystadleuol yn Nant-y-moel (Chwefror); y Rhondda Silver Cup Eisteddfod yn Nhrealaw (Chwefror – 'Prince and Princess Alexander of Teck will attend to present prizes', medd un papur newydd!); Pontypŵl (Ebrill, gydag E T Davies, a'i gydymaith i America flwyddyn ynghynt, Arthur Sims); Tregŵyr, Caerffili a Nefyn (Mai); Pontardawe (Mehefin, eto gydag E T Davies – 'Special train arrangements for the day at reduced fares. Continuous Road Motor Service from Neath and Ynysforgan' meddai un hysbyseb); Aberaman (Mehefin); cystadlaethau cerdd fel rhan o'r Bristol International Exhibition (Mehefin – yn un o banel estynedig yn cynnwys Bantock, Walford Davies, Stanford, Cowen, Buck ac eraill); Pontypridd (Gorffennaf); Pwllheli, Pontrhydfendigaid a Thregaron (Awst); a Phafiliwn Rhyl

(Dydd San Steffan). Mewn nifer cynyddol o eisteddfodau ymddangosodd gweithiau corawl Vaughan Thomas fel darnau prawf. Yn hwyr ym mis Gorffennaf, fe benodwyd Vaughan Thomas yn feirniad ar gyfer Eisteddfod Genedlaethol Bangor ym mis Awst, gan gymryd lle Harry Evans a fu farw ond ychydig ddyddiau ynghynt. Ar y funud olaf, oherwydd y rhyfel, gohiriwyd yr Ŵyl, ond fe'i cynhaliwyd flwyddyn yn ddiweddarach yn yr un lleoliad. Yn ei air o deyrnged i'w ffrind yn rhifyn coffa David Vaughan Thomas yn *Tir Newydd* ym 1939, (mewn cyfieithiad), eglurodd Granville Bantock yn gryno'r cryfderau a wnaeth Vaughan Thomas mor boblogaidd fel beirniad:

> Yr hyn a'm trawodd i fwyaf.....oedd ei wybodaeth eang am gerddoriaeth, ei gydymdeimlad â chystadleuwyr, ei ddidwylledd, ei oddefgarwch, a'i farn ddiduedd, ei ddawn at ddewis geiriau, a'i hiwmor di-ffael.

Yn ei deyrnged yntau yn yr un cylchgrawn, dywedodd E T Davies, a fu, fel y gwelwyd, yn cyd-feirniadu gyda Vaughan Thomas droeon:

> Fe ddaeth yr Eisteddfod â ni ynghyd eto cryn dipyn, ac fe gofiaf fyth am ei gymhwyster, ei ddoethineb a'i hyder fel beirniad cerdd a'i gymdeithas hyfryd fel cydymaith.

Gorchwyl ychydig llai beichus ddaeth i'w ran yn Ebrill 1914. Yn dilyn dosbarthiadau i ddysgwyr y Gymraeg yn Abertawe, cynhaliwyd Eisteddfod 'ysgafn' ei natur yng ngwesty'r Cameron, a hwyrach am yr unig dro, ymunodd Mrs Vaughan Thomas a'i gŵr i feirniadu. Yng nghanol ei brysurdeb diddiwedd, dangosodd ei awydd yn ddi-ffael i gefnogi gweithgareddau Cymraeg y dref. Gwelwyd eisoes ei ymrwymiad i'r Cymrodorion, ac fe'i gwelwyd eto ym mis Gorffennaf yn bresennol mewn cyfarfod, y tro hwn i gyfarch ei gyfaill cyfarwydd, Daniel Protheroe, oedd ar ymweliad â'i famwlad. Pan oedd ffrind arall iddo, Gwili, yn annerch yr un gymdeithas ddiwedd y flwyddyn ar 'Fywyd penillion telyn', roedd Vaughan Thomas yno i'w gefnogi, ac i arwain 'Hen Wlad fy Nhadau' i gloi'r cyfarfod. Roedd hefyd yn gefnogol i gyfarfodydd cyhoeddus yn Abertawe o blaid mynd â'r maen i'r wal o ran datblygiadau pellach yn y Llyfrgell Genedlaethol, ac ymgyrch i sefydlu Cwmni Drama Cenedlaethol.

Cyfnodolyn misol newydd, Saesneg ei iaith, oedd y *Welsh Outlook* a sefydlwyd ac a gyhoeddwyd am y tro cyntaf ym 1914, yn trafod syniadau rhyddfrydiaeth flaengar a chenedlaetholdeb diwylliannol. Y bwriad oedd darparu cyfleoedd ar gyfer trafodaeth feirniadol am y newidiadau cyfredol yn y gymdeithas Gymraeg a Chymreig. Y golygydd cyntaf oedd Thomas Jones (1870-1955) ac ariannwyd y cyhoeddiad gan David Davies, yn hwyrach, y Barwn Davies cyntaf (1880-1944). Mae eironi yn y ffaith bod Vaughan Thomas, fel cerddor o gryn statws, wedi ei wahodd i fod yn un o'r cyfranwyr cynharaf, gan i'r ddau ŵr dylanwadol yma, yn y pen draw, anwybyddu ei rinweddau mewn cyd-destun gwahanol ychydig flynyddoedd yn ddiweddarach, fel y gwelir. Fodd bynnag, mae llawer i'w ddirnad am farn Vaughan Thomas o ddarllen ac ystyried ei erthygl gyntaf i *Welsh Outlook* – 'Welsh Music and Modern Tendencies', yn ei Saesneg huawdl a choeth, a ddenodd un hysbyseb i nodi, 'It shows that the composer is as gifted in the art of prose expression as in his chosen metier'. Craidd ei ddadl oedd bod y to ifanc o gyfansoddwyr yng Nghymru yn daer i ehangu eu gorwelion trwy edrych yn ofalus ar ddatblygiadau cyfoes, ond, ar yr un pryd, bod ganddynt dasg sylweddol i fynegi, mewn dulliau priodol, fywyd ac ysbryd Cymru'r ugeinfed ganrif. Ceisiodd fynegi ei argyhoeddiad fod llinell ddi-dor yn rhedeg yn naturiol o gewri'r gorffennol i gerddoriaeth gyfoes, a hynny oherwydd egwyddorion oesol o ran didwylledd mynegiant ac undod mewn ysbryd. Dyma'r un egwyddorion, meddai, sy'n berthnasol i bob celfyddyd greadigol, yn amrywio o sonedau Milton a Shakespeare; *Bacchus and Ariadne*, Titian; ceinder pensaernïol Coleg y

Brenin, Caergrawnt; i Seithfed Symffoni Beethoven. Meddai wedyn:

> Though the phraseology of today has been transformed by the influence of men like Wagner, like Debussy and Scriabin in discovering the harmonic possibilities arising from the adoption of new scales, the eternal laws of musical construction, in their very minutest details, were never so perfectly exemplified as in the works of the three masters, Bach, Beethoven and Brahms... The same laws are discovered at work behind the fascinatingly new harmonies of Scriabin's *Poemes* Op. 69 as behind Schumann's *Warum*, or *Im wunderschonen monat Mai*; the same behind Debussy's song *Il pleure dans mon coeur* as in Schubert's *Du bist die Ruh* or Brahms's *Feldeinsamkeit*.

Ar yr un pryd, o dderbyn dylanwad cyfansoddwyr cyfoes a'u syniadau newydd, ceir rhybudd rhag eu dynwared yn slafaidd ac arwynebol, ond yn hytrach i gofleidio hanfodion eu creadigrwydd:

> To imitate clumsily Wagner and Debussy, without imbibing the turn of phrase, the subtle contrapuntal devices and disposition of harmonies and keys of these newer men, is indeed tragic, and inevitably leads to ludicrous nonsense, but where the new style is naturally imbibed and assists in the liberation of the spirit of beauty, surely encouragement... should be extended to the happy possessors of that key to beauty's shrine.

Mae'r cyfeiriad at Scriabin (1871-1915) yn hynod ddiddorol, ac yn dangos chwilfrydedd deallus Vaughan Thomas, a'i awydd i sicrhau ei fod yn hyddysg yn y datblygiadau tramor cyfredol. Cymaint oedd ei edmygedd o gerddoriaeth y cyfansoddwr hwn o Rwsia, byddai Vaughan Thomas yn perfformio rhai o'i ddarnau i'r piano mewn cyngherddau. O gofio mai ym 1914 yr ysgrifennwyd erthygl Vaughan Thomas i'r *Welsh Outlook*, dylid nodi mai dim ond ychydig fisoedd cyn hynny ym 1913 y cyfansoddwyd y *Poemes* y soniodd amdanynt. Bu farw Scriabin yn ddisymwth ym 1915, ac i raddau, am gyfnod ar ôl hynny, anwybyddwyd ei gerddoriaeth. Serch hynny, ymhen blynyddoedd fe'i cydnabuwyd fel un o ddylanwadau mawr cerddoriaeth yr ugeinfed ganrif.

O edrych dros y flwyddyn felly, mae'n anodd dirnad sut roedd Vaughan Thomas wedi gallu ymateb i gymaint o alwadau amrywiol, yn enwedig o gofio hefyd y llu o ddisgyblion oedd yn parhau i ddod i'w gartref am wersi, ei ddyletswyddau fel organydd capel Mount Pleasant, ac wrth gwrs ei waith cyfansoddi diflino. O gofio geiriau Wynford am ei dad yn ymgymryd â 'voluntary war work', gwelwyd y cerddor, ym misoedd cynnar y rhyfel, yn helpu codi arian i'r Belgian Refugees Relief Fund wrth gyfrannu fel cyfeilydd ac unawdydd ar y piano mewn cyngerdd yn yr Elysium, Abertawe ym mis Tachwedd. Fis yn ddiweddarach trefnodd gyngerdd gyda'i Gymdeithas Gorawl â'r elw'n mynd i'r National Belgian Relief Fund, y Local Relief Fund a'r Local Distress Fund. Ymhlith yr amrywiaeth o ddarnau, perfformiwyd madrigalau o'r Dadeni, a gweithiau cyfoes gan Elgar a Bantock, a darnau hefyd gan Vaughan Thomas ei hun i gôr meibion – 'Uphill' a 'Hymn to Diana'.

Cyflwynodd ei osodiad o'r cyntaf o'r rhain ar gyfer côr meibion i, 'my friend Caredig Williams', un o'i gyfeillion agos ym Mhontarddulais. Cwestiwn ac ateb yw sail cerdd Christina Rosetti (1830-1894), yn gofyn y ffordd am loches a chael cadarnhad am ddiogelwch a thawelwch yn y pen draw. Ceir yma elfen o anghyseinedd yn y gosodiad, ac wrth i'r cwestiynau a'r atebion bentyrru mae'r deunydd cerddorol, er yn troi'n ailadroddllyd, yn ddyfeisgar wrth newid cyweiriau. O gofio argyhoeddiadau crefyddol dwfn y bardd, teg yw awgrymu bod y gerdd yn cyfeirio at y daith ysbrydol i'r nefoedd, gan adlewyrchu her sydd ynghlwm â thaith ffydd. Ymddangosodd gosodiad Vaughan Thomas fel darn prawf yn Eisteddfod Genedlaethol yr Wyddgrug ym 1923.

Un o gerddi telynegol Ben Johnson yw 'Hymn to Diana'. Strwythur teiran syml sydd i'r gosodiad hwn, ond mae'r cyfansoddwr, fel bob amser, yn llwyr ymwybodol o'r hyn fyddai'n gweithio'n effeithiol i gôr meibion. Yma defnyddid ystod eang o ran cwmpawd y lleisiau, yn ymestyn o ddyfnder y baswyr i uchelderau'r tenoriaid. (Gosododd Benjamin Britten y gerdd fel y chweched gân yn ei gylch *Serenade for Tenor, Horn and Strings*, 1943.)

Ac yn unol ag ysbryd 'wladgarol' a milwrol y dydd, clywyd cyfansoddiadau diweddaraf Vaughan Thomas, sef 'The Welsh Fusiliers' a 'Come along can't you hear?', yr ail o'r rhain, 'Dedicated by kind permission to the Right Honourable D Lloyd George, Chancellor of the Exchequer.' Yn fuan wedyn, canodd Josiah Thomas yn yr Empire, 'Follow the Flag, Welshmen' gan Vaughan Thomas. Ymddangosodd y geiriau ar sgrin y sinema, ac ymunodd y gynulleidfa yn y cytgan. Er y syndod, ymgais i gyfrannu tuag at gynnal morâl y bobl, mae'n rhaid, oedd yr ymdrechion yma, ar adeg pan oedd brwdfrydedd y cyhoedd yn galw am ganeuon oedd i bob pwrpas yn rhai recriwtio. Roedd brwdfrydedd y *Western Mail* yn llethol:

'Come along, can't you hear?' ('Dewch ymlaen, oni chlywch?'), which has just been issued under the aegis of the executive committee of the Welsh Army Corps, is the embodiment of nationalism. .... The stirring words of Dr David M Beddoe give admirable scope for musical expression, and in his setting Dr D Vaughan Thomas of Swansea has given a really rousing clarion call to Wales. The recurring melody is simple, yet inspiriting, and the march rhythm, with its forceful chords can not fail to make a powerful appeal. Now that Wales has a worthy marching song, there should be an even more ready response to the call of the nation.

Cyfansoddwyd nifer o ddarnau gan gyfansoddwyr amrywiol

yn ystod y dyddiau dyrys yma, gan amlaf yn ddarnau clasurol mewn ymdrech naill ai i godi arian neu i fyfyrio ar natur y frwydr. Eto i gyd, roedd y caneuon yma gan Vaughan Thomas, cerddor o statws, yn ymddangos braidd yn gyffredin a sathredig eu natur i rai. Serch hynny, tua'r un adeg cynigwyd gwobr o £5 am gerdd a fyddai'n adlewyrchu orau, 'Brigadier-General Owen Thomas's appeal to the young men of Wales'. Y beirniad oedd John Morris Jones, a ddyfarnodd y wobr i Gwili, am gerdd oedd yn annog ymladd dros Gymru. Byddai rhai wedi gweld hon yn sathredig hefyd:

Fechgyn Cymru, wele daeth 'y Dydd',
Ewch dan faner Cymru dros Ewrop rydd.
Clywch ar y bryniau alwad megis cynt!
Llef fel llef Llywelyn gwyd y gwynt.
Ar arch eich Owen, codwch fel un gŵr
Oni chlywch drwy'r glynnoedd waedd Glyn Dwr!

Yn ôl ei fab, Wynford, cafodd erchylltra'r rhyfel effaith ar ei dad yn y pen draw, pan brofodd argyfwng ffydd. (Gweler y bennod olaf.) Byddai Vaughan Thomas (ac efallai Gwili hefyd) wedi nodi geiriau'r bardd T Gwynn Jones wrth gloriannu digwyddiadau Eisteddfod Bangor 1915 yn *Y Goleuad*:

Bydd y ddaear, ein mam, wedi glasu ar feddau miloedd o'n brodyr, a byddwn ninnau efallai yn sicr erbyn hynny nad oedd neb ohonom heb rywfaint o'r cyfrifoldeb am yr anferth beth a'u dododd yno cyn eu hamser. Daw cyfnod eto pryd y bydd dynion yn gymharol ddiniwed, efallai. Ni welwn ni, sydd yn fyw heddiw, mono. Awn ni i'n beddau a gwaed ar ein cydwybodau, pa un bynnag a fuom ryfelgar ai peidio.

Cyfansoddwr, athro, organydd, beirniad, darlithydd, arweinydd, awdur – ac ym mis Awst, 1914, tyst arbenigol mewn achos llys. Ganrif a mwy yn ddiweddarach, efallai mai achos i godi gwên yw edrych yn ôl ar yr anghydfod anffodus, ond ar y pryd roedd yn fater difrifol yn ymwneud a llên-ladrad honedig o emyn-dôn, ac yn cael cryn sylw yn y wasg. Yn fwy na hynny, roedd prif gymeriadau'r ddrama yn enwau cyfarwydd, ac un ohonynt eisoes wedi ymddangos yn y bennod hon. Yr achwynydd oedd D Afan Thomas (1881-1928), Cwmafon, a honnodd i'w emyn-dôn 'Spes' ennill mewn cystadleuaeth gyfansoddi yn Eisteddfod Treforys ym 1906, gyda Vaughan Thomas a Harry Evans yn beirniadu. Yr amddiffynnydd oedd Cyril Jenkins a honnodd iddo yntau gyfansoddi'r dôn 'Dunvant' ym 1908. Erbyn hynny, cyhoeddwyd tôn Afan Thomas eisoes mewn sawl rhaglen gymanfa. Y broblem oedd bod y ddwy dôn yr un fath, nodyn am nodyn. Llanwodd yr hanes golofnau di-rif o'r papurau newydd, a thystiolaeth Vaughan Thomas yn cael cryn sylw. Yn syml, cadarnhaodd yntau mai tôn fuddugol Treforys oedd 'Spes', bod 'Dunvant' yn union yr un dôn, ac mai annhebyg fyddai i ddau gyfansoddwr gyfansoddi'r union gerddoriaeth ar hap a damwain. Yr achwynydd enillodd y dydd gan dderbyn iawndal. A oedd Cyril Jenkins erbyn hynny yn flin iddo gyflwyno'i oratorio newydd ar ddechrau'r flwyddyn 'to my sincere friend, Dr D Vaughan Thomas, Swansea'?

Cyn ymadael â 1914, rhaid taro nodyn o dristwch, gan i Vaughan Thomas golli ei dad, Jenkin, ym mis Mawrth. Yn arweinydd y gân yn Hermon, Pontarddulais am wyth mlynedd ar hugain, roedd y gŵr defosiynol hwn hefyd yn 'ddiacon hŷn' yn ei gapel. Heb amheuaeth, bu'n ddylanwad pwysig ar David Vaughan Thomas ar hyd y blynyddoedd. Daeth torf sylweddol ynghyd pan roddwyd ef i orffwys ym mynwent capel Y Gopa yn dilyn gwasanaeth yn Hermon.

9.

Uchelgais

O'i 'bencadlys' yn Abertawe, parhaodd Vaughan Thomas i ymsefydlu ei hun yn gerddor o statws cenedlaethol yn ystod blynyddoedd y Rhyfel Byd Cyntaf. Cyfnod o golli cerddorion o fri oedd hwn i Gymru, ac roedd fel petai pob colled, yn eironig, yn dyrchafu enw Vaughan Thomas. Aeth dros ddegawd heibio ers marwolaeth Joseph Parry, cerddor mwyaf dylanwadol ei gyfnod. Bellach, collwyd mawrion fel John Thomas, Pencerdd Gwalia, ym 1913; D Emlyn Evans hefyd ym 1913; Harry Evans, fel y nodwyd eisoes, ym 1914; a David Jenkins, Athro Cerdd y Brifysgol yn Aberystwyth, ym 1915. Ar yr un pryd, ymfalchïwyd mewn sêr eraill yn disgleirio yn y ffurfafen gerddorol, fel E T Davies, T Hopkin Evans a David de Lloyd (1883-1948). Byddai Morfydd Llwyn Owen (1891-1918), wrth gwrs, wedi cyfrannu'n aruthrol petai wedi cael byw. Yr hyn a osodai Vaughan Thomas ar wahân, mae'n siŵr, oedd ei drawstoriad o gryfderau trawiadol, ynghyd â'i raglen waith ddidostur. O ran ei amserlen, nid oedd pall ar ei egni a'i ymroddiad dros y blynyddoedd nesaf, gan ddilyn yn agos iawn y patrwm o weithgareddau a dyletswyddau yr ymrwymodd iddynt ym 1914. Os rhywbeth, ymestyn ac ehangu arnynt a wnaeth, gyda'i waith fel beirniad yn arbennig yn mynd ag ef i wyliau amrywiol yn Lloegr yn ogystal â Chymru. Tu allan i'r cylch cystadleuol gwelwyd canu brwd ar ei ddarnau corawl mewn cyngherddau ar draws Cymru hefyd. Parhaodd â'i waith fel arweinydd corawl, gyda'i gôr, Cymdeithas Gerddorol Abertawe'n perfformio *Elias* ddiwedd 1915, a'r elw'n mynd er budd carcharorion rhyfel. Gyda'i gofrestr o ddisgyblion amrywiol ar gynnydd, gwelwyd nifer ohonynt, fel y nodwyd eisoes, yn ennill cymwysterau proffesiynol o golegau cerdd Llundain. Ni chollodd y genedl ei hagwedd o eilunaddoliaeth tuag at unigolion a allai ymfalchïo yn eu cymwysterau cerddorol ffurfiol, ac yn hynny o beth, roedd Mus. Doc. (Oxon.) Vaughan Thomas yn cario tipyn o bwys. Er yn perthyn i fyd gwahanol, ni ddylid dibrisio dylanwad y cymanfaoedd canu, oherwydd gyda chynulleidfaoedd tra niferus, roeddent yn gyfle i arweinydd hyrwyddo'i bersonoliaeth a'i allu i gyfathrebu'n gyhoeddus, rhywbeth yr oedd Vaughan Thomas yn fwy na hapus i'w wneud. Ym 1916 fe'i hetholwyd yn Llywydd y Free Church Musicians' Union.

Gwelwyd eisoes ei fod, am ba reswm bynnag, wedi ymatal rhag parhau i gyfansoddi gweithiau estynedig i gôr, unawdwyr a cherddorfa, gan ganolbwyntio yn hytrach ar y gân, yr anthem a'r rhan-gân, a gwelwyd nifer o ddarnau'n ymddangos o'r wasg yn ystod blynyddoedd y Rhyfel Byd Cyntaf. Clywyd mwyfwy o'i gyfansoddiadau fel darnau prawf, nid yn unig mewn gwyliau yng Nghymru a Lloegr, ond hefyd yn yr Unol Daleithiau – gwarged mae'n siŵr o'i ymweliad ag Eisteddfod Pittsburgh ym 1913. Yn y lle cyntaf, 'gwasg' ei frawd, Jenkin, oedd yn dal i gyhoeddi rhai o'r darnau yma ym Mhontarddulais, er i gyhoeddwyr eraill gymryd cyfrifoldeb amdanynt ymhen amser.

Cerdd delynegol am unigrwydd a cholled, yn ogystal â harddwch ac urddas yw 'The Lost Love' gan Wordsworth, ac mae'n gwbl nodweddiadol o'r cyfnod Rhamantaidd mewn llenyddiaeth. Mae cyfieithiad mydryddol Gwili, 'Y Gariad Gollwyd', yn dal sensitifrwydd sefyllfa'r ferch ifanc sydd ar ei phen ei hun, ac nid oes unrhyw un i'w chanmol a'i charu. Caiff ei chymharu â fioled gudd, ac un seren unig yn yr awyr. Ond mae hi wedi marw, ac mae'r bardd yn galaru. Ymddangosodd gosodiad digyfeiliant Vaughan Thomas i gorau meibion am y tro cyntaf fel atodiad yn *Y Cerddor* ym 1909, ond gyda'i boblogrwydd fel darn prawf mewn eisteddfodau fe gymerodd Hughes a'i Fab gyfrifoldeb ym 1914. Afraid dweud bod dealltwriaeth o'r hyn sy'n effeithiol o ran gwead cerddoriaeth i gorau meibion yn gwbl gadarn yn ôl y disgwyl. Fel y cyfieithydd, daliodd y cyfansoddwr brudd-der y gerdd, ac er nad yw'r gosodiad yn arbennig o fentrus o ran cywair a harmoni, nac o ran ei strwythur teiran chwaith, twyllodrus yw symlrwydd ymddangosiadol y darn i berfformwyr. Ceir newid mewn arwydd amser o'r cyfansawdd i'r syml, ac yn ôl eto, yn yr adrannau allanol, gan sicrhau llif naturiol y geiriau a'r gerddoriaeth; mae'r marciau perfformio o ran dynameg, ynganiad a thempo yn fanwl tu hwnt; ac mae gofyn am ofal yng nghydsymud y lleisiau yn yr adran ganol. Yn gerddorol, mae'r adran olaf yn ailadrodd cerddoriaeth yr adran gyntaf, ond am un newid cynnil, lle ceir daliant ar dawnod cyn ac ar ôl yr ebychiad, 'ac O', pan ddatgelir teimladau dyfnaf y bardd tuag at y ferch. [*Enghraifft 5*]

Rhwydd yw deall ei boblogrwydd fel darn prawf, yn arbennig fel gwrthgyferbyniad efallai i gytganau pwerus eu natur yn yr un gystadleuaeth, ac roedd yn dal i ymddangos yn rhestr testunau'r Eisteddfod Genedlaethol yn y 1980au hwyr. Anodd yw osgoi'r casgliad mai deunydd i'r byd eisteddfodol yw rhanganau Vaughan Thomas o'r cyfnod hwn, a hwyrach mai hwnnw oedd y prif gymhelliant wrth eu cyfansoddi, er y canwyd tipyn arnynt mewn cyngherddau amrywiol.

Mae'n wir hefyd am 'Here's to Admiral Death', gosodiad o gerdd gan Henry Newbolt (1862-1938), bardd a gofir yn arbennig am ei faledi gwladgarol a morwrol. Ar wahân i'r ffaith mai darn digyfeiliant i gôr meibion yw hwn eto, mae'n gyferbyniad llwyr i'r gân serch, 'Y Gariad Gollwyd', ac mae'r gosodiad yn sicr yn cyfleu naws y gerdd, gyda harmonïau a dilyniant cordiau ychydig mwy anturus. Roedd y rhan-gân hon eto'n boblogaidd fel darn prawf eisteddfodol ar gyfer corau meibion, er y testun uniaith Saesneg. Er gwaethaf y 'Death' a oedd yn gysylltiedig â'r 'Admiral' hwn, roedd yn arwr i'w edmygu, ei barchu a'i ddilyn, a byddai ymddangosiad gosodiad Vaughan Thomas o'r gerdd yn ystod blynyddoedd y rhyfel yn sicr o helpu'r ymgyrch recriwtio. Wedi'r cyfan, onid ystyrid bod marwolaeth wrth wasanaethu brenin a gwlad bob amser yn anrhydeddus? Mae naws ymdeithgan gosodiad Vaughan Thomas yn awgrymu ei fod yntau yn dal i ystyried y rhyfel yn un cyfiawn ar yr adeg hon ym 1916. Yma eto, gwyddai Thomas yn reddfol beth fyddai'n gweithio'n effeithiol ar gyfer y cyfrwng, fel yn yr agoriad, gyda'r tenoriaid uchaf yn lansio'u hunain tuag at A uchel o fewn dau far. [*Enghraifft 6*]

Cyflwynodd Vaughan Thomas ei ran-gân, 'Yr Hafaidd Nos', i Dan Davies, Merthyr, y gŵr unigryw hwnnw y bu'r David Thomas ifanc yn aelod o'i Dowlais Harmonic Society ddegawdau'n gynt. Gosodiad yw o gerdd Owen Griffith Owen, Alafon (1847-1916). Er i'r cyfansoddwr lwyddo i ddal ysbryd a naws neges y delyneg sy'n pwysleisio tawelwch a llonyddwch noson o haf, ceir yma gymysgedd anarferol o iaith gerddorol sy'n ceisio plethu elfennau rhamantiaeth ag argraffiadaeth, sydd efallai'n awgrymu elfen o arbrofi, er ar yr un pryd yn tanseilio unoliaeth y darn. Clywir math o addurniadau *arabesque* yn atalnodi'r brawddegau lleisiol yn y cyfeiliant; ysgrifennu cromatig sydd ar adegau'n colli ceinder; cordiau'r seithfed yn symud yn y lleisiau mewn patrwm cyfochrog; ac yn fwy rhyfedd na dim, un adran gyswllt yn y cyfeiliant sydd yn cofleidio'r raddfa tonau cyfartal. [*Enghraifft 7*] Mae'n siŵr mai cyfleu dirgelwch a natur fyrhoedlog y nos oedd bwriad Vaughan Thomas, ac mae ei ddealltwriaeth o'r technegau amrywiol yma yn ddiogel, a llawer o'r ysgrifennu'n ddeniadol. Ond efallai bod yma ormod o syniadau anghydweddol i ran-gân gymharol fer fel hon. Serch hynny, enillodd boblogrwydd ymysg corau'r cyfnod, ac ymddangosodd y gosodiad hwn eto fel darn prawf yn yr ail gystadleuaeth gorawl yn Eisteddfod Genedlaethol Aberystwyth ym 1916.

Gyda chynifer o gyfansoddiadau'n llifo o'i ddychymyg, nid syndod yw nodi rhywfaint o anghysondeb mewn ysbrydoliaeth. Er enghraifft, nid yw'r cyfansoddwr ar ei orau yn y gosodiad o 'There is a green hill' i gôr meibion, ac mae llawer o'r ysgrifennu'n ymylu ar yr ystrydebol. Ar y llaw arall, naws bywiog gydag ymdeimlad o fadrigal sydd i'w osodiad o gerdd Robert Burns, 'Oh my love is like a red, red rose'. Gwelir yma eto ei nodwedd o symud chwim trwy gyweiriau gwahanol, sydd hefyd yn wir am ei driniaeth o 'Hark: Hark the Lark', Shakespeare.

O ran caneuon, gyda geiriau gwladgarol Edward Jenkins, Llandrindod, 'Y Newydd Dant' – 'Cyweiriwch eu tannau i chwareu / Yn llawen gerdd rhyddid fy ngwlad', edrych yn ôl yn gerddorol wna Vaughan Thomas. Darn i lais isel ar gyfer marchnad eisteddfodol y cyfnod oedd hwn. Ar y llaw arall, gwelir mwy o sylwedd cerddorol yn ei gân, 'Bedd y dyn tylawd'. Nid oes neb i alaru, 'Ond er hyny angel wylia / Ddaear bedd y dyn tylawd' medd y bardd, John Emlyn Jones, Ioan Emlyn (1818-1873) yn orgraff y cyfnod. Gwelir parodrwydd y cyfansoddwr i fentro i ffwrdd oddi wrth gyweiriau perthynol, agos, caneuon Cymraeg y gorffennol. Yma, mae cywair statig E♭ fwyaf yr adran gyntaf yn gwyro yn y pen draw i bellafoedd A♭ leiaf a hyd yn oed C♭ leiaf cyn dychwelyd i'r gwreiddiol. Fel sawl darn gan Vaughan Thomas o'r cyfnod hwn, fe'i gyhoeddwyd gan gwmni Cary, Llundain.

Flynyddoedd wedi hyn, mewn cystadleuaeth Her Unawd yn Eisteddfod Bedyddwyr Penrhynside ym Mae Colwyn ym 1925, dyfarnodd Vaughan Thomas y wobr i Hugh Evan Roberts, Tenorydd yr Eifl, am ei berfformiad o gân y beirniad, 'Ysbryd y Mynydd', a gyfansoddwyd ym 1914. Cyfeiriodd gohebydd y *North Wales Weekly News* at eiriau'r cyfansoddwr wrth feirniadu:

> 'I wrote this song,' said the genial musical doctor in his adjudication, 'and I apologise to you for writing it. I never intended it to be sung in public, and yet hoped it might inspire some Welshman's heart to so amend it as to make it full worthy of our country.'

Hawdd deall anesmwythder y cyfansoddwr erbyn 1925, gan mai ebychiad gwladgarol ystrydebol yw craidd cerdd Llew Tegid, ac fel canlyniad, dylanwad cyfansoddwyr Cymraeg diwedd y bedwaredd ganrif ar bymtheg sydd i'w glywed yn y gosodiad. Yn y cyd-destun hwnnw, mae'n gân ddeniadol, uniongyrchol ei hapêl, er efallai'n brin o ddyfnder artistig.

Ar y llaw arall, er yn perthyn i'r un cyfnod, nid edrych 'nôl yn gerddorol wna'r gân 'Llais yr Adar'. Er y symlrwydd, mae yna ffresni a dyfeisgarwch yn y gosodiad stroffig, gyda'r llais yn gorwedd yn gyson mewn *tessitura* uchel, a chyfeiliant y piano mewn deialog deniadol â'r unawdydd – y cyfan yn efelychu trydar yr adar. Yn ei ddethol o eiriau, gwelir yma eto ddarllen eang ac amrywiol y cyfansoddwr, wrth iddo ddewis dau o hen benillion a gasglwyd gan Absolom Roberts (c1780-1864). [*Enghraifft 8*]

Os sianelwyd rhan-ganau a chaneuon Vaughan Thomas gan amlaf tuag at y llwyfannau eisteddfodol, edrych tuag at gyfeiriad y cymanfaoedd canu ac oedfaon anghydffurfiol wnaeth ei anthemau o'r cyfnod. Maent yn amrywio yn eu cymhlethdod o ran natur yr ysgrifennu a her i'r cantorion. Er enghraifft, gosodiad syml homoffonig a geir yn ei anthem i gôr cymysg, 'Pwy ydyw y rhai hyn', y geiriau o Lyfr y Datguddiad, VII. Ar y llaw arall ceir mwy o sylwedd yn 'Rwy'n ofni grym y dŵr', a gyfansoddodd er cof am ei dad, a fu farw, fel y nodwyd eisoes, ym 1914, wedi llafurio'n ddiwyd ym myd 'caniadaeth y cysegr' am flynyddoedd lawer. Nid oes amheuaeth iddo fod yn ddylanwad pwysig ar ei fab, yn enwedig yn y dyddiau cynnar, ac yn yr anthem hon gellir dirnad sensitifrwydd gosodiad geiriau dirdynnol Pantycelyn. Er bod y didwylledd yn amlwg, yn gerddorol mae yna gymysgedd o'r dyfeisgar trawiadol a'r hyn na ellir ond ei ddisgrifio fel braidd yn arwynebol. Gyda'i gyfeiliant annibynnol i organ, mae'r anthem yn agor yn ddolurus yn F leiaf ond gydag arlliw moddol effeithiol. Serch hynny, wedi mynediad y lleisiau ceir ambell gymal cromatig sydd yn anghydweddu gyda llif y gerddoriaeth. Ond eto, mae'r adran nesaf yn dangos dychymyg cerddorol craff y cyfansoddwr ar ei orau gyda chordiau mawreddog yn rhan yr organ tra bod y lleisiau'n dal nodau hir mewn unsain. [*Enghraifft 9*] Ceir trawsgyweirio trawiadol a newidiadau enharmonig sydyn, gyda'r gerddoriaeth yn nofio trwy gyweiriau F leiaf, B leiaf, C fwyaf, D leiaf, gan ddychwelyd gyda diweddeb ar lywydd F leiaf. Os yw iaith gerddorol yr adran hon yn ffres a dyfeisgar, mae'r adran olaf yn dychwelyd at iaith gerddorol fwy ceidwadol. Efallai mai myfyrio ar y math o anthemau y byddai ei dad wedi eu harwain a'u hastudio a wna Vaughan Thomas yn yr adran hon. Serch hynny, gwelir craffter y cyfansoddwr wrth iddo adleisio agoriad yr anthem, gan newid y mesur, a throi'r cywair lleiaf i'r perthynol mwyaf. Nid oes dwywaith bod y cyfansoddwr, yn ôl y disgwyl, yn deall yr hyn sy'n effeithiol yn dechnegol, ond eto gellir beirniadu rhai o'r bariau cyswllt rhwng yr adrannau lleisiol sydd ychydig yn ddiawen – gwendid sydd yn nodweddiadol yn rhai o gyfansoddiadau eraill y cyfnod o'i eiddo – sy'n rhoi'r argraff y byddai 'ail-ymweld' gydag ambell gymal wedi talu ffordd. Hwyrach mai pwysau amser o gyfeiriadau eraill oedd yn ei lesteirio yn hyn o beth.

Flynyddoedd yn ddiweddarach ysgrifennodd Wynford Vaughan Thomas am arfer ei dad wrth gyfansoddi o ysmygu sigarennau'n ddi-dor wrth iddo symud yn ôl ac ymlaen o'r piano at ei ddesg. Cofiodd sgwrs yn ei blentyndod gyda'i dad:

'Do you think I could ever write like that? It must be wonderful to be an artist.' Father took my hands and smiled very gently as he said: 'No, I don't think you should ever be an artist. It would hurt you too much!'

Saesneg yw iaith erthygl Wynford, ond mae'n debygol mai Cymraeg oedd iaith y sgwrs wreiddiol, gyda thystiolaeth cyfrifiad 1911 yn dangos bod y rhieni yn magu'r bachgen hynaf, Arthur Spencer, yn ddwyieithog, a'r ddau frawd arall bryd hynny'n dal yn eu babandod.

A oedd Vaughan Thomas yn fodlon ei fyd, ac yn hapus i barhau â'i gyfraniad sylweddol i fywyd cerddorol y genedl fel cerddor llawrydd? Neu a oedd bellach yn dyheu am gyfle i ddylanwadu'n ehangach ac yn fwy ffurfiol? A fyddai modd iddo chwarae rhan ganolog mewn datblygiadau cyffrous posib y gobeithid eu gwireddu erbyn diwedd y rhyfel?

Amhosib oedd gwadu'r angen dybryd am gyfundrefn strwythuredig a fyddai'n diwallu anghenion addysg gerddorol o'r radd flaenaf yng Nghymru, ac a fyddai'n cwmpasu ystod eang o anghenion. Yn y cyd-destun hwnnw, byddai arweinyddion o statws mewn sefydliadau cenedlaethol priodol yn allweddol.

Cyn hyn ym 1912, gwelwyd Granville Bantock yn dechrau annog sefydlu coleg cerdd i Gymru, a hynny, meddai, gydag ethos Cymreig, i ategu gwaith y ddau o Golegau'r Brifysgol lle'r oedd eisoes cadeiriau cerdd wedi eu sefydlu. Tua'r un adeg bu Harry Evans yn gwthio'r syniad o Goleg Cerdd Cenedlaethol, ac wrth gwrs ymunodd Cyril Jenkins yn yr 'ymgyrch' gyda geirfa, yn ôl y disgwyl, ychydig mwy ymosodol na'r lleill, o ran gwendidau'r sefyllfa fel yr oedd.

Sefydlwyd Prifysgol Cymru ym 1893 fel sefydliad ffederal gyda thri choleg cyfansoddol yn Aberystwyth, Bangor a Chaerdydd. Erbyn cychwyn y Rhyfel Byd Cyntaf, roedd yna Adrannau Cerdd, a Chadair yr un, yn Aberystwyth a Chaerdydd. Un arall o ddisgyblion Joseph Parry oedd David Evans, ac fe ddilynodd Parry fel pennaeth Adran Gerddoriaeth y brifysgol yng Nghaerdydd, a symud i'r Gadair yno ym 1908. Yn addysgwr hynod lwyddiannus, dangosodd deyrngarwch arbennig i draddodiad y gymanfa ganu a'r eisteddfod fel sefydliadau o bwys. Erbyn blynyddoedd y rhyfel, felly, roedd yn ffigwr dylanwadol yn yr ymdrechion i godi safonau cerddorol y genedl. Fel gwelwyd eisoes, bu farw David Jenkins, Athro Cerdd y brifysgol yn Aberystwyth, ym 1915. Bu ei yrfa yntau'n debyg i un Evans mewn sawl ffordd, gan iddo ef hefyd fod yn ddisgybl dan adain Joseph Parry, yn Aberystwyth yn ei achos ef, gan ddod yn ddarlithydd yno yn yr Adran Gerdd yn y 1890au, gan symud i'r Gadair yno ym 1910. Yn dilyn ei farwolaeth, arhosodd y Gadair yn wag am y tro. Serch hynny, hyd yn oed cyn ei farwolaeth, roedd yna eraill yn llafurio'n gerddorol yn Aberystwyth, a hynny hyd yn oed tu allan i'r adran swyddogol, fel y gwelir maes o law. Ni ddyfernid graddau mewn cerddoriaeth ar y pryd ym Mangor, er bod y cerddor dawnus, Caradog Roberts (1878-1935) yn Gyfarwyddwr Cerdd yno o 1914. Wrth gwrs nid oedd coleg prifysgol eto wedi ei sefydlu yn Abertawe. Sylweddolodd arweinyddion cymdeithasol, diwylliannol, crefyddol ac addysgiadol Abertawe y diffyg, a bwriwyd ati i gychwyn ymgyrch. Ddiwedd 1916, ymddangosodd hysbysiad cyhoeddus yn y wasg yn datgan, 'All graduates interested in the formation of a University College are invited to a meeting at the Royal Institution.' Arwyddwyd y cyhoeddiad gan ddau o weinidogion y dref, sef Simon Jones o gapel Saesneg yr Undodiaid ag Eurof Walters o gapel Cymraeg Stryd Henrietta; y llawfeddyg a chardiolegydd, Dr G Arbour Stephens; ac, yn arwyddocaol efallai, Dr D Vaughan Thomas.

Heb unrhyw amheuaeth, dangosodd Stephens barodrwydd i hyrwyddo Vaughan Thomas fel un cymwys ar gyfer *academia*. Yn dilyn cyfres o ddarlithiau i'r Royal Institution gan y cerddor yn Abertawe, wrth gymeradwyo Vaughan Thomas, manteisiodd Stephens ar y cyfle hefyd i ddatgan barn ar yr angen am gwricwlwm eang pan ddeuai prifysgol i'r dref. Crynhodd y wasg ei sylwadau:

> Dr. Stephens said the lectures were of university standard, for the lecturer was of university professor rank. The town at the present time was trying to hoist upon itself a lop-sided university. It was only right and proper that arts should be represented on the curriculum.

Nid safbwynt ynysig oedd hwn, ac roedd eraill, wrth glodfori rhinweddau Vaughan Thomas, yn meddwl mwy am Aberystwyth nag Abertawe.

David Thomas yn fachgen

Meta Scott [athrawes piano, a mentor cerddorol DVT yn fachgen yn Nowlais]

David Bowen [y cyfeilydd y daeth DVT dan ei ddylanwad pan yn fachgen yn Nowlais]

*Harry Evans [ffrind plentyndod
DVT yn ardal Dowlais / Merthyr]*

*E T Davies [ffrind plentyndod
DVT yn ardal Dowlais / Merthyr]*

Gludwaith o luniau ymweliad y Brenin ag Ysgol Harrow ['Speech Day', Mehefin 1905, Illustrated London News]

Bedd Daniel ac Elizabeth Lewis [ym mynwent capel y Gopa, Pontarddulais]

John Gwili Jenkins [ffrind plentyndod DVT a libretydd Llyn y Fan]

AN IMPRESSION AT "LLYN Y FAN."

1907

David Vaughan Thomas

Cartŵn o Trevor Evans, tenor [unawdydd ym mherfformiad cyntaf Llyn y Fan, 1907]

Cymdeithas Cymrodorion Abertawe.

INVESTITURE

OF

DAVID THOMAS, Esq., M.A., Mus. Doc. (Oxon.),

BY

Sir ALFRED MOND, Bart., M.P.

AT THE

HOTEL CAMERON, SWANSEA,

On Monday, 17th July, 1911.

Chairman · GWILYM MORGAN, Esq., J.P. (Gwilym Blaenau Gwent).

Accompanist - Mr. LLEWELYN BEVAN, A.R.C.O., L.R.A.M.

Hon. Sec. of Reception Committee:
Mr. D. SPURRELL DAVIES.

Gwahoddiad i gyflwyniad y cyfansoddwr â'i wisg Mus.Doc., Oxon.

David Ellis

Lewis Jones Roberts

Daniel Protheroe

Cyril Jenkins

David Brazell

Clawr Rhaglen Eisteddfod Pittsburg, 1913

T Haydn Thomas
[nai'r cyfansoddwr ac
arweinydd Cymdeithas
Gorawl Pontarddulais]

Henry Walford Davies

David Davies
[Barwn Davies Llandinam]

Y teulu tu allan i
141 Walter Road Abertawe

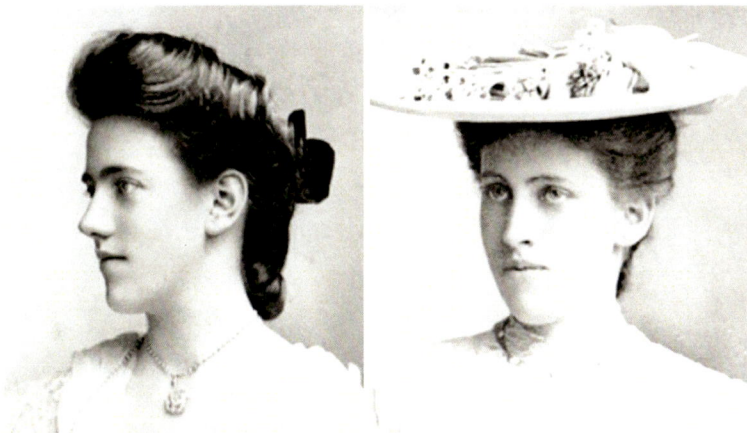

Gwendoline a Margaret Davies Llandinam

Coed y Bleiddeau (sic), [bwthyn ger Tanybwlch, Porthmadog,
a logwyd fel tŷ haf gan Granville Bantock,
lle bu DVT yn westai droeon]

Cartŵn Wallasey Music Festival

Cartŵn o Vaughan Thomas fel beirniad
[Eisteddfod Genedlaethol Abertawe, 1926]

Granville Bantock, Vaughan Thomas a James Lyon [beirniaid cerdd Eisteddfod Genedlaethol Abertawe, 1926]

Vaughan Thomas [yn Eisteddfod Genedlaethol Abertawe 1926]

Vaughan Thomas a Morfydd [yng ngorsaf drenau Abertawe, gyda'r arholwr ar fin gadael ar un o'i deithiau tramor i Seland Newydd]

Cyngerdd yn y 'Convent St Maur Penang'
[*un o'r canolfannau lle bu DVT yn arholi*]

Angladd Vaughan Thomas [Y Parch Lewis Davies a'r Parch Crwys
Williams yn arwain cynhebrwng DVT tua'r bedd yn Ystumllwynarth.
Mewnosodiad – Bantock yn traddodi ei deyrnged]

Dadorchuddio plac [yn 141 Walter Road Abertawe, 1973. O'r chwith – T Haydn Thomas, Hugh Vaughan Thomas, Wynford Vaughan Thomas, Spencer Vaughan Thomas, Maer Abertawe]

Bedd Vaughan a Morfydd ym mynwent Ystumllwynarth, Abertawe

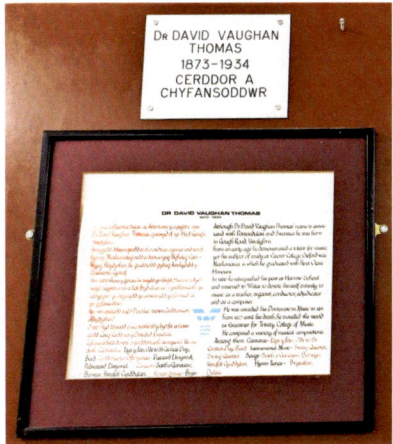

Plac er cof yn Neuadd Goffa Ystalyfera

10.

Arolygydd

Ar 12 Awst, 1889, derbyniodd Deddf Addysg Ganolraddol Cymru (Welsh Intermediate Education Act) y cydsyniad brenhinol. Pwrpas y Ddeddf oedd trefnu cynlluniau pellach ar gyfer addysg ganolradd a thechnegol trigolion Cymru. Fel un canlyniad o'r Ddeddf, sefydlwyd Bwrdd Addysg Ganolog Cymru (Central Welsh Board) er mwyn cymryd camau priodol i hyrwyddo amcanion y Ddeddf. Roedd y rhain yn cynnwys gwneud y trefniadau angenrheidiol ar gyfer archwilio ac arolygu'r ysgolion canolradd newydd. Ni chafodd y Ddeddf fawr o ddylanwad o ran datblygu addysg gerddorol, ac ychydig iawn oedd gan David Jenkins i'w ddweud am unrhyw gynnydd yn ei Adroddiad Arolwg i'r Bwrdd Canolog bron ugain mlynedd yn ddiweddarach ym 1908. Gyda pharatoadau ar y gweill ar gyfer Deddf Addysg newydd ar ddiwedd y rhyfel ym 1918, roedd angen asesiad trylwyr eto o'r hyn oedd yn digwydd yn yr ysgolion ar draws y cwricwlwm, gan gynnwys cerddoriaeth.

Apwyntiwyd David Vaughan Thomas yn Arolygydd Arbenigol dros dro mewn cerddoriaeth i ymgymryd â'r gwaith. Afraid dweud y croesawyd y penodiad oherwydd ei statws fel ffigwr cenedlaethol adnabyddus, ei flaengaredd, ei egni a'i barodrwydd i ddatgan ei farn yn glir. Ar yr un pryd, gellir dadlau fod hadau'r penodiad ei hun wedi eu plannu mor bell yn ôl â'i ddyddiau yn Rhydychen, ac yn benodol yng Nghymdeithas Dafydd ap Gwilym. Ymhlith ei gyfeillion yno, fel y gwelwyd, roedd Lewis Jones Roberts, ac fe barhaodd y cyfeillgarwch hwnnw ar hyd y blynyddoedd wedi hynny. Erbyn 1918 roedd L J Roberts yn Arolygydd Ei Fawrhydi profiadol iawn, ac ar ôl gweithio mewn sawl canolfan ar draws y wlad, roedd wedi ymgartrefu ers peth amser yn Abertawe. Roedd Vaughan Thomas yn edmygydd mawr ohono fel hanesydd ac fel cerddor, gan gyflwyno englyn fel teyrnged a chyfarchiad iddo yn ystod Eisteddfod Genedlaethol Castell-nedd ym 1918:

Hoffwr Cân, a Hanes hefyd,—yw'r brawd
   A'i bêr donau hyfryd;
  Ar gael fydd ei gelfyddyd,
  Amser a'i dwyn maes i'r byd.

Yn ogystal â chefnogaeth L J Roberts, roedd gŵr arall o ddyddiau Rhydychen, a Chymdeithas Dafydd ap Gwilym, a fyddai hefyd wedi cynnig ei gymeradwyaeth, mae'n rhaid. Wedi'r cyfan, ar adeg apwyntiad Vaughan Thomas fel arolygydd dros dro, y Prif Arolygydd yng Nghymru oedd y dylanwadol Owen M Edwards.

Beth bynnag am hyn oll, bwriodd Vaughan Thomas at ei waith yn ddygn a brwdfrydig dros fisoedd yr haf, gan gyhoeddi ei Adroddiad crynodol ym mis Medi 1918. Yn ogystal, ysgrifennodd sylwadau penodol ar bob un o'r ysgolion yr ymwelodd â hwynt, sef o gwmpas hanner yr ysgolion canolradd oedd yn bodoli ar y pryd. Gorchwyl heriol oedd hwn, yn golygu cryn dipyn o deithio ledled Cymru gyfan, a thasg fyddai'n hawlio amser sylweddol. Fel canlyniad, er ei fod yn parhau i fyw yn Abertawe, roedd yr angen i ad-drefnu ei weithgareddau arferol yn anochel, ac addasodd ei raglen brysur fel athro, darlithydd, beirniad, arweinydd, cyfansoddwr ac ati, er mwyn hwyluso'i gyfrifoldebau newydd. Pan nad oedd addasu'n bosib, rhaid oedd symud ymlaen, ac ar ôl deng mlynedd lewyrchus yn Eglwys Mount Pleasant, Abertawe, fel organydd a chôrfeistr, penderfynodd ymddeol o'r swydd honno. Ar ôl gwasanaeth fore Sul yn Ebrill, cyflwynwyd oriawr aur iddo, gyda monogram ac arysgrif, oddi wrth y côr, diaconiaid a ffrindiau. Nododd ei weinidog, y Parch. Henry Charles Mander (1874-1934) dristwch pawb wrth ffarwelio ag ef, ond gan gydnabod y gwaith pwysig cenedlaethol oedd bellach yn aros Vaughan Thomas.

Gyda'r Gadair Cerddoriaeth yn wag yn Aberystwyth ers rhai blynyddoedd, a'r brifysgol newydd yn Abertawe eto i'w sefydlu, nid oedd yn afresymol i Vaughan Thomas ystyried ei apwyntiad fel Arolygydd yn gam tuag at swydd academaidd o bwys cenedlaethol. Wedi'r cyfan, fel y gwelir maes o law, oherwydd problemau cyllidol dybryd o fewn Prifysgol Cymru, sefydlwyd Comisiwn Brenhinol – y 'Royal Commission on University Education in Wales' ym 1916 o dan gadeiryddiaeth yr Arglwydd Haldane (1856-1928). Byddai Vaughan Thomas yn ymwybodol o gyhoeddiad adroddiad terfynol y comisiwn hwn ym 1918, a bod ynddo gynnwys arwyddocaol am ddyfodol strategol addysg gerddorol yn gyffredinol yng Nghymru. Yn ei dyb ef, fel deilydd swydd arolygydd o statws, ac fel cerddor o bwys a dylanwad, roedd mewn sefyllfa gref i chwarae rhan arweiniol yn y datblygiadau cyffrous oedd yn sicr o ddod.

Am y tro, canolbwyntiodd yn llwyr ar ei waith fel arolygydd gyda'i ddiwydrwydd a'i drylwyredd arferol. Yn ei lythyr wrth gyflwyno'i adroddiad, dywed:

The data I have gathered have enabled me to form certain definite opinions about the study of music, and also its practice; incidentally I have been given valuable opportunities of judging the real interest of Wales in the art... I was greatly encouraged to speak freely in my addresses, and to indulge in such criticism as I thought might prove of value.

Datblyga'r sylwadau hynny yn yr adroddiad wrth iddo ddelio gydag addysg gerddorol yng nghyd-destun agweddau cyffredinol y cyhoedd tuag at gerddoriaeth. Pwysleisiodd yr angen i ddatblygu gwir ddiddordeb yn natur y gerddoriaeth oedd yn cael ei pherfformio, yn hytrach na chanolbwyntio'n unig ar natur y perfformiad ei hun. Mewn geiriau eraill, roedd angen dealltwriaeth o'r syniadau oedd i'w cyfleu trwy seiniau, yn ogystal â gwerthfawrogiad o'r datganiad per se. Teimlai fod y cyhoedd, meddai, yn datblygu'n fwy deallus yn gerddorol, ond bod tueddiadau ceidwadol yn dal i lesteirio posibiliadau. Gresynodd y diffyg cynnydd o ran cerddoriaeth offerynnol, gan gynnig cerydd i'r rhai roddodd ormod o bwyslais ar lwyddo mewn arholiadau – 'the inordinate love of parents and children for obtaining cheap diplomas and certificates', meddai'n bigog. Serch hynny, nid oedd ganddo unrhyw amheuaeth mai trwy gynnig profiadau priodol yn yr ysgolion yr oedd agor llygaid a chlustiau'r cyhoedd yn gyffredinol yn y pen draw. Nid oedd y pwyslais hwn ar bwysigrwydd datblygu cerddoriaeth yn yr ysgolion yn newydd mewn gwirionedd, ond yn hytrach, ategu barn nifer o sylwebyddion ar addysg a wnaeth Vaughan Thomas yma.

Nid ofnodd ymosod ar beryglon cyfaddawdu ar safonau mewn eisteddfod a chymanfa ganu, nac ar y duedd o roi gormod o sylw i gyfansoddiadau eilradd. Ar adegau, metha osgoi sylwadau sy'n ymylu ar y trahaus:

So sensational and so lacking in anything that tends to elevate taste are the items frequently chosen for singing [mewn cymanfa] that musicians of culture prefer the more wholesome atmosphere of the concert room. A considerable section of the public has not risen above the 'Sankey and Moody' level of appreciation.

Daeth hwn yn agos iawn hefyd at ragrith ar ei ran, gan y byddai yntau, fel y gwelwyd eisoes, yn gwbl gartrefol yn y gymanfa a'r 'concert room' fel ei gilydd. Ond gydag argyhoeddiad, pwysleisia werth cynhenid cerddoriaeth; ei rôl mewn dyneiddio a dyrchafu; a'i grym creadigol fel modd i fynegi athrylith y bobl.

Wrth droi ei sylw at yr ysgolion, noda'n arbennig saith sefydliad a oedd yn ei olwg ef yn rhagori o ran eu darpariaeth gerddorol, sef Llandaf (Howells), Hawarden, Tywyn, Tregaron, Rhyl, Bangor (Merched) a Merthyr Tydfil. Yn yr ysgolion yma gwelid cerddorion cymwys wrth y llyw, ond yn gyffredinol, problemau oesol oedd yn bodoli mewn nifer o'r ysgolion eraill. Parhaodd y diffygion i raddau amrywiol ar hyd y blynyddoedd wedi hynny, gyda'r her ddeublyg o sicrhau amser a chyllid digonol i'r pwnc yn allweddol. Tynnodd sylw penodol at yr adnoddau arbennig oedd yn bodoli ar gyfer gwaith offerynnol yn Howells a Hawarden oherwydd y sylw a'r flaenoriaeth a roddid o ran amser ac ariannu digonol.

Mae'r adroddiad yn cynnwys cyngor ac arweiniad doeth a defnyddiol ar drawstoriad o faterion perthnasol, o dechnegau anadlu mewn ymarferion canu i ddarllen ar yr olwg gyntaf. Pwysleisia bwysigrwydd hen nodiant ac astudio elfennau o theori cerdd. O ran darllen ar yr olwg gyntaf, awgryma y dylid sefydlu cyfundrefn yn seiliedig ar gwrs graddoledig yn ymestyn o'r ysgolion elfennol, drwy'r ysgolion canolradd gan arwain at golegau'r brifysgol. Yn hyn o beth, nid yw Vaughan Thomas yn dawedog o ran hyrwyddo'i hun i arwain ymhellach yn y dyfodol, gan ddweud, 'This could be discussed at Conferences, and I should like, when the Board thinks fit, to take steps in the matter.'

Er iddo rybuddio rhag canolbwyntio'n ormodol ar ganu'n unig, noda bwysigrwydd defnydd o alawon gwerin, gan bwysleisio hefyd yr angen am gerddoriaeth newydd, addas yn yr iaith Gymraeg, gan gynnwys gosodiadau o gerddi gan feirdd cyfoes. Cyfeiria at ddeunyddiau tebyg yn Saesneg ar gyfer ysgolion Lloegr gan gyfansoddwyr Seisnig nodedig megis Bantock, Elgar, Hubert Parry, Charles Stanford ac eraill, gyda chyhoeddwyr fel Novello a Curwen ar flaen y gad yn argraffu a dosbarthu. 'The Welsh musician would gain enormously by the new wine of our modern writers', meddai.

Yn ogystal ag ymweld â gwersi ac ymarferion, manteisiodd Vaughan Thomas ar y cyfle hefyd, yn ystod ei ymweliadau, i gyflwyno'i farn ar le allweddol cerddoriaeth fel pwnc o fewn y gyfundrefn addysg yn gyffredinol. Dywedodd un papur newydd ym mis Gorffennaf:

On Friday a visit was paid to the County School (Porthmadog) by Dr. Vaughan Thomas, M.A., the newly-appointed inspector of music for secondary schools in Wales. He expressed satisfaction with the musical efficiency of the school, and in the course of an address on the place of music in education paid a graceful tribute to the school instructor (Mr. J. Chas. McLean, F.R.C.O.), and congratulated him and the scholars on their work.

Bydd enw Charles Maclean (1876-1952) yn ymddangos eto maes o law mewn cyd-destun gwahanol.

Cafodd yr arolygydd drafodaeth fuddiol gyda Phrifathro Ysgol y Bechgyn Dolgellau am y syniad o rannu adnoddau er mwyn cyflogi trawstoriad o athrawon offerynnol o blith aelodau cerddorfeydd yn Llandudno, Bae Colwyn a Rhyl. Awgrymodd Vaughan Thomas y gallai'r math yma o gynllun gynorthwyo i ledaenu gwersi offerynnol trwy Gymru gyfan, gan nodi y byddai athrawon cymwys ar gael hefyd o blith cerddorfeydd yng Nghaerdydd, Abertawe a'r Rhondda, gan ychwanegu, 'and possibly after the war, Aberystwyth'. Pan fyddai ysgolion yn gallu sefydlu pedwarawd llinynnol neu grwpiau eraill i berfformio cerddoriaeth siambr, byddai hynny'n agor pob math o bosibiliadau cyffrous, meddai.

Gwelwyd eisoes angerdd Vaughan Thomas tuag at y ddarlith ffurfiol, wrth iddo deithio ymhell ac agos er mwyn ymestyn gorwelion ei wrandawyr gydag enghreifftio priodol o weithiau clasurol. Yma, yn ei adroddiad fel arolygydd, mae'n cymeradwyo'r dull hwn o weithredu o fewn yr ysgolion, ar faterion yn ymwneud â'r gerddorfa, y llais, ffurfiau darnau cerddorol, cyfansoddwyr a hanes cerdd. Ond, meddai, eto fyth yn eironig o ystyried yr hyn oedd i ddod, dylent fod 'of the nature of a "talk" rather than an academic discourse.'

Rhagwelodd y posibilrwydd o sefydlu gwyliau cystadleuol gyda phwyslais ar waith offerynnol, gan gynnig tlysau ac ysgoloriaethau fel gwobrwyon a chymhelliant i gymryd rhan. Byddai'r eisteddfodau traddodiadol yn gofalu am gystadlaethau canu unawdol a chorawl, meddai.

Gwyra paragraff olaf yr adroddiad yn ôl i'r cyfeiriad cyffredinol cychwynnol trwy nodi eto'r angen i ddatblygu doniau cynhenid cerddorol y genedl gyfan, ac yma gwelir yn glir ei fod eisoes â'i lygad ar farn y comisiynwyr a fu'n pwyso a mesur dyfodol addysg prifysgol yng Nghymru. Mae'n benderfynol o orffen gyda'i bregeth gyfarwydd o roi sylw teilwng i gerddoriaeth cenedl y Cymry yn ogystal â datblygu gwerthfawrogiad o draddodiadau rhyngwladol y gorffennol ynghyd â datblygiadau cyfoes gwledydd eraill:

> A more intelligent and critical attitude will enable the people to discriminate between good and bad music. The foundation for this must be laid in our Schools. Alongside of a deeper concern for the characteristics of our own National music a proper conception of the canons of all true art must be developed. On these lines, and on these alone, is it possible to build a genuine hope for the Future of Welsh Music.

Arolwg arall a gynhaliwyd ar yr un adeg ar ran y Bwrdd Canolog oedd hwnnw gan yr artist, Frederick Charles Richards (1878-1932), i asesu dysgu celf yn yr ysgolion canolraddol. Yn amlwg roedd Owen M Edwards yn ymfalchïo yn y ddau adroddiad a dderbyniwyd ar y celfyddydau yn yr ysgolion, gan ysgrifennu yn rhifyn Medi o'r cylchgrawn *Cymru*:

> Y mae arwyddion deffro yn ein hysgolion. Anfonodd y Bwrdd Canol ddau ŵr cymwys drwy'r ysgolion i ddadleu dros y ddwy wybodaeth bwysig anwybyddir yn awr, sef Cerddoriaeth ac Arluniaeth. Dr. Vaughan Thomas o Abertawe oedd y cerddor, a Mr. Fred Richards o Gasnewydd oedd yr arlunydd. Clywaf o bob cyfeiriad fod yr ysgolion wedi cael pleser, budd, a deffroad wrth wrandaw. Gobeithio y pery'r deffroad.

Nid oes dwywaith bod argymhellion Vaughan Thomas yn rhai blaengar ac yn adlewyrchu gweledigaeth drawiadol ynghyd â dychymyg byw. Gwireddwyd nifer sylweddol o'i syniadau dros y blynyddoedd i ddod, er, fel y gwelir, ni chafodd yntau'r cyfle i gyfrannu mewn rôl arweiniol o statws. Heb amheuaeth, gellir nodi ei waith fel arolygydd a'i adroddiad crynodol fel carreg filltir o bwys o ran datblygiadau oedd i ddilyn ymhen ychydig. Ond eraill oedd i elwa o lafur Vaughan Thomas.

11.

Aberystwyth

Cyn edrych yn fanwl ar yr hyn ddigwyddodd yn y pen draw o ran Cadair Cerddoriaeth Aberystwyth yn dilyn Adroddiad Haldane, ac er mwyn sefydlu cyd-destun, mae'n werth ystyried cefndir sefydlu'r coleg, ynghyd â'r datblygiadau a fu yn yr Adran Gerdd yno hyd at ddiwedd teyrnasiad David Jenkins. I raddau helaeth, mae tipyn o'r cyd-destun hwnnw yn ymwneud â nawdd ariannol sylweddol, a hwnnw'n deillio o un teulu cefnog penodol. Fel ffarmwr yn ei ddyddiau cynnar, gŵr penderfynol, uchelgeisiol a hynod ddiwyd oedd David Davies (1818-1890). Yn y pen draw fe ddaeth yn gontractwr llwyddiannus a gŵr busnes cyfoethog a wnaeth ei ffortiwn yn nociau a phyllau glo De Cymru. Adeiladodd y plasty Broneirion ger Llandinam ym 1864, a daeth yn Aelod Seneddol dros Geredigion ym 1874. Ddwy flynedd ynghynt, fel un o'r Llywodraethwyr gwreiddiol, cyfrannodd tuag at brynu gwesty'r rheilffordd a ddaeth yn gartref cyntaf i Goleg y Brifysgol Aberystwyth. Priododd Margaret Jones ym 1851, a ganwyd iddynt un mab, Edward (1852-1898). Gweithiodd yntau dros ei dad fel gweinyddwr yr Ocean Coal Company, ac aeth i fyw i Blas Dinam ym 1884 – cartref a brynwyd iddo fel anrheg gan ei dad. Priododd Edward ei gyfnither, Mary, a chawsant dri o blant: David (1880-1944), a enwyd ar ôl ei dad-cu, Gwendoline (1882-1951), a Margaret (1884-1963). Gyda'r plant yn fach, bu farw Mary, ac ail-briododd Edward ag Elizabeth, chwaer ei wraig gyntaf. Fel cymeriad cryf a hynod gymdeithasgar, cafodd hithau ddylanwad sylweddol ar y plant. Gadawodd Edward ystâd gwerth gros o £1,206,311 (gwerth cyfredol cyfatebol o dros £157 miliwn).

Addysgwyd David yr ieuengaf yn Ysgol Merchiston Castle, Caeredin a Choleg y Brenin, Caergrawnt, ac yn chwech ar hugain oed fe'i hetholwyd yn Aelod Seneddol

Rhyddfrydol dros Sir Drefaldwyn (tan 1929). Yn ystod blynyddoedd cynnar y Rhyfel daeth yn Gadlywydd y '14th Battalion, Royal Welch Fusiliers', ac ym 1916 daeth yn Ysgrifennydd Seneddol Lloyd George, gan weithio'n ddygn dros heddwch rhyngwladol o 1919 ymlaen. Daeth yn Llywydd ar Goleg Aberystwyth rhwng 1926 a 1944, gan waddoli Cadair Wleidyddiaeth Gydwladol i'r Coleg – y Gadair gyntaf yn y pwnc mewn unrhyw brifysgol ym Mhrydain Fawr. Fe'i crëwyd yn 'Baron Davies of Llandinam' ym 1932.

Addysgwyd Gwendoline a Margaret yn Ysgol Highfield, Hendon. Yno datblygodd diddordeb Gwendoline mewn cerddoriaeth wrth iddi ddechrau dysgu chwarae'r ffidil, a daeth yn berfformwraig gymwys iawn. Yn anffodus bu'n rhaid iddi roi'r gorau i chwarae yn ei hugeiniau oherwydd problemau'n effeithio ar ei bysedd. Erbyn hynny roedd ganddi ffidil Stradivarius, ac o hynny ymlaen roedd yn rhoi'r offeryn ar fenthyg i chwaraewyr addawol. Ymhen blynyddoedd, gan ofni niwed i'r offeryn drudfawr, roedd yn well ganddi roi benthyg ei 'ffidil bob dydd' – Guarnerius! Datblygodd Margaret ddiddordeb arbennig mewn peintio lluniau, gan deithio gyda'i chwaer yn helaeth ar y cyfandir, a sefydlu, erbyn 1924, y casgliad mwyaf o weithiau argraffiadol ac ôl-argraffiadol Ffrengig ym Mhrydain. Ym 1907, cyflwynodd y tri ohonynt rodd o Labordy Cemeg newydd i Goleg Prifysgol Cymru, Aberystwyth, er cof am eu tad.

Prynwyd tŷ ac ystâd ysblennydd Gregynog gan David, Gwendoline a Margaret ym 1919 gyda'r bwriad o sefydlu canolfan ragoriaeth ar gyfer y celfyddydau, crefftau a cherddoriaeth a fyddai'n cyfoethogi bywydau pobl Cymru ar ôl y Rhyfel Byd Cyntaf. Daeth Gregynog yn enwog am weithgareddau cerddorol, gwasg argraffu arbennig ynghyd â chasgliad y chwiorydd o baentiadau gwreiddiol. Datblygwyd perthynas agos rhwng Gregynog a Choleg Aberystwyth, ac yn y pen draw ar ddiwedd y 1950au cymynroddwyd y tŷ a'r ystâd i'r Coleg. Yn ddigamsyniol, trwy rinwedd eu cyfoeth sylweddol iawn, ynghyd â'u cysylltiadau gwleidyddol ac artistig, daeth y teulu Davies Llandinam yn ddylanwad arwyddocaol ar ffyniant a datblygiad y Coleg. Mae'n wir hefyd nad oedd y chwiorydd yn swil o ran datgan eu barn hyd yn oed ar apwyntiadau allweddol i staff y Coleg.

Athro Cerdd cyntaf Aberystwyth ym 1873 oedd Joseph Parry, ond ar ôl chwe blynedd yn unig, symudodd i bethau eraill yn dilyn cryn feirniadaeth o gyfeiriad awdurdodau'r coleg am iddo dreulio mwy o amser yn hyrwyddo'i gyfansoddiadau a chrwydro Cymru gyfan yn hytrach nag ar ei waith yn y Coleg. Diflannodd Adran Gerdd y coleg ym 1880. Fel y nodwyd eisoes, ddwy flynedd yn ddiweddarach, penodwyd David Jenkins yn hyfforddwr a darlithydd, gan ddod yn Athro Cerdd ym 1910. Ym 1903, gwelwyd y myfyriwr cyntaf yn ennill y radd B.Mus. ym Mhrifysgol Cymru, a hynny o Goleg Aberystwyth. Ymhen rhai blynyddoedd daeth y myfyriwr hwnnw, David de Lloyd, yn Athro Cerdd y Coleg o 1927 i 1948.

Yn ystod cyfnod David Jenkins yn Aberystwyth, cyrhaeddodd y Ffrances, Lucie Hirsch (1875-1963) yno ym 1909, yn wraig i Athro Ffrangeg y Coleg, J L André Barbier (1879-1953). Yn gerddorwraig frwd, sefydlodd Music Club yn y Coleg ac, er dicter sylweddol o gyfeiriad David Jenkins ei hun, roedd 'Madame Barbier' fwy neu lai yn rheoli materion cerddorol y Coleg erbyn 1914. Yn unigolyn hynod egnïol, trefnodd wersi, datganiadau a chyngherddau gan wahodd rhai o ddatgeiniaid amlwg Ffrainc i berfformio. Nid oedd hynny at ddant pawb yn Aberystwyth, ond roedd y bwrlwm cerddorol a *mystique* 'Madame' yn apelio'n fawr at deulu Llandinam – cymaint felly iddynt gynnig symiau sylweddol i'r Coleg er mwyn hybu datblygiadau cerddorol, a hynny trwy ddenu mwy o dramorwyr. Er i rai Cymry ymddangos fel perfformwyr yng nghyngherddau Lucie Barbier, roedd arwyddocâd i'r dyhead yma i edrych y tu allan i Gymru am dalentau i 'arwain' datblygiadau cerddorol. Maes o law, cyrhaeddodd cerddorion ymhlith ffoaduriaid o wlad Belg yn dilyn dechrau'r Rhyfel Byd Cyntaf, gan ychwanegu at yr arlliw cyfandirol. Y gŵr a gafodd y cyfrifoldeb dros y ffoaduriaid yma, gyda chymorth sylweddol merched Llandinam, oedd Thomas Jones, un arall oedd i chwarae rhan arwyddocaol maes o law, yn stori Cadair Cerdd Aberystwyth.

Lladmerydd brwd dros syniadau merched Llandinam oedd Thomas Jones, a'i ddylanwad yn bellgyrhaeddol. Yn gyn-fyfyriwr yn Aberystwyth cafodd yrfa gychwynnol ddisglair fel academydd ym mhrifysgolion Glasgow a Belfast, cyn cael ei alw yn ôl i Gymru ym 1910 gan David Davies. Cymhelliad Davies ar y pryd oedd sicrhau gwasanaeth Tom Jones yn yr ymgyrch i ymladd y diciâu. Erbyn 1916, gyda David Davies, fel y gwelwyd, yn Ysgrifennydd Seneddol Lloyd George, roedd Thomas Jones yntau'n Is-ysgrifennydd y Cabinet. Roedd yn ŵr dylanwadol yn y Coleg yn Aberystwyth hefyd, un a ddaeth yn y pen draw yn Llywydd (1944-54). Roedd edmygedd y chwiorydd Davies ohono yn ddi-ben-draw, a gwrandawent yn ofalus ar bob gair o gyngor a ddeuai o'i enau.

Ym mis Gorffennaf 1916 derbyniodd Cofrestrydd y Coleg, John Humphreys Davies (1871-1926), ohebiaeth gan Gwendoline Davies, ar ei rhan hi a'i chwaer, yn awgrymu nawdd pellach i'r Coleg, heb glustnodi swm penodol. Serch hynny, rhoddwyd rhestr o flaenoriaethau'r ddwy, gan gynnwys prynu'r tir tu cefn i'r Llyfrgell Genedlaethol er mwyn adeiladu Neuadd er cof am fyfyrwyr a laddwyd yn y Rhyfel; ysgoloriaethau teithiol i fyfyrwyr; sicrhau'r goreuon i lenwi cadeiriau'r Coleg; ac yn allweddol, 'rhyw fath o gynllun cerddorol'. Tua'r un adeg, cyflwynwyd argymhelliad cryf gan Lewis Jones Roberts i J H Davies am olynydd teilwng i David Jenkins fel Athro Cerdd Aberystwyth, sef David Vaughan Thomas, gan ysgrifennu, 'Aberystwyth with him as its Music professor could hold up its head alongside Cardiff and Bangor'. Fel L J Roberts ei hun, byddai Davies hefyd wedi adnabod Vaughan Thomas ers dyddiau Cymdeithas Dafydd ap Gwilym yn Rhydychen. Mae'n fwy na thebyg y penderfynwyd gohirio unrhyw apwyntiad oherwydd sefydlu Comisiwn Haldane ar y pryd, ac yr ystyriwyd mai gwell fyddai aros am adroddiad y corff hwnnw cyn gwneud unrhyw beth ynghylch Cadair Cerdd Aberystwyth.

Gyda sefydlu'r Royal Commission on University Education in Wales dylid nodi nad oedd Lloyd George erioed yn edmygydd brwd o'r Colegau o fewn Prifysgol Cymru, a gwelwyd ei ddylanwad wrth sefydlu bwrdd y Comisiwn. Dau yn unig o'r aelodau oedd yn Gymry, sef O M Edwards a Henry Jones (1852-1922), athronydd ac ysgolhaig o fri, a gŵr hynod ddylanwadol o ran datblygiadau ym myd addysg a gwleidyddiaeth byd addysg yng Nghymru a thu hwnt. Treuliodd gyfnodau'n darlithio yn Aberystwyth, Bangor a St Andrews, gyda chyfnod hefyd yn Glasgow lle'r oedd Thomas Jones yn un o'i fyfyrwyr. Cadeirydd y Comisiwn oedd yr Arglwydd Haldane, un a fu ychydig cyn hynny yn aelod o'r Cabinet yn Llywodraeth Llundain. Yr arbenigwr ar y bwrdd o ran Cerdd oedd Henry Hadow (1859-1937), un a fu cyn ac wedi hynny yn ddaliwr nifer o swyddi rheoli mewn sawl coleg a phrifysgol yn Lloegr. Bu ei ddylanwad ar addysg gerddorol yn Lloegr yn aruthrol dros gyfnod maith a bu'n weithredol ar bwyllgorau a chomisiynau addysg niferus ar hyd y blynyddoedd. Yn awdur ar faterion cerddorol, ef oedd golygydd chwe chyfrol yr *Oxford History of Music* gwreiddiol, rhwng 1901 a 1905. Cafodd rhai o'i gyfansoddiadau cerddoriaeth siambr sylw yn ei flynyddoedd cynnar, er y pylodd ei enw da yn y cyswllt hwnnw yn y pen draw. O ystyried y cymhlethdod, y cysylltiadau a'r rhyngweithio rhyfedd rhwng cymeriadau gwahanol y ddrama ynglŷn â Chadair Cerdd Aberystwyth, mae'n werth sylwi mai Hadow oedd un o sylfaenwyr yr Oxford University Musical Union, lle bu Vaughan Thomas wrth gwrs yn aelod ac yn bianydd mewn sawl un o gyngherddau'r gymdeithas honno.

Mae'n amlwg mai barn Henry Hadow fyddai'n dylanwadu'n drwm ar argymhellion yn ymwneud â cherddoriaeth yn Adroddiad y Comisiwn. Pan gyhoeddwyd fersiwn terfynol yr Adroddiad ym 1918, awgrymwyd penodi

Cyfarwyddwr Cerdd i'r Brifysgol gyfan, a fyddai hefyd yn Gadeirydd ar Gyngor Cerdd newydd a oedd i'w sefydlu'n syth, gyda daliwr y swydd honno yn Athro Cerdd un o'r colegau cyfansoddol. Rhagwelwyd y byddai'r Cyfarwyddwr Cerdd yn gweithio gyda chefnogaeth Athrawon a chynorthwywyr o fewn y tri Choleg, gyda chydweithrediad yr Awdurdodau, yr ysgolion elfennol a'r uwchradd, yr Eisteddfod Genedlaethol, y Gymdeithas Alawon Gwerin, a chyrff tebyg eraill. Apeliai'r syniad o sefydlu Cyngor Cerdd i nifer, gan gynnwys y diwygiwr cymdeithasol, Daniel Lleufer Thomas, a oedd erbyn hyn yn Drysorydd Coleg Aberystwyth o 1915 hyd at 1929. Sylweddolodd sut y gallai'r Cyngor gefnogi ei gynlluniau arfaethedig i sefydlu dosbarthiadau i oedolion gan gynnwys cerddoriaeth, a fyddai'n gymorth i dawelu ar unrhyw aflonyddu ymhlith y gweithlu am gyflogau isel ac amodau gwaith annheg.

Fel gwelwyd eisoes, nid oedd Bangor wedi cychwyn cynnig graddau mewn Cerdd bryd hynny; David Evans oedd yng Nghadair Cerdd Caerdydd ers 1908; ac wrth gwrs roedd Cadair Cerdd Aberystwyth yn dal yn wag. Nid afresymol felly oedd meddwl mai'r dewis amlwg ar gyfer y swydd allweddol a dylanwadol newydd dros y Brifysgol gyfan fyddai'r Athro Evans. Wedi'r cyfan, roedd Caerdydd fel canolfan yng nghanol bwrlwm poblogaeth de ddwyrain y wlad, a'i deffroadau cerddorol graddol hithau a'r cymoedd cyfagos yn cynnig ardal ddelfrydol i ledaenu cynlluniau a dyheadau newydd. Ar yr un pryd, beth oedd ym meddwl Vaughan Thomas wrth ddarllen Adroddiad Haldane? Byddai wedi astudio hwnnw, mae'n rhaid, yn ystod ei waith llafurus fel arolygydd, a sylwi bod llawer o'i gasgliadau yntau yn adlewyrchu tipyn o'r hyn oedd yn ymddangos fel argymhellion yn adroddiad y comisiwn o dan ddylanwad Hadow. Ers dyddiau Rhydychen roedd yn hen gyfarwydd gydag unigolion o ddylanwad, fel O M Edwards, L J Roberts, J H Davies a hyd yn oed Hadow ei hun. Mae hyd yn oed yn bosib ei fod hefyd yn ymwybodol bod Roberts wedi ei gymeradwyo i Davies, flynyddoedd yn gynt, fel olynydd

teilwng i David Jenkins yn Aberystwyth. Beth bynnag am
hynny, wrth symud ymlaen i ystyried y penodiadau
angenrheidiol, dyma weld grym sylweddol yn cyfuno, sef
teulu cyfoethog Davies Llandinam, David Lloyd George,
Haldane, Hadow a Thomas Jones, gyda Lleufer Thomas
hefyd yn cynorthwyo yn y cysgodion, ac nid oedd enw
Vaughan Thomas yn rhan o'u cynllun, neu eu 'cynllwyn' fel
y byddai rhai yn lled awgrymu. Wedi'r cyfan, roedd plot
wedi ei ddeor yn y dirgel ymhell cyn cyhoeddi fersiwn
terfynol o Adroddiad Haldane ym mis Chwefror 1918. Mae'n
wir dweud y cyhoeddwyd 'adroddiad cyntaf' fis Mawrth
1917, ond wrth gwrs, tra'n trafod y posibiliadau o greu
strwythur newydd i gerddoriaeth o fewn y Brifysgol, wrth
reswm nid oedd trafod enwau ymgeiswyr arfaethedig yn
briodol o gwbl – o leiaf ddim yn swyddogol.

Ond yn answyddogol roedd gan Hadow yn sicr gerddor
penodol mewn golwg eisoes, ac roedd Thomas Jones yn
barod iawn i'w gymeradwyo, a merched Llandinam yn barod
i'w rwydo gyda'u nawdd sylweddol, ac nid oedd ei enw'n
anhysbys i Lloyd George chwaith. Yn fwy na hynny, ym 1917
bu Hadow yn brysur yn trafod yn uniongyrchol gyda'r gŵr
dan sylw am y posibiliadau o'i ddenu i Gymru, gan mai
cerddor o Loegr oedd Henry Walford Davies (1869-1941).
Aeth y trafodaethau'n fanwl, gan ystyried yn y lle cyntaf y
Gadair yn Aberystwyth, ac wedyn y swydd o Gyfarwyddwr
Cerdd dros y Brifysgol gyfan a'r Cyngor Cerdd newydd. Y
llinell gyswllt gyda merched Llandinam, wrth gwrs, oedd
Thomas Jones, ac yntau'n mwynhau adrodd yn ôl iddynt
ddatblygiadau diweddaraf y trafodaethau rhwng Hadow a
Davies, er iddo alw Walford yn 'Walter' mewn un llythyr, a
'Waldorf' mewn un arall! Fwy neu lai, cafodd Walford
Davies ddewis, ac nid yw'n syndod iddo ddweud y byddai'n
hapus i ymgymryd â'r ddwy swydd. Efallai mai yma y
gwelwyd ffolineb penodi dim ond dau Gymro i Fwrdd
Comisiwn Haldane, gan fod modd i'r Bwrdd anwybyddu
unrhyw sylwadau am ddoethineb apwyntio Cymry i'r
swyddi. Erbyn Ebrill 1918, roedd Walford Davies wedi

cytuno i dderbyn y ddwy swydd petaent yn cael eu cynnig iddo, ychydig wythnosau cyn i Vaughan Thomas gychwyn ar ei waith fel arolygydd ysgolion – trefniant dan din a dweud y lleiaf. Ym mis Tachwedd, apwyntiwyd Davies i'r 'Directorship' gan Lys y Brifysgol; ac yn fuan wedyn fe'i hetholwyd i Gadair Cerdd Aberystwyth – nawr Cadair Cerdd Gregynog – gyda bendith Lleufer Thomas a Phrifathro'r Coleg, Thomas Francis Roberts (1860-1919). Cythruddwyd Vaughan Thomas a'i gefnogwyr lluosog. Roedd y pryder am adweithio negyddol posib yn Aberystwyth a thu hwnt yn amlwg, ac mewn llythyr at Thomas Jones, ysgrifennodd J H Davies, gyda thinc nawddoglyd:

> Y mae'n debyg nad oes modd cael Vaughan Thomas i mewn. Pe caem ef hefyd byddai ein sefyllfa'n gryf iawn mewn cylchoedd Cymreig, oherwydd yn feddyliol y mae yn tra rhagori ar y cerddorion eraill ac y mae'r creadur yn medru Cymraeg.

Mewn ymdrech i hyrwyddo hygrededd a didwylledd y penodiad newydd, aethpwyd ati mewn ambell gyhoeddiad i hawlio Walford Davies fel cydwladwr. 'Cymro yw y doctor er wedi ei eni yng Nghroesoswallt; ond o'r tu allan i Gymru y mae wedi byw', meddai gohebydd *Y Cymro*, braidd yn ddryslyd. Llai argyhoeddiadol fyth oedd gohebydd y *Llangollen Advertiser*, wrth gyfeirio at Gymreictod simsan y 'doctor'. Meddai hwnnw amdano:

> He is a native of Oswestry, a town which, especially in the past, has done much to encourage and stimulate the development of music along the Welsh border, and it was through the influence of a notable musician, who made his home in Wales, the late Mr. Henry Leslie, of Bryntanat, that the then very youthful 'Director' was introduced to the wider world of music... In accepting office Dr. Davies will, in a sense, be repaying Wales for

what she has done for him, and his services in return will be all the more valuable, because, he couples with the wider experience he has since gained a due appreciation, borne of his old knowledge, of the weaknesses as well as the strength of Welsh musical tradition and execution.

Gan gofio mai Thomas Jones oedd golygydd cyntaf y cylchgrawn *Welsh Outlook*, cyhoeddiad a ariannwyd yn hael iawn gan David Davies, nid syndod oedd darllen ynddo bod Walford Davies yn Gymro i'r carn:

To-day we offer our heartiest congratulations to the University of Wales, and to Wales generally, upon the appointment.....of so eminent a musician as Dr. Henry Walford Davies, a Welshman, of whose attainments his fellow countrymen are pardonably proud.

Agosach at y gwirionedd oedd sylw H C Colles (1879-1943) yn ei fywgraffiad o Walford, lle dywed, 'Walford used to say that he believed he was one-eighth Welsh'. Os oedd amheuaeth am ei dras Gymreig, nid oedd unrhyw ddadlau am ei allu fel cerddor amryddawn, na'i brofiadau cynnar trawiadol. Ym 1882, enillodd le yng Nghôr St George's, Windsor, ac o 1885 hyd at 1890, bu'n organydd cynorthwyol i Syr Walter Parratt (1841-1924) yng Nghapel Brenhinol St George, gan weithredu hefyd fel organydd Capel Brenhinol London Park. Enillodd ysgoloriaeth mewn cyfansoddi i'r Coleg Cerdd Brenhinol ym 1890, gan fynd yn athro gwrthbwynt yno ym 1895. Bu'n organydd a chôr-feistr mewn sawl eglwys bwysig arall yn Llundain gan gynnwys y Temple Church o 1898 hyd at 1923.

Yn ystod y Rhyfel Byd Cyntaf ymunodd Davies â'r 'Pwyllgor Cerddoriaeth yn Ystod y Rhyfel', ac ym 1918 fe'i penodwyd yn gyfarwyddwr cerddoriaeth y Llu Awyr Brenhinol. Sefydlodd Ysgol Gerdd yr RAF a chyfansoddodd yr enwog 'Royal Air Force March Past' a glywir hyd heddiw mewn dathliadau milwrol amrywiol. Maes o law ym 1922 fe'i hurddwyd yn farchog yn rhestr anrhydeddau ymddiswyddiad David Lloyd George. Yn gyfansoddwr toreithiog, mwynhaodd Davies ei lwyddiant mwyaf sylweddol ym 1904, gyda'i gantata *Everyman*, yn seiliedig ar y ddrama foes o'r 15fed ganrif o'r un enw. Yn ogystal, derbyniodd lawer o gomisiynau o bwys gan wyliau, corau a cherddorfeydd. Mae ei weddi fer, 'God Be in My Head', y 'Solemn Melody' a'i osodiad hyfryd o'r garol 'O little town of Bethlehem' wedi dal yn boblogaidd ar hyd y blynyddoedd. Yn y pen draw, ymddiswyddodd Davies fel Athro Cerdd Aberystwyth ym 1926, ar ôl derbyn swydd Athro Cerdd Gresham ym Mhrifysgol Llundain ym 1924, ond arhosodd fel Cadeirydd y Cyngor Cerddoriaeth Cenedlaethol am weddill ei oes. Ar farwolaeth Syr Edward Elgar ym 1934, penodwyd Davies i'w olynu fel 'Master of the King's Music'. Heb os nac oni bai, cafodd yrfa ddisglair, ac erbyn 1918 roedd eisoes ers blynyddoedd yn gerddor cydnabyddedig ac enwog yn Lloegr, ac mae'n rhaid dweud hefyd, yn adnabyddus ddigon o fewn Cymru.

Roedd Vaughan Thomas a Walford Davies yn adnabod ei gilydd yn iawn, yn bennaf wrth iddynt gyd-feirniadu yn yr Eisteddfod Genedlaethol. (Cofier hanes Eisteddfod Genedlaethol y Fenni ym 1913.) Mae'n deg dweud eu bod yn parchu ei gilydd fel cerddorion. Ond cerddor yn perthyn i'r sefydliad Seisnig a Saesneg oedd Walford Davies, a gwreiddiau Vaughan Thomas, er gwaethaf ei addysg yn Rhydychen, yn ddwfn yn y Gymru Gymraeg, a hanes, diwylliant a thraddodiadau'r genedl. Yn dilyn penodiadau Davies i'r Gadair yn Aberystwyth ac yn Gyfarwyddwr Cerdd y Brifysgol gyfan, gwelwyd dwy garfan o gefnogwyr gwrthwynebol yn datblygu, gyda'r ymryson rhyngddynt fwy neu lai ar sail cenedlaetholdeb. Gwelwyd eisoes pwy oedd cefnogwyr brwd a dylanwadol Davies, ac nid oedd cefnogwyr niferus Vaughan Thomas yn dod yn agos at feddu'r un grym. Dadansoddiad braidd yn amrwd ac arwynebol oedd awgrymu mai unig nod Davies oedd gwthio traddodiad cerddorol cyfandirol Almaenaidd ei ddylanwad yn arbennig, tra nad oedd Vaughan Thomas ond yn gweld rhinwedd mewn datblygu traddodiad cynhenid Cymreig a Chymraeg. Dro ar ôl tro, ac ar hyd y blynyddoedd, wrth hyrwyddo'i weledigaeth o gerddoriaeth, bu Vaughan Thomas yn ofalus i bwysleisio, wrth barchu a datblygu traddodiad cerddorol Cymru, na ddylid esgeuluso astudio a gwerthfawrogi'r datblygiadau tu hwnt i'w ffiniau yng ngwledydd amrywiol y cyfandir yn ogystal â Lloegr.

Heb unrhyw amheuaeth, bu teyrnasiad Walford Davies fel 'arweinydd cerddorol' yng Nghymru yn un hynod lwyddiannus, gyda nifer sylweddol o ddatblygiadau cyffrous amrywiol; syniadau gwreiddiol, trawiadol; mentrau ysgogol; a chynlluniau wnaeth ennyn diddordeb ar draws y wlad. Roedd yntau ei hun yn bersonoliaeth gref, yn gyfathrebwr heb ei ail, a'i frwdfrydedd yn heintus, ac yn bwysig iawn, roedd ganddo'r gallu i ysbrydoli eraill. Yn hyn o beth, llwyddodd i ddenu talentau trawiadol i'w gynorthwyo yn yr hyn a alwyd gan Colles, 'the Welsh Mission'. Daeth Charles Maclean, gynt o Ysgol Porthmadog lle bu Vaughan Thomas yn arolygu, yn Ysgrifennydd i'r Cyngor Cerdd newydd – penodiad doeth ac yntau'n Gymro Cymraeg. Un arall a ymunodd a'r 'genhadaeth' oedd W M Williams, sylfaenydd côr bechgyn rhyfeddol Romilly yn y Barri, a thad Grace, a oedd i dyfu'n un o gyfansoddwyr pwysica'r genedl. Dipyn yn hwyrach ym 1927, penodwyd yr addysgwr cerdd talentog, J Bumford Griffiths yn Drefnydd Cerdd Cynorthwyol Cymru, unwaith eto gyda nawdd 'merched Llandinam'. Gwelwyd dylanwad y colegau o fewn y Brifysgol ar gynnydd hefyd, gyda'u hofferynwyr yn teithio'r wlad mewn grwpiau siambr i ysbrydoli ysgolion a chymunedau amrywiol trwy gyfrwng eu perfformiadau. Gwnaeth Walford benderfyniadau craff yn Aberystwyth wrth benodi David de Lloyd a Charles Clements (1898-1983) i'r Adran Gerdd yno.

Er iddo deimlo'r ergyd ddwbl pan gyhoeddwyd Walford Davies fel Athro Cerdd Aberystwyth a Chyfarwyddwr y Cyngor Cerdd newydd, tawedog oedd ymateb Vaughan

Thomas yn nyddiau cynnar teyrnasiad Walford, ac fe dderbyniodd sedd ar y Cyngor. Mewn ymdrech i gadw'r ddysgl yn wastad, gwnaeth rhai pobl ddylanwadol ymdrech i sefydlu rhywfaint o gydbwysedd yn y ddadl oedd yn raddol ffrwtian dan y wyneb. Nododd L J Roberts pa mor ffodus oedd Cymru i gael cewri fel Davies a Thomas i arwain y datblygiadau cerddorol yn y wlad, gan fynd mor bell ag awgrymu pe byddai pwysau'r ddwy swydd yn datblygu i fod yn rhy drwm, efallai y gwelid Cadair Aberystwyth yn wag unwaith eto. Ond mewn gwirionedd, doedd dim lleddfu i fod ar y boen a deimlai Vaughan Thomas, ac ar ôl dim ond ychydig o amser, ymddiswyddodd o'i le ar y Cyngor, gyda rhai'n awgrymu nad oedd ymarweddiad rhwysgfawr Walford Davies yn rhywbeth y gallai ei dderbyn. Ac fe ddechreuodd y 'ffrwtian' ferwi!

Dan yr amgylchiadau llawn tensiwn, doeth fyddai i bawb droedio'n ofalus wrth ddatgan barn ar anghenion cerddorol y genedl, gan osgoi beirniadaeth ansensitif. Ond wele adroddiad yn y *Cambria Daily Leader* ym mis Tachwedd 1919, yn disgrifio cyfarfod yn Abertawe i sefydlu cangen o'r British Music Society yn y dref. Y prif siaradwr oedd yr Arglwydd Howard de Walden (1880-1946). Meddai'r gohebydd:

> Lord Howard de Walden said the trouble was that Wales was a little too satisfied with its own music, and if it continued so and wished to bear comparison with any other nation in the world it might have a very severe fall, because, he supposed, Wales was one of the most backward of countries in this respect. Orchestral music was practically unknown because there was no orchestra in Wales; and chamber music unknown because there was little instrumental playing.

Yn rhinwedd ei swydd yn arwain y Cyngor newydd, roedd Walford Davies yno, ac roedd ganddo gyfle i leddfu rhywfaint ar naws feirniadol araith de Walden trwy ddewis ei eiriau'n ofalus. Gallai fod wedi gwella'i ymdrech. Meddai'r gohebydd eto:

> Dr. Walford Davies said his conviction was that Wales was one of the most musically gifted, but one of the musically uneducated [nations]. He begged them to leave off singing for a bit .... they must begin to drink at the pure fount of abstract music.

Roedd Vaughan Thomas hefyd yn bresennol, ac yn fwy na pharod i ddweud ei ddweud, a hynny, nid yn unig gyda hyder amlwg, ond hefyd gyda thipyn o ffyrnigrwydd:

> Dr. Vaughan Thomas said that if the psychology of Wales were known he did not think Wales would be found quite so backward musically as Lord Howard de Walden had said, and he quoted titles of the biggest works of some of the living composers, produced in Swansea, to prove this. The idea that they were thoroughly backward people was hardly likely to provoke the enthusiasm they wanted to provoke by that meeting. The great evil in Wales was the stabbing behind their backs the people who pretended to be their friends but were their enemies. They must kill that, and the only way was to be proud of themselves, and not to kow-tow to everything English.

Efallai am y tro cyntaf yn ei yrfa, dyma'r gŵr a ddisgrifiwyd gan lawer fel personoliaeth hynaws a mwyn, yn dangos ochr arall i'w gymeriad wrth ddirnad ymosodiad ar ei gyd-Gymry, ei genedl a'i thraddodiadau – a dim ond megis dechrau oedd hwn. Daeth cefnogaeth o sawl cyfeiriad; meddai un llythyr yn *Y Darian*:

> Credaf nad oes arnom heddiw angen gofyn i ddieithr-ddyn uniaith, a honno yn estronol, i'n cyfarwyddo, a, chennym eisoes gerddorion allasai lanw lleoedd hyn

gydag urddas. Yn Abertawe yn ddiweddar fe'n cyhuddwyd ni o fod yn anwybodus mewn cerddoriaeth ac yn y blaen, fel y mae arfer ambell Sais, os bydd am i ni gredu ein bod ar ôl cenhedloedd eraill.... Yr wyf o galon yn diolch i Dr. Vaughan Thomas am sefyll fel dyn o ochr ei wlad.....Blin yw meddwl bod rhai o'n cerddorion ni, efallai, yn rhy wasaidd i'r doethion hyn sydd beunydd yn pregethu bod Cymru yn anwybodus.

Datblygodd dwy garfan ymgloddedig! Wrth iddo ailgydio yn ei amserlen brysur o arwain, beirniadu, darlithio, dysgu a chyfansoddi, nid syndod oedd gweld Vaughan Thomas yn gwrthod gwahoddiadau Walford i ymuno â'r Adran Gerdd yn Aberystwyth. Nid syndod chwaith oedd ei weld yn manteisio ar bob cyfle cyhoeddus i fynegi ei farn yn ddi-flewyn-ar-dafod. O fewn wythnos, dyma'r *Leader* eto'n adrodd:

Addressing an audience at Pontlottyn on 'Appreciation of Music', Dr. Vaughan Thomas, M.A. Swansea, greatly regretted that people went about casting reflections upon Wales and her music, as evidently those persons knew but little of the headway made in this direction in the Principality.

Hwn oedd prif bwynt allweddol Vaughan Thomas. Roedd yn cydnabod yr angen i Gymru ddatblygu'n gerddorol. Onid oedd wedi nodi hynny droeon, gan gynnwys yn ei adroddiad fel arolygydd? Ond roedd yn argyhoeddedig o'r camau a gymerwyd eisoes – y gweithiau estynedig o sylwedd a ddewiswyd bellach i'w perfformio; y twf mewn cerddoriaeth offerynnol a cherddorfaol; cyngherddau o safon; cerddorion brodorol yn cael addysg gerddorol o'r safon uchaf, yn aml yn Lloegr, neu hyd yn oed ar y cyfandir; a gwawrio cenhedlaeth newydd o gyfansoddwyr. Ac wrth gwrs, bu hyn heb unrhyw fuddsoddiad ariannol tebyg i'r hyn oedd bellach ar gael.

Yn naturiol, doedd dim yn mynd i bylu brwdfrydedd

Walford Davies, a bwriodd ati i esbonio'i weledigaeth mewn araith yn Aberystwyth, gan ymhelaethu'n bellach yn Eisteddfod Genedlaethol y Barri ym 1920. Erbyn hynny, roedd yn aelod o bwyllgor yr Ŵyl ac yn beirniadu yno hefyd yng nghwmni'r Athro David Evans, ac yn ddiddorol, Ralph Vaughan Williams (1872-1958), un o gyfansoddwyr amlycaf Lloegr. Gwelodd tref y Barri ddatblygiadau cerddorol cyffrous iawn yn y blynyddoedd cyn ymweliad yr Eisteddfod, ac nid oedd yn syndod i'r Ŵyl honno dystio i flaengareddau diddorol o ran dewis darnau prawf, rhaglenni cyngherddau a phresenoldeb y London Symphony Orchestra, gyda chyfeilio i'r corau a gystadlai yn y brif gystadleuaeth ymhlith dyletswyddau'r gerddorfa. Serch hynny, gwelwyd cecru o ambell gyfeiriad, unwaith eto oherwydd diffyg parch dyledus i gerddoriaeth Gymreig a Chymraeg. A dweud y gwir, daeth yr Eisteddfod Genedlaethol ar ddechrau'r 1920au yn fodd i ddarparu llwyfan priodol i'r ymryson geiriol rhwng cefnogwyr Davies ar yr un llaw, a Thomas ar y llaw arall.

Yn Eisteddfod Caernarfon ym 1921, procio'n gymharol ysgafn mewn beirniadaeth wnaeth Vaughan Thomas wrth sôn am berfformiadau yn yr iaith Saesneg. Os mai cynhyrfu'r wasg Saesneg holl bresennol oedd ei fwriad, llyncodd gohebydd y *Musical Times* yr abwyd:

> Dr Vaughan Thomas pointed out that English choirs singing in English had some advantage over the Welshmen. In this connection, he himself remarked that he knew his own accent was not very good; but he said he rather liked the idea that his Welsh origin should be betrayed by his speech. Here it should be remarked in passing, is another instance of nationalism carried to excess. The learned Doctor can surely not have reflected on the full implication of what he said.

Hwyrach bod y 'learned Doctor' wedi ystyried a deall y 'full implication'. Mewn cyfarfod o'r Cymrodorion yn

Eisteddfod Rhydaman ym 1922, cynhaliwyd sesiwn (yn Saesneg) i drafod beirniadaeth gerddorol a llenyddol yng Nghymru. Yn ei bapur ef, ni wnaeth Vaughan Thomas unrhyw ymdrech i dawelu'r dyfroedd wrth ymosod ar yr hyn a ddisgrifiodd fel 'ymyrraeth o'r tu allan'. Nododd yr angen yn ei farn ef:

> 'to assist English critics who did not know the Welsh language to achieve a more intelligent grasp of the problem of art criticism among a people, who in spite of agencies tending to confuse issues under the appearance of advancing the cause of Welsh education, were in language, temperament, ideals and psychology sufficiently distinct from other nations to warrant special training and sympathy for its exercise.

Yn anffodus, ni chyfyngwyd yr ymryson i'r geiriol yn unig. Yn Eisteddfod yr Wyddgrug ym 1923, sefydlodd yr Orsedd 'Fwrdd Cerdd' gyda Vaughan Thomas yn Gadeirydd. Yn eironig, bu Walford yn cwyno ers tipyn nad oedd modd i'r Cyngor Cerdd ddylanwadu ar gerddoriaeth yr Eisteddfod. Yn yr un Ŵyl sefydlwyd y Society of Welsh Musicians, gyda Vaughan Thomas fel Llywydd. Mae'n anodd dweud a oedd y datblygiadau yma wedi cyfrannu at gynnydd yng ngreddf ymwthiol mynychwyr y Brifwyl, ond yn y cyngerdd olaf oll, aeth pethau dros ben llestri. P'un ai nad oedd cerddoriaeth *Dioddefaint Sant Mathew* J S Bach wrth ddant y gwrandawyr, neu ai gweld Walford yn arwain oedd yn eu cythruddo, gwegian gwnaeth y perfformiad, gydag ymddygiad y dorf yn anwaraidd a dweud y lleiaf. H C Colles, bywgraffydd Walford sy'n adrodd yr hanes:

> The scene is a huge marquee set up in a wet field; its benches crowded with thousands of people of the sort to whom the National Eisteddfod is the great musical orgy of the year... Walford on a high rostrum surrounded with choir and orchestra in the far distance... The

orchestra began its distant wail.... though with shuffling signs of discontent in my neighbourhood... Then came.... the first chorale which nobody seemed to know or want to know. Walford stopped and spoke to the people, told them of the careful preparations made that at least a large proportion of the congregation should know tune and words. They must lead the others. So the performance proceeded, penetrating with difficulty to the far end of the marquee where arose increasing symptoms of dissent, amounting at last to open rebellion by an outbreak of 'Land of my fathers'.

Mae gohebiaeth y cyfnod rhwng Vaughan Thomas a Walford Davies yn llawn tensiwn, er mae'n deg dweud, o'r ddau, mai Walford oedd yn llawer mwy parod i gymodi. Yn dilyn ymddiswyddiad Vaughan Thomas o'i le ar y Cyngor Cerdd ym 1920, ysgrifennodd Walford Davies yn ymbil arno newid ei feddwl, gan erfyn yn daer arno i gydweithio. Ni wnaeth, gan aros y tu allan i gyfundrefn newydd Walford. Ar ddechrau 1922, mewn llythyr unwaith eto, esboniodd Thomas, 'The nation looks for a more characteristic Welsh utterance in its music and to its leaders to support it'. Dros y flwyddyn nesaf gwelwyd ymdrechion pellach ar ran Walford Davies i swyno'i *nemesis*, ond doedd dim yn tycio, ac ysgrifennodd Thomas ato ym 1923:

I appreciate your admission of my capabilities which official musical Wales, however, has failed to acknowledge after twenty years of public work in Wales, before the advent of organised effort supported by powers such as have never been at the service of any Welsh musician in the country's history.

Mae ei ddadl yn ddiamwys ac eglur, ond wrth ymhelaethu ymhellach yn yr un llythyr, mae'n colli rheolaeth, a'i eiriau'n ymylu ar y niwrotig:

I feel that a deliberate but unsuccessful effort has been made by my enemies (and I have some, very secretly entrenched even in official musical Wales), to damage my reputation and curtail my opportunities for public work.

Nid dim ond Aberystwyth oedd yn ei feddwl. Agorwyd pedwerydd Coleg Prifysgol Cymru yn Abertawe ym 1920 heb unrhyw sôn am ddarpariaeth gerddorol. Tua'r un adeg penderfynwyd sefydlu canolfan gerdd ar raddfa fechan i gychwyn yng Ngholeg Bangor, fel rhan o gynlluniau'r Cyngor. Dim ond tanlinellu pryderon Vaughan Thomas am weld sefydlu monopoli estronol a wnaeth awgrymiadau cychwynnol Walford Davies ar gyfer y swydd o Gyfarwyddwr yno. Awgrymodd Davies, efallai gyda'r un dadleuon ag a welwyd am ei Gymreictod amwys yntau ei hun, sef eu cysylltiadau Cymreig niwlog, y byddai Vaughan Williams neu Herbert Howells (1892-1983) yn addas ar gyfer y swydd. Heb ddifrïo doniau digamsyniol y ddau gyfansoddwr Seisnig, braidd yn simsan oedd y rhesymeg tu cefn i'r awgrymiadau. Yn y diwedd, penodwyd hen gyfaill Vaughan Thomas o ddyddiau Dowlais, E T Davies, i'r swydd, ac ni fu unrhyw rwgnach am hynny. Bu yno am ugain mlynedd, ond ni chynigiwyd Cadair iddo fyth.

Gyda'i rwystredigaeth yn amlwg erbyn 1924, ysgrifennodd Walford Davies at Vaughan Thomas gan eiriol, 'Dear man, when shall we understand each other? It clearly is not for want of trying on both sides'. Er i'w perthynas wella am gyfnod byr, cododd y strach rhyfeddaf ym 1926, gydag arian yn asgwrn y gynnen. Erbyn hynny, roedd Vaughan Thomas wedi derbyn gwahoddiad Walford i ddirprwyo drosto mewn cyfres o ddarlithiau mewn ysgolion yng nghymoedd y de, gyda rhyw fath o 'gentleman's agreement' ynglŷn â ffioedd a chostau. Yn absenoldeb unrhyw gytundeb ffurfiol, ysgrifenedig, roedd y perygl o gamddealltwriaeth yn amlwg rhwng dau oedd yn dal i ddrwgdybio'i gilydd. Cwynodd Vaughan Thomas fod

Walford wedi torri ei air trwy dalu llai o arian, a gwnaeth hwnnw'r gwall, mewn llid siŵr o fod, o ddirprwyo datrys yr anghydfod i'w ysgrifennydd, Charles Maclean. Gwnaeth ymgais deg, a chael ymateb gan Vaughan Thomas:

> The arrangements between Sir Walford Davies and myself regarding fees for my lectures were private.... I think any comment by yourself is to say the least an intrusion.

Ymateb cwta Maclean oedd, 'Your remark as to my intrusion was quite uncalled for'.

Ar hyd y blynyddoedd yma, câi unigolion dylanwadol eu denu i gefnogi Davies a Thomas fel ei gilydd. Er enghraifft, bu W S Gwynn Williams (1896-1978), golygydd *Y Cerddor Newydd*, yn ddraenen gyson yn ystlys Walford. Ar yr un pryd, gwelwyd nifer o gerddorion Cymru yn ymuno'n frwd gydag ymgyrchoedd Cyfarwyddwr y Cyngor. Wedi'r cyfan roedd y momentwm, a'r arian, o'i blaid. I Vaughan Thomas, annisgwyl, mae'n siŵr, fyddai cael lladmerydd i'w ddyheadau â'r enw, os yn gredadwy – Leigh Francis Howell Wynne Sackville de Montmorency Vaughan Henry. Roedd Leigh Henry (1889-1958) yn awdur beirniadol toreithiog ac adnabyddus ar gerddoriaeth, ac yn gyfansoddwr achlysurol. Ysgrifennai i lawer o gyfnodolion cerdd Lloegr, a bu am gyfnod yn feirniad cerdd y *Western Mail*. Yn unig fab i John Henry, canwr a cherddor o Borthmadog, roedd yn awdur craff ar faterion cerddorol, gan ymhyfrydu yn ei dreftadaeth Gymreig. Yn aelod o'r Orsedd ac yn ffigwr cyfarwydd yn yr Eisteddfod Genedlaethol, roedd hefyd yn darlledu ar y radio, ac wedi arwain sawl perfformiad cerddorfaol ar gyfer y teulu brenhinol. Mae'n bur annhebyg y byddai Vaughan Thomas wedi ymfalchïo yn ei gefnogaeth yn y 1930au, oherwydd erbyn hynny, er bod yr union fanylion braidd yn niwlog, roedd Henry yn cael ei fonitro gan y gwasanaethau cudd fel cefnogwr ffasgaidd, gwrth-Semitig a chefnogwr brwd o Adolf Hitler a chyfundrefn y Natsïaid, gan hyd yn oed dreulio peth amser yn y carchar. Roedd yr awdurdodau o'r farn ei fod yn beryglus, er bod eraill wedi ei ddisgrifio fel ecsentrig a ffantasïwr. Beth bynnag yw'r gwir, yn y 1920au, roedd yn gadarn yn perthyn i garfan cefnogwyr Vaughan Thomas, ac yn ddiau roedd yn ddylanwadol yn hyn o beth.

Cerddor a botanegwr oedd J Lloyd Williams (1854-1945) a ddaeth yn Athro Botaneg yn Aberystwyth ym 1915 ar ôl cyfnod yn ddarlithydd ym Mangor. Gwnaeth waith sylweddol a gwerthfawr wrth gasglu hen alawon gwerin, ac ef sefydlodd Gymdeithas Alawon Gwerin Cymru ym 1906, a golygodd ei chylchgrawn o 1909 hyd at ei farwolaeth. Yn un o ddilynwyr ymroddedig Walford Davies, aeth yn olygydd *Y Cerddor* ym 1931 yn dilyn diflaniad *Y Cerddor Newydd* ym 1929, cylchgrawn a fu mor gefnogol i Vaughan Thomas. Yn ei ysgrif ar gyfer rhifyn coffa *Tir Newydd* i Vaughan Thomas ym 1939, gofynnodd J Lloyd Williams y cwestiwn, 'Ai ar Gymru'n unig yr oedd y bai?' Mae'n fwy na phosib bod Williams wedi ei siomi na fu Vaughan Thomas yn fwy cefnogol yn ymarferol i gasglu a diogelu cyfoeth alawon gwerin y genedl, ac yn ei ysgrif, er yn cydnabod talent ac ysgolheictod Vaughan Thomas, ymosododd yn ddidrugaredd ar yr hyn roedd yn ei weld fel diffyg aeddfedrwydd yn ei safiad adeg penodiadau Aberystwyth a'r Cyngor. Meddai:

Ond ai tybed bod y genedl yn haeddu'r holl feio? Onid oedd y cerddor ei hun i raddau yn gyfrifol am y ffaith na chafodd y genedl mo'r budd a ddisgwyliai o dalentau mor ddisglair?... Tueddai ar brydiau i roddi mwy o le i'w deimlad personol nag i reswm... Siom fawr iddo oedd peidio cael ei benodi'n Gyfarwyddwr Cerdd i Gymru. Ond nid gwaith gŵr doeth ydoedd sorri, a chilio i'w ogof... A phe profasai fod ynddo ddigon o'r *statesman* doeth i anwybyddu siom a sarhad ac i ymdaflu i'r gwaith, a'i olwg yn unig ar ddatblygu diwylliant cerddorol y genedl, teimlaf yn sicr, pe bai wedi cael byw, y buasai'r wlad a'i llygad arno ac yn barod i roddi lle anrhydeddus iddo, – lle teilwng o'i dalentau.

Yn ei gyfrol, *D Vaughan Thomas*, mae Emrys Cleaver yn fwy na pharod i amddiffyn goddrych ei fywgraffiad, ac ar yr un pryd i gyfeirio at elfen o ragrith yng ngosodiad J Lloyd Williams:

> Peth arall annheg iawn hefyd oedd ei gyhuddo o 'sorri a chilio i'w ogof' fel dywed J Lloyd Williams…. Hyd yn oed os oedd y cyhuddiad yn wir amdano, anghofia J Lloyd Williams yr elfen ddynol sydd cyn gryfed yn y doethaf o ddynion ag ydyw yn yr annoeth. Cofiaf Dr J Lloyd Williams ei hun yn 'sorri a chilio i'w ogof' unwaith mewn Pwyllgor Cerdd pan fethodd a chael ei ffordd ei hun!

Oferedd yw gofyn beth petai. Ond wrth derfynu'r stori am Gadair Cerdd Aberystwyth, mae'n werth dyfynnu sylwadau Ian Parrott (1916-2012), ei hun yn ddiweddarach yn ddaliwr Cadair Gregynog o 1950 hyd at 1983. Yn ei lyfr *The Spiritual Pilgrims*, meddai:

> David de Lloyd was already doing all the degree work at the College for Walford, his main enthusiasm being for quiet study and composing – Walford had not been a fluent academic student himself, having had some difficulty with both B.Mus. and D.Mus. exercises in his time.

Ymhelaethodd Colles ar hyn, gan esbonio mai cantata ar eiriau Matthew Arnold, *The Future*, oedd 'Exercise' Walford ar gyfer y B.Mus. yng Nghaergrawnt (1889). Methodd. Gyda gwaith technegol ychwanegol dan adain Hubert Parry, enillodd y radd ryw ddwy flynedd yn ddiweddarach. Aeth Colles ymlaen i ddisgrifio sut y bu i Walford, wrth fentro ar ei D.Mus. ym 1896, fethu ar wrthbwynt. Mater o gryn embaras oedd hwn, gan mai ef, fel y nodwyd eisoes, oedd yn gyfrifol am ddysgu gwrthbwynt yn y Coleg Cerdd Brenhinol bryd hynny. Teimlodd y peth i'r byw gan fynd mor bell â chynnig ei ymddiswyddiad o'r Coleg. Ni dderbyniwyd hwnnw, ond yn anffodus roedd newyddion drwg pellach i ddilyn ynglŷn â'r ddoethuriaeth. Ar gyfer ei 'Exercise' y tro hwn cyfansoddodd oratorio fer, *The Days of Man*, gan weithio ddydd a nos arni. Methodd eto, gan ddioddef beirniadaeth lem o gyfeiriad yr arholwyr. Croesodd drothwy gofynion llwyr y radd erbyn mis Mawrth, 1898.

Beth bynnag am hynny, crisialodd Wynford Vaughan Thomas siomedigaeth ei dad gan ddefnyddio geiriau gwawdlyd i ddisgrifio Walford:

> After the war, I think that deep down he was a disappointed man. He had hopes of an appointment as one of the professors of music at the University of Wales. The advent of Sir Walford Davies, the bland, socially acceptable minstrel of the Establishment, with his microphone voice as soft as Mother Seigal's Soothing Syrup, ended all father's ambitions in that quarter.

Gyda marwolaeth T F Roberts ym 1919, symudodd J H Davies o'i swydd fel Cofrestrydd i fod yn Brifathro'r Coleg yn Aberystwyth. Nid oedd y 'symud' hwnnw'n ddidrafferth, gan fod Thomas Jones hefyd yn ymgeisydd am y swydd. Yn ei lyfr, *The University College of Wales, Aberystwyth, 1872-1972*, dywed E L Ellis:

> Despite the glittering array of Tom Jones' supporters, J H Davies' position was immensely strong... It is evident that T J's cause was not helped by the important part he had played in bringing to Aberystwyth Walford Davies and Zimmern, who were regarded with suspicion by some members of the staff as brash.

David Davies oedd wedi awgrymu Zimmern fel ymgeisydd teilwng ar gyfer y Gadair Gwleidyddiaeth Ryngwladol. Gŵr hynod dalentog oedd hwn, ond eto, roedd ei ddenu i

Aberystwyth, fel yn achos Walford Davies, yn destun gwrthdaro, wrth weld y Coleg yn anwybyddu'r protocol priodol o ran penodi staff.

Yn ei fywgraffiad o J H Davies, wrth drafod Walford Davies, Vaughan Thomas a Chadair Cerdd Aberystwyth, meddai T I Ellis:

> Mae lle i gredu bod yr anwybyddu a fu arno [Thomas]... wedi peri cryn ofid calon mewn cylchoedd cerddorol yng Nghymru ac wedi llesteirio, i raddau, waith Walford Davies. Gwnaeth hwnnw waith arloesol mawr – y mae digon o dystiolaeth i hynny – ond prin y llwyddodd i ennill clust Cymru a'i chalon hefyd.

12.

Ailgydio

Ychydig ddyddiau cyn Nadolig 1918, bu'r 'Ffynone Midnight Rousers' yn brysur yn canu carolau i godi arian i weddwon a phlant amddifad yn dilyn colledion yn ystod y Rhyfel. Ymhlith aelodau'r parti â'r enw trawiadol oedd tri mab Vaughan Thomas a mab J D Williams, y golygydd papurau newydd lleol. Er mwyn chwyddo'r coffrau, bu'r bechgyn ifanc eisoes wrthi yn Ysgol Terrace Road yn creu a gwerthu cylchgrawn yn cynnwys erthyglau, storïau, lluniau, newyddion a cherddi. Yn dilyn esiampl ei dad, Emlyn Williams oedd y golygydd; Arthur Spencer Thomas yr is-olygydd; Wynford Thomas y darlunydd; a Hugh Wyndham Thomas y rheolwr busnes. Dyma blant yn llawn menter a dychymyg o gofio mai un-ar-ddeg oed oedd yr hynaf ohonynt.

Cafodd Vaughan Thomas bleser wrth gyflwyno ambell ddarn i'w blant, fel yn achos T*hree short pieces for children* ar gyfer y piano i Spencer. Anrhegion personol oedd y rhain na fwriadwyd ar gyfer eu cyhoeddi, ond byddai'r gerddoriaeth ddeniadol ynghyd â theitlau'r darnau yn siŵr o lwyddo i sbarduno dychymyg y bachgen ifanc a'i ysbrydoli i ymarfer: 1. 'The litle shepherd' (G fwyaf); 2. 'The little waterfall and the pool below' (D fwyaf); 3. 'The old blind beggar and his dog' (G leiaf).

Wrth weld eu plant yn tyfu a blodeuo, byddai Vaughan a Morfydd Thomas yn ymfalchïo yn natblygiad eu tri mab dawnus, ond ar yr un pryd yn bryderus o weld y tad heb swydd barhaol ag iddi gyflog rheolaidd a chymesur â'i statws fel un o gerddorion mwyaf blaenllaw'r genedl. Gyda'r bechgyn yn cyrraedd eu harddegau'n fuan, cynyddu fyddai'r her ariannol i'r teulu. Â'i gyfnod dros dro fel Arolygydd ar ben, a'i obeithion o ran Cadair Aberystwyth a'r Cyngor

Cerdd Cenedlaethol wedi chwalu, daeth yn amser i Vaughan Thomas ail-gydio yn ei fywyd fel cerddor yn gweithio ar ei liwt ei hun. Ac fe wnaeth hynny gydag arddeliad. Wrth barhau â'i waith fel beirniad, treuliodd fwy o amser mewn gwyliau yn Lloegr, gan deithio ym 1920 i Lundain, Plymouth a Birmingham. Gwelwyd arlliw o'r gyfundrefn 'newydd' ym mhanel beirniaid cerdd Eisteddfod Genedlaethol y Barri y flwyddyn honno, gyda Walford Davies a David Evans yn flaenllaw. Nid oedd Vaughan Thomas yno, er iddo ddarlithio yn y dref dair gwaith cyn yr Ŵyl, yn Ionawr, Mawrth a Mai, yn ystod cyfnod pan oedd y gwahoddiadau i ddarlithio'n ddiddiwedd. Mewn hysbyseb am un o'i ddarlithiau, 'Beethoven and his Art', y tro hwn yng Nghymer yn Nhachwedd 1921 dan nawdd Pwyllgor Addysg Morgannwg, rhoddwyd crynodeb o'r cynnwys:

> The position of Beethoven in the history of Music.
> The Viennese Period.
> Early influences of Haydn and Mozart.
> Beethoven's emancipation, illustrated by excerpts from his Sonatas and Chamber Music.
> The Sonata Form.
> Beethoven's own contribution to its final establishment.
> Beethoven the tone-poet.
> The three great periods of his creative activity.
> A brief examination of the final (third) period, with illustrations from the later Chamber Music and Piano Sonatas.

Dyma enghraifft o drylwyredd y darlithiwr ac o ddyhead ei wrandawyr, nifer ohonynt yn weithwyr cyffredin mae'n siwr, i ymestyn eu gorwelion a'u haddysg gerddorol.

Ar yr un pryd, unwaith eto llifodd ei ddisgyblion i'w gartref ar gyfer gwersi amrywiol – erbyn hyn yn Walter Road. Wrth i'r teulu symud o Calvert Terrace, penderfynodd Vaughan Thomas fuddsoddi mewn Broadwood Grand Piano. Yn ôl y sôn, roedd y cyflenwyr yn ymfalchïo y byddai'r offeryn hwn yn gymorth iddo yn ei waith cyfansoddi, yn ôl rheolwr y siop leol â'r enw ysblennydd – Duck Son and Pinker!

Mewn gwirionedd, blynyddoedd cymharol hesb a brofwyd o ran cyfansoddi, a mynegodd Vaughan Thomas ei deimladau mewn cerdd Saesneg, 'The Fountain', a gyhoeddwyd yn y *Welsh Outlook*, Hydref 1919. Yn y llinellau prudd agoriadol, meddai:

> The fount of music now is driéd up;
> O! for the gentle rain,
> Falling within the night,
> That I might feel again
> The rising waters welling to the light,
> And quench my thirst within my own-wrought cup;
> My fount of melody is driéd up.

Pan ddychwelodd yr awen maes o law, roedd dyfnder a chraffter newydd yn ddirnadwy mewn llawer o'i ddarnau lleisiol, ac wrth iddo roi mwy o sylw i gyfansoddiadau offerynnol hefyd.

Erbyn dechrau'r 1920au gwelwyd y Cyngor Cerdd yn ymestyn ei ddylanwad ar draws Cymru, a hynny mewn nifer o ffyrdd gwahanol, gyda chysylltiadau cerddorol Walford Davies yn Lloegr yn barod iawn i ymuno ag ef yn ei amryfal gynlluniau dros y blynyddoedd i ddod. Yn ei ymdrechion i ehangu gorwelion o ran cyngherddau offerynnol a cherddorfaol, denodd nifer o gerddorion blaenllaw i arwain cerddorfeydd amrywiol mewn gwyliau ac ysgolion haf yn Aberystwyth, Harlech a Gregynog, gan gynnwys y cyfansoddwyr Elgar a Vaughan Williams a'r arweinyddion Henry Wood ac Adrian Boult. Unwaith eto, dylid cofio nad mentrau chwyldroadol gwbl newydd oedd y rhain, ond yn hytrach, ymestyniad o ymgyrchoedd a welwyd hyd yn oed cyn cychwyn y Rhyfel, pan fu ymdrechion teg i ymestyn cyfleoedd i gynulleidfaoedd yng Nghymru glywed cerddorfeydd a cherddoriaeth offerynnol. Un amlwg a ddangosodd flaengaredd clodwiw yn y cyswllt hwn oedd Cyril Jenkins, y gŵr a fu'n llym ei dafod am sawl agwedd o fywyd cerddorol y genedl. Gydag ef fel ysgogydd a threfnydd, sefydlwyd patrwm o wyliau 'teithiol' ysbeidiol ar draws canolfannau yn Ne Cymru, gan ganolbwyntio ar gyfansoddiadau offerynnol cyfoes, yn cynnwys gweithiau gan gyfansoddwyr o Gymru, fel Jenkins ei hun. Rhaid edmygu'r hyder ynghlwm wrth y cynlluniau yma oherwydd prin iawn oedd y gefnogaeth ariannol. Dyma'r gwahaniaeth a welwyd gyda sefydlu'r Cyngor Cerdd, wrth gwrs, a oedd yn gallu dibynnu ar nawdd sylweddol o ffynonellau preifat a gwladwriaethol.

I raddau helaeth, cyrhaeddodd cynlluniau Cyril Jenkins eu hanterth ym 1920 gyda Gŵyl uchelgeisiol iawn. Anodd dirnad os mai'r bwriad oedd dangos bod antur gyffrous yn bosib y tu allan i gyfundrefn y Cyngor, neu ai menter gyflenwol oedd ym meddyliau'r trefnwyr. Beth bynnag am hynny, adeg y Sulgwyn trefnwyd Gŵyl pum niwrnod i'w chynnal mewn pedair canolfan ar draws De Cymru. Roedd y *Western Mail* mewn cyflwr cynhyrfiol am y datblygiad:

> ...one of the most advanced projects in the musical life of Wales ... heralded by some as 'the awakening'... the very spirit of the thing, and the daring of its whole conception, excite admiration.

Oherwydd ei ddatganiadau plaen a di-flewyn-ar-dafod ar hyd y blynyddoedd, nid Cyril Jenkins oedd y cerddor mwyaf poblogaidd yng ngolwg llawer o gefnogwyr byd cerddorol y cyfnod yng Nghymru; roedd nifer, er enghraifft, wedi parhau i ddal dig ers ei ymosodiadau ar ansawdd israddol cerddoriaeth Joseph Parry. Efallai mai'r math yma o ddrwgdybiaeth am Jenkins sy'n esbonio mai Vaughan Thomas oedd y prif lefarydd a'r 'wyneb cyhoeddus' ar ran trefnwyr yr Ŵyl gyffrous. Wrth hyrwyddo'r Ŵyl mewn erthygl i'r *Welsh Outlook*, dywedodd:

Being artists and not academic derelicts, [English musicians] have already expressed their unfeigned satisfaction that at last a festival is to be held in Great Britain which does not propose to include financial 'draws' of the old school. Nearly every English musician of note who is also a living progressive force in British music has been invited to produce works representing the most up-to-date utterance and tendency. They realise that if Wales is to express herself they must stand shoulder to shoulder with those Welshmen who have for ever turned their backs on reaction, and save her from the suffocation of academic officialism. The new festival is an attempt to bring finished products to public notice, to create in Wales a corrective to self-satisfied orthodoxy, to establish by comparison with the work of other European countries a clearer conception of what constitutes Welsh genius.

Cynhaliwyd gweithgareddau dau ddiwrnod cyntaf yr Ŵyl yn y pafiliwn enfawr yn Aberpennar gyda chystadlaethau amrywiol i unawdwyr lleisiol ac offerynnol, corau a bandiau yn ystod y bore a'r prynhawn; roedd yr holl ddarnau prawf gan gyfansoddwyr cyfoes. Gyda'r Ŵyl yn ymgorffori taith gan Gerddorfa Symffoni Llundain, yr arlwy trawiadol yn y cyngerdd agoriadol ar y nos Lun oedd: *Worcestershire Pieces* (Julius Harrison); Concerto i'r Piano (Delius); Hebridean Symphony (Bantock); *Scheherazade* (Rimsky-korsakov); Cerddoriaeth Gwener y Groglith o'r opera *Parsifal* (Wagner); a'r 'Meredith Songs' (Vaughan Thomas). Ar y noson ddilynol, yr un mor afaelgar oedd y rhaglen: Symffoni yn B leiaf (Borodin); *Fantasy for Strings* (Cyril Jenkins); *Chinese Songs* (Bantock); Preliwd i'r *Children of Don* (Holbrooke): a *Le Poème de l'extase* (Scriabin). Symudodd yr Ŵyl i Gaerdydd ar y dydd Mercher gyda chyngerdd yn y prynhawn yn yr Empire pan berfformiwyd Ail Symffoni Elgar dan arweiniad y cyfansoddwr; Scherzo (Arnold Bax); 'Prentis y Dewin' (Paul Dukas); *Pedwar Emyn* i denor a cherddorfa linynnol (Vaughan Williams), o bosib y perfformiad cyntaf yn y fersiwn i linynnau. Yr Albert Hall yn Abertawe oedd lleoliad cyngerdd nos Iau gyda'r gerddorfa yn ailgydio mewn darnau a glywyd yn y cyngherddau cynt, ond gan ychwanegu 'The Woods of Westermain', cathl symffonig fer, newydd, gan Vaughan Thomas. Yng Nghasnewydd ar y nos Wener, ymunodd Cymdeithas Gorawl y dref â'r gerddorfa ar gyfer cyngerdd olaf yr Ŵyl yn y Great Central Hall. Perfformiwyd darnau i gôr, unawdwyr a cherddorfa, gan gynnwys, 'An Arabesque' (Delius); 'Queen Mab' (Holbrooke); 'Freedom' (Cyril Jenkins); a'r *Five Mystical Songs* (Vaughan Williams). O ystyried yr holl ddarnau o gerddoriaeth a berfformiwyd yn ystod yr Ŵyl gyfan, mae'n werth nodi i'r mwyafrif helaeth fod yn gwbl newydd i gynulleidfaoedd Cymru; i gyfran helaeth ohonynt fod ond wedi eu cyfansoddi ers troad y ganrif; a bod llawer o'r darnau wedi eu sgorio i gerddorfa fawr, sy'n esbonio'r 75 aelod yn rhengoedd Cerddorfa Symffoni Llundain am yr wythnos.

O ran cyfraniadau Vaughan Thomas i'r cyngherddau, roedd cyswllt rhwng ei 'Meredith Songs' a glywyd yn Aberpennar, a'i gathl symffonig a berfformiwyd yn Abertawe, er bod ychydig o gymhlethdod ynghlwm â'r perfformiadau. Fel anrheg Nadolig ym 1915, roedd ei ffrind, Clarence Seyler, wedi cyflwyno i'r cyfansoddwr gyfrol boced o gerddi George Meredith (1828-1909). Tu mewn i'r clawr nododd Seyler gerdd fer o'i eiddo'i hun:

> Take this gift that friendship brings,
> You shall catch the note that rings
> Truthfully to Nature's heart;
> Here no barren, mindless Art
> Threads in idle pattern through,
> Will you Art with mind endure?
> You shall inspiration find,
> Give us Music winged with Mind.

Teimlai Seyler bod Vaughan Thomas yn uniaethu â llawer o'r themâu yng ngherddi'r bardd, fel yr esboniodd yn ei ysgrif (mewn cyfieithiad) i *Tir Newydd*:

> Cariad at y pridd; llawenydd byw a bod; ffydd yn natblygiad natur dyn; dewrder i dderbyn ffeithiau a'u hwynebu; cariad angerddol at ryddid mynegiant a meddwl; a chred yn undod hanfodol celfyddyd a gwybodaeth.

Nid oedd yn syndod felly gweld y cyfansoddwr yn gosod rhai o gerddi Saesneg Meredith ar gyfer cyfres o ganeuon gyda chyfeiliant i'r piano. Erbyn cyngerdd Aberpennar, esboniodd y cyfansoddwr nad oedd y gyfres wedi ei chwblhau, ac felly perfformiwyd y tair cân gyntaf yn unig, sef, 'Song in the songless', gosodiad byr o 16 bar yn unig; [*Enghraifft 10*] 'When I would image her features', cân fer arall, hynod sensitif a theimladwy; a 'The winter rose' (gweler isod). Roedd pedwaredd gân, 'Thou to me art such a spring', eto i'w chwblhau yn ôl y cyfansoddwr. Mae'n bosib mai trefnu'r cyfeiliannau i gerddorfa oedd blaenoriaeth Vaughan Thomas gogyfer â'r cyngerdd yn Aberpennar, ond erbyn ystyried cyhoeddi'r caneuon ym 1922, roedd pumed, 'The stave of roving Tim' yn ychwanegiad pellach. Naws gwerinol, 'ffwrdd-â-hi' oedd i'r gosodiad hwn. Nid dyna'r diwedd ar ei osodiadau o gerddi Meredith chwaith, gyda phedwar arall yn ymddangos – 'Dirge in woods', 'Should thy love die', 'In the woods' a 'Enter these enchanted woods'. Gosodiad oedd yr olaf o'r rhain o bennill agoriadol y gerdd estynedig, 'The woods of Westermain', sy'n esbonio, wrth gwrs, deitl a chefndir testunol y gathl symffonig. Ychwanegir at y dryswch wrth geisio rhesymoli ei osodiadau o gerddi Meredith gan iddo ar adegau wneud mwy nag un ymgais i orffen cân, fel yn achos 'Thou to me art such a spring'. Ar ben hynny, gosododd eiriau 'A roar through the tall twin elm trees' o leiaf dair gwaith; ddwywaith â'r geiriau yma'n deitl; ac unwaith gyda 'The Winter Rose' fel teitl.

Mae'n bosib mai cyfres o ganeuon i unawdydd a cherddorfa oedd ym meddwl Vaughan Thomas gyda'r gathl symffonig hefyd yn rhan o'r cyfanwaith, efallai fel math o breliwd. Ni ddigwyddodd perfformiad tebyg, ac mae'n dristwch na chafodd sawl un o'r caneuon yma eu cyhoeddi, gan eu bod ymhlith ei ganeuon gorau. Mae ychydig o ddryswch am y cathl symffonig hefyd. 'Symphonic Tone Poem' sydd wedi ei nodi ar ddrafftiau piano, ynghyd â'r sgôr i ddau biano sydd wedi goroesi, ag iaith gromatig Wagner yn ddylanwad amlwg. Pan ddaw i'r braslun byr ar gyfer cerddorfa lawn, 'Miniature Tone Poem' a nodir, ond mae'n ymddangos nad yw'r sgôr cerddorfaol cyflawn wedi goroesi.

Yn y gosodiad o 'Enter these enchanted woods', mae arddull cerddoriaeth argraffiadol y cyfnod yn ddylanwad amlwg gyda'r defnydd o'r raddfa tonau cyfartal, y symud sydyn rhwng canolfannau tonyddol, y dewis o gordiau lled-anghyseiniol, a'r ymdrech i gyflwyno naws gyfriniol y testun. O ran caneuon, mae'n arddull gwbl newydd i gyfansoddwr o Gymru, ar wahân efallai i rai o ganeuon Morfydd Llwyn Owen, y gyfansoddwraig enigmatig a fu farw'n greulon o ifanc ychydig flynyddoedd yn gynt. Saernïwyd y darn yn ofalus wrth iddo symud o dawelwch difygythiad ymddangosiadol y goedwig, gyda llif esmwyth y cyfeiliant, i arswyd y tywyllwch, yr *accelerando* gyda'r llais yn codi'n ddramatig i gwmpawd uwch a'r cyfeiliant yn ffrwydro. [*Enghraifft* 11]

O ddwyn i gof eiriau'r adolygwyr wrth iddynt gyfeirio at ddylanwad Brahms, Wagner a Strauss ar weithiau corawl estynedig cynnar Vaughan Thomas, nawr, yn ei osodiadau o eiriau Meredith, tynnu sylw at ddylanwad Debussy, ac i raddau Scriabin, ar y gerddoriaeth a wneir. Mae Lyn Davies, a etifeddodd trwy ei athro, A Haydn Jones, eitemau o lyfrgell Vaughan Thomas, wedi nodi yn eu plith ddarnau gan gyfansoddwyr mor amrywiol â Janáček a Schoenberg, sawl un ag anodiadau Vaughan Thomas arnynt. Dyma arwydd clir o chwilfrydedd cerddorol y cyfansoddwr o Gymro.

Wrth gwrs, mae yna wahaniaeth rhwng efelychu

slafaidd, a gadael i ddylanwadau cyfansoddwyr eraill dreiddio i'r enaid mewn proses o symbiosis. Mewn gwirionedd, a oes perygl mewn rhoi gormod o bwyslais ar wreiddioldeb pur mewn celfyddyd? Ddegawdau'n ddiweddarach, dyma ddywed Reginald Smith Brindle, un a fu ar un adeg yn ddarlithydd Cerdd ym Mangor:

> The truth is that we make too much of stylistic originality. Not only is it quite impossible for thousands of composers to write in thousands of different styles, but if they did, the consequences would be undesirable. We would be lost in an incomprehensible labyrinth of fashions, artistic trends would lose direction, and in all probability musical progress would disintegrate.

Er bod nifer o'i osodiadau o gerddi Meredith ymhlith ei ganeuon gorau, roedd fel petai Vaughan Thomas yn synhwyro erbyn hyn ei fod ar drothwy rhywbeth newydd o ran mynegiant cerddorol cenedlaethol, ac mai'r gân Gymraeg fyddai ei gyfrwng dewisol i wireddu ei ddyheadau.

I raddau, roedd y cenedlaetholdeb cerddorol a ddaeth i'r amlwg yn y bedwaredd ganrif ar bymtheg yn adweithio yn erbyn goruchafiaeth prif ffrwd y traddodiad clasurol Ewropeaidd. Ceisiwyd pwysleisio hanfod gwlad arbennig trwy grynhoi gwerthoedd cenedlaethol. Yn ymarferol, roedd hyn yn golygu bod cyfansoddwyr yn defnyddio themâu, alawon, rhythmau llafar, alawon dawns ac ati oedd yn perthyn i'r traddodiad gwerinol, sy'n nodweddiadol o wlad a chenedl benodol. Er y gellir dirnad elfennau o genedlaetholdeb yng ngherddoriaeth nifer o gyfansoddwyr y bedwaredd ganrif ar bymtheg, roedd rhai ohonynt yn arbennig o gysylltiedig â'r mudiad hwn. Ymhlith y rhain roedd y grŵp a adwaenid fel 'Y Pump' yn Rwsia, sef Balakirev, Cui, Mussorgsky, Rimsky-korsakov a Borodin; Dvorak a Smetana yn Bohemia; a Grieg yn Norwy. Gorgyffyrddodd y mudiad â dechrau'r ugeinfed ganrif gyda chyfansoddwyr fel Sibelius yn y Ffindir, Albeniz yn Sbaen,

Janáček yng ngwlad Czech a Vaughan Williams yn Lloegr. Treiddiodd ei ddylanwadau ymhellach i mewn i'r ganrif gyda cherddoriaeth Bartok a Kodaly yn Hwngari, Copland yn America, Villa-Lobos ym Mrasil, ac eraill. Wrth gwrs, nid oes angen i sail genedlaetholgar cerddoriaeth o'r fath danseilio ei hapêl fyd-eang, fel profwyd yn gyson gan weithiau'r meistri hyn. Wrth edrych yn ôl ar ei pharatoadau hithau wrth gyfansoddi *Penillion for Orchestra* ym 1955, mae Grace Williams yn crisialu'r syniad o genedlaetholdeb yn ei hachos hi:

> I remember getting myself into a Welsh state of mind before beginning the work; concentrating on medieval legends and the narrative style of the minstrel songs, with its strong contrasts – at times wildly exciting, at times lyrical or elegiac. All that gave the music its character. Then, as always happens, the music itself took over, and I was concerned only with the problems of composition.

Cofier bod Vaughan Thomas wedi hyrwyddo cerddoriaeth ei wlad enedigol bob amser. Roedd hyn yn aml yn cael ei gamgynrychioli fel safiad cul, plwyfol a hunan-drechol. Wedi'r cyfan, bu'n eiriol yn barhaus ac yn frwd dros berfformio ac astudio cerddoriaeth Ewropeaidd 'brif-ffrwd' meistri mawr y gorffennol a'r cyfoes. Gwrthododd y farn a fynegwyd gan lawer bod pob cerddoriaeth Gymreig yn eilradd ac o'r herwydd y dylid ei hanwybyddu. Byddai wedi cytuno bod llawer o gerddoriaeth cyfansoddwyr Cymru yn dioddef mewn cymariaethau rhyngwladol, ond gwrthododd y rhagdybiaeth y dylid anghofio'r cyfan o ganlyniad. Cafodd y cwestiwn hwn sylw'r academydd Arnold Whittall (a fu'n darlithio yng Nghaerdydd ar un adeg) mewn erthygl ar gyfer y cyfnodolyn, *Welsh Music / Cerddoriaeth Cymru*, ym 1973 (fel mae'n digwydd, ac yn eironig, blwyddyn canmlwyddiant geni Vaughan Thomas). Mae'n ysgrifennu:

It is fine to search for greatness, but pointless to belittle achievements of lesser quality. Too many people outside Wales tend to regard all Welsh compositions as equally second-rate, and one of our tasks must surely be to indicate politely that quality below the level of greatness is not a matter of utter uniformity.

Fel cyfansoddwr lleisiol yn bennaf, mae Vaughan Thomas yn y 1920au, ar ôl cwblhau gosodiadau o destunau Saesneg gyda'i 'Meredith Songs', bellach yn archwilio sut y gallai yntau fynegi ei ymdeimlad ei hun o genedlaetholdeb yn ei gerddoriaeth. Sut gallai ef gael gafael ar y 'Welsh state of mind' y mae Grace Williams yn ysgrifennu amdano ddegawdau'n ddiweddarach? Am ei ysbrydoliaeth yntau, mae'n troi at yr hen fesurau caeth, gan fynd yn ôl mewn sawl achos i gywyddau beirdd yr Oesoedd Canol. Roedd yn meddu ar ddealltwriaeth ddofn o'r cerddi yma, ac yn wir roedd yn gynganeddwr medrus ei hun. Mae cerddoriaeth leisiol yn codi'r mater o eiriau wrth gwrs, a'r cwestiwn a ofynnir yn aml yw, a ydyw gosod iaith arbennig i gerddoriaeth yn arwain yn anochel at ymdeimlad cenedlaethol penodol o'r wlad y mae'r iaith yn perthyn iddi? Yn achos Vaughan Thomas, byddai wedi dadlau bod angen i'r gerddoriaeth ychwanegu at yr ymdeimlad hwnnw, ac iddo ef, y mesurau caeth oedd y cyfrwng gorau i sicrhau hynny oherwydd natur y gynghanedd ei hun, rhythmau'r llinellau, mesur, acenion, goslef a phatrymau'r mydr ac odl. Ond, oherwydd natur ailadroddus yr elfennau yma, nid oes modd ffoi oddi wrth yr her gynhenid sydd ynghlwm wrth osod cerddi caeth i gerddoriaeth. Mae perygl i osodiad fynd yn undonog yn rhythmig.

Perfformiwyd 'arbrawf' Vaughan Thomas, *Saith o ganeuon ar gywyddau Dafydd ap Gwilym ac eraill* am y tro cyntaf, a chyn cyhoeddi'r gwaith, yn Neuadd Llewelyn, Abertawe ar 7 Rhagfyr 1922. Yr unawdydd oedd David Ellis, gyda Nan Davies (Telyn) a Cherddorfa Siambr Abertawe yn cyfeilio dan gyfarwyddyd y cyfansoddwr. Hefyd ar y rhaglen roedd *Lady Radnor Suite* Hubert Parry; *Suite for string orchestra* Frank Bridge; a *Serenade* Dvorak. Paratôdd Vaughan Thomas gyfieithiadau Saesneg medrus o'r holl gywyddau ynghyd ag esboniad Saesneg trylwyr o gymhlethdodau cynghanedd. Wele ei gyfieithiad o gerdd Emrys, 'Y gwlith':

Hyfryd iawn ar fore dydd,
Ar adeg yr ehedydd,
Yw rhoddi tro drwy'r fro fras
A chwardd mewn gorwych urddas,
A gweld y gwlith gloywdeg glân
Ar wyneb hawddgar anian.
Y blodau a'r llysiau llon
A geir dan ddisglair goron;
Maethol iawn yw'r esmwyth wlith,
A'i fwynder sydd yn fendith.

> *When the lark is on the wing*
> *At early morn uprising,*
> *'Tis sweet to roam the fields o'er,*
> *And greet the country's splendour,*
> *To see the dew on the lea,*
> *On nature's face shine clearly.*
> *Glad flowers and plants are spread,*
> *Appear with brightness crownèd,*
> *Virtue rare the dew doth bring,*
> *Its mildness is a blessing.*

Gwrth-ddweud ei gilydd wnaeth beirniaid y cyfnod, gyda rhai yn dadlau i'r cyfansoddwr syrthio weithiau i fagl undonedd, ac eraill yn cyfarch newydd-deb y gwaith o ran cerddoriaeth leisiol Gymreig a Chymraeg.

Mae 'Y Nos' gan Dafydd Ionawr (1751-1827) yn osodiad sensitif, a'i symlrwydd yn adlewyrchu naws gyfriniol y gwyll; y cyfeiliant yn gwneud dim byd mwy na chynnal yn syml, gyda'r cordiau'n newid fesul bar. Cyfyngir yr ystod lleisiol i wythfed yn unig.

Yn 'Y Gwlith' gan William Ambrose, Emrys (1813-1873), cynnal yn syml a wna'r cyfeiliant eto, gyda'r llais yn neidio'n sionc, gan adlewyrchu'r bardd yn rhodio'n ysgafn droed trwy fyd natur. Cyweiredd traddodiadol E fwyaf sydd yma, gyda chordiau sylfaen gan amlaf, a'r ail adran yn trawsgyweirio'n syml i'r llywydd, B fwyaf, cyn dychwelyd i E.

Cywydd Dafydd Ddu Eryri (1759-1822) yw 'Miwsig', a cheir yng ngosodiad Vaughan Thomas mwy o ddiddordeb yn y cyfeiliant o gymharu â'r ddwy gân agoriadol. Yma mae'n aml naill ai'n rhagdaro llinell y llais yn y cyfeiliant, neu'n ailadrodd diweddeb mewn ffordd chwareus, gyda'r newid cyson mewn mydr yn adlewyrchu ysgafnder y geiriau wrth ystyried sut mae mwyniant cerddorol yn 'denu serch dyn'. Y newid cyson yma mewn amseriad, ynghyd â'r cydadwaith rhwng llais a chyfeiliant sy'n cynnal diddordeb y gân hon, gan mai ceidwadol yw'r cyweiredd, G fwyaf, ac mae'r harmonïau eto'n cadw at gordiau sylfaen. Cyfyngir ystod y llais i chweched yn unig, G i E.

Cywydd serch yw 'Elen' gan Dewi Wyn o Eifion (1784-1841) a hi yw 'angyles' y bardd, ac adlewyrchir hyn yng ngosodiad sensitif a theimladwy'r cyfansoddwr. Ceir dylanwadau moddol yma, er unwaith eto, ni wna'r cyfeiliant mwy na chynnal y llais gyda chordiau fesul curiad. Apêl y gân yw ei symlrwydd a diffuantrwydd ei mynegiant.

Mae 'Dau filgi' gan Huw Cae Llwyd (1431-1504) yn wrthgyferbyniad llwyr. Er mai dim ond prin funud mae'r gân hon yn parhau mewn perfformiad, hwyrach mai dyma'r gosodiad mwyaf trawiadol yn y cylch. Ceir ymdrech i ddisgrifio neidio chwareus y milgwn heb anghofio'u bygythiad i'r hydd ar y bryn. Mae'r amrywiad mewn amseriad o 'un-yn-y-bar' i ddau guriad, y cyweiredd amwys, y tempo chwim a'r iaith harmonig gymharol anghyseiniol ar adegau yn tanlinellu newydd-deb amlwg y darn. Ond fel canlyniad, rhwydd dadlau fod y gân hon yn anghydweddol o ystyried caneuon eraill y cylch. [*Enghraifft 12*]

Er y priodolir y cywydd, 'Claddu'r bardd o gariad' i Dafydd ap Gwilym, bu dadlau ynglŷn â'i darddiad. Beth bynnag am hynny, mae'r bardd yn rhagweld ei angladd ei hun, gyda byd natur fel cefnlen. Llwydda'r cyfansoddwr i osgoi'r perygl o ailadrodd rhythmau'n slafaidd trwy ddefnydd cynnil ac annisgwyl o lithriadau ar ambell sillaf, ac amrywio'r amseriad o ddau i dri churiad yn y bar. Ond mae'r ystod lleisiol eto wedi ei gyfyngu i wythfed, a'r cyfeiliant, bron yn ddieithriad, yn gwneud dim mwy na chynnal y llais gyda chordiau fesul curiad. Nid yw'r goslefau moddol, na'r ymdrech i greu awyrgylch gwerinol yn achub y gosodiad yn llwyr rhag elfen o undonedd.

Cywydd Dafydd ap Gwilym yn sicr yw 'Hiraeth am yr haf' ac yma mae'r cyfansoddwr eto fel petai'n chwarae gyda chyweiredd a thueddiadau moddol yn ei osodiad, sy'n cyferbynnu gaeaf oer a garw yn yr adran gyntaf, â haf ysblennydd yn yr ail, pan fo byd natur yn ei anterth. Unwaith eto, cynnal y llinell leisiol a wna'r cyfeiliant ar y cyfan gyda'i gordiau cyson, nes cyrraedd *coda* gloyw ei naws, pan gaiff y cyfeiliant lifo gydag ychydig mwy o ryddid, gan adlewyrchu'r bardd yn dwyn i gof ei anwylyd.

Er nad yw'r gosodiadau'n dyfynnu na hyd yn oed yn awgrymu unrhyw alawon gwerin penodol, mae naws ac ysbryd gwerinol yn dal i dreiddio trwyddynt. Er y brychau, mae'n deg dweud bod y cyfansoddwr wedi llwyddo i gael gafael ar hanfod a sylwedd y cywyddau, a chydio mewn arddull sydd â'i wreiddiau'n ddwfn yn iaith, hanes, diwylliant a thraddodiad gwerinol ei famwlad. 'Darganfu idiom gerddorol gwbl genedlaethol Gymreig, ac fe'i sefydlodd', meddai ei ffrind Granville Bantock. Yn ei chyfrol, *Lutyens, Maconchy, Williams and Twentieth-Century British Music: A Blest Trio of Sirens*, mae Rhiannon Mathias yn trafod *Four Mediaeval Welsh Poems* gan Grace Williams. Awgryma fod y gyfansoddwraig yn ymddiddori yn seiniau cymhleth a chystrawen barddoniaeth ganoloesol Gymraeg, a'i rhythmau unigryw. Â ymhellach gan hawlio bod Grace Williams yn ystyried gosodiadau Vaughan Thomas yn rhai arwyddocaol ac yn eu hedmygu. Roedd y dadleuon am genedlaetholdeb mewn cerddoriaeth wedi peri i un gohebydd i'r *Cerddor Newydd* ym 1925, mewn dryswch, ofyn:

> Will you please tell me what Welsh music is? I was always under the impression that music was an international language, and should be glad to know what you and others mean by WELSH music.

Roedd cychwyn yr ymateb yn arwyddocaol, 'Of course it is difficult to explain fully...'

Unwaith eto, mewn erthygl dreiddgar ar gyfer *Y Cerddor Newydd* ym mis Mawrth 1922, dechreuodd Vaughan Thomas trwy bwysleisio pwysigrwydd rhoi sylw i gyd-destun rhyngwladol cerddoriaeth. 'Every enlightened Welsh musician keeps contact with the best of the world's output', meddai. Ond byrdwn ei ddadl oedd nodi bod gan Gymru hefyd ei chyfraniad pwysig i'r celfyddydau'n gyffredinol, ac na ddylid anwybyddu ei chyfoeth. Am lenyddiaeth, meddai:

> We can admire Tennyson's 'Passing of Arthur', but Gwynn Jones's 'Ymadawiad Arthur' breathes a truer Cymric spirit.... It (our poetry) is a mountain fastness enshrining the unconquered and unconquerable spirit of our land. It should be so with our music.

Wrth ledaenu'r ddadl i gerddoriaeth, ni wnaeth ymdrech i ymatal rhag dwrdio ymagwedd y Cyngor Cerdd:

> The whole attitude of official musical Wales is to place our young people in the mid-current of the tide of cosmopolitan music, there to wonder whither they are being hopelessly swept far from the music of the mountain rills of their homeland.

Wedi cyhoeddi'r *Saith o ganeuon* gan Snell ym 1923, mewn fersiwn i lais a phiano (neu delyn), bu perfformiadau cyson a niferus. Wrth gyflwyno'r Ŵyl gyntaf o gerddoriaeth gerddorfaol Gymreig yn Aberystwyth ym mis Tachwedd

1923, dan nawdd y Cyngor Cerdd Cenedlaethol, nododd
Walford Davies bolisi deublyg y Cyngor, sef, 'to promote a
courageous intake of the world's greatest music and a
diligent output of native music'. Aeth ymlaen i esbonio mai
ffocws y cyntaf o'r rhain oedd cynnwys y pedair Gŵyl a
gynhaliwyd eisoes, a bellach yr ail nod fyddai'n cael y sylw.
Dyma weld Walford Davies yn ymdrechu i leddfu pryderon
y gwrthwynebwyr niferus oedd ganddo ar y pryd yng
Nghymru, ac i leihau'r tensiwn amlwg oedd yn bodoli.
Meddai'r *Western Mail* yn Awst y flwyddyn honno:

> ...two camps: on the one side the native musicians, with
> the democracy of Wales massed behind them; and on
> the other side a small university group supported by
> more or less Anglicised intellectuals – who can not
> agree among themselves.

Cafodd Walford Davies drafferthion dybryd wrth geisio cael
Vaughan Thomas i ganiatáu i'w *Saith o Ganeuon* ymddangos
ar raglen y cyngerdd, ac mae'n wir nodi i'r cyfansoddwr godi
nifer o rwystredigaethau er mwyn tanseilio dyhead Davies.
Ar ôl gohebiaeth aflonydd rhwng y ddau, ildiodd Vaughan
Thomas yn y pen draw, ac fe berfformiwyd ei gylch o
ganeuon mewn rhaglen oedd hefyd yn cynnwys 'Brythonic
Overture' gan T Hopkin Evans; caneuon gan David de Lloyd;
Prelude gan Kenneth Harding (1903-1992); a cherddoriaeth
amrywiol gan W T David (1866-1927), D Christmas Williams
(1871-1926), Hubert Davies (1893-1965) ac eraill.
  Wrth geisio cael perswâd ar Vaughan Thomas i gynnwys
ei gylch o ganeuon yn y cyngerdd, pwysleisiodd Walford
Davies sut yr oedd ef ei hunan yn noddi'r digwyddiad o'i
boced ei hun. Aeth yn gyhoeddus ar hynny hefyd, gan nodi,
'I have thought it right in this instance not to hide my own
subscription under the bushel.' Wrth ganmol caneuon
Vaughan Thomas, ymylodd ar y nawddoglyd, gan gynnwys
geirfa'r cyfansoddwr ei hun wrth ddisgrifio'r gosodiadau o
eiriau'r cerddi caeth:

I may perhaps be allowed to say how specially glad I am
that the programme includes the recently published
'Saith o Ganeuon' by Dr Vaughan Thomas. They are
simple, direct and lovely in their simplicity and
directness. It will not be surprising if these... prove to be
the most directly fruitful numbers in the programme, so
all-important is the stimulus and example of their
musical faithfulness to the speech-rhythms and subtle
euphonies of the poems set.

Roedd Vaughan Thomas yn awyddus i bwysleisio'i safbwynt
nad gweithred gul oedd ei osodiadau o gywyddau, ond yn
hytrach, gwelai hwynt fel cyfraniad i fyd y gân tipyn
ehangach. Fel canlyniad, ffurfiodd bartneriaeth ym 1923
gyda David Brazell i gyflwyno datganiadau ar y cyd o
ganeuon cyfoes Saesneg, Ffrangeg a Chymraeg. Y bwriad
oedd ymweld â chanolfannau priodol ar draws Cymru, er i
alwadau eraill yn y pen draw lethu unrhyw gynlluniau or-
uchelgeisiol. Beth bynnag, deallodd y *Western Mail*
arwyddocâd y syniad arloesol:

Wales is waking up to the glory of the great art songs
through the pioneer work of Mr Brazell and Dr Thomas,
and it is doubtful whether such a programme recently
undertaken by a single singer has ever been presented in
Wales.

Clywyd y *Saith o Ganeuon* gyda cherddorfa yn Llundain ym
mis Mawrth 1924 mewn cyngerdd o gerddoriaeth a
gyfansoddwyd gan yr hyn a alwyd yn 'Welsh Nationalist
Composers'. Mewn digwyddiad a drefnwyd gan yr
Incorporated Faculty of Arts Music Group, perfformiwyd
cerddoriaeth hefyd gan David de Lloyd, W S Gwynn
Williams, Hopkin Evans a Leigh Henry. O ran Vaughan
Thomas, yn ogystal â'i *Saith o Ganeuon* clywyd rhai o'r
'Meredith Songs' gyda chyfeiliant cerddorfaol, a'r
'Beaumaris Welsh Drama Music for orchestra'. Mae'n

amlwg bod Vaughan Thomas yn mynd tipyn pellach na Chwmni Drama Abertawe i gyfrannu cerddoriaeth achlysurol ar gyfer perfformiadau o ddramâu Cymraeg. Ychydig fisoedd ynghynt, mewn cyngerdd gan y Mid Rhondda Orchestra yn Nhonypandy roedd y rhaglen yn cynnwys 'incidental music to Welsh drama by Dr D Vaughan Thomas', a hynny dan arweiniad y cyfansoddwr. Yn ystod Gŵyl o ddramâu gan Gwmni Drama Cymraeg Abertawe ym 1924 (pryd yr awgrymwyd y syniad o sefydlu Cwmni Drama Cenedlaethol, gyda llaw), cyfansoddodd Vaughan Thomas gyfraniadau sylweddol o gerddoriaeth achlysurol ar gyfer y perfformiadau amrywiol, gan ysgogi Leigh Henry i ysgrifennu:

> This week's notes on the Swansea drama week would not be complete without a special comment on Dr Vaughan Thomas and his excellent orchestra. His music was.... essentially Welsh in character, and thoroughly enjoyed and appreciated by the audience.

Ym 1924 cynhaliwyd arddangosfa rwysgfawr ym mharc Wembley er mwyn dwyn sylw at ddiwydiant ac adnoddau naturiol yr Ymerodraeth Brydeinig. Roedd yr arddangosfa'n cynnwys 'Palasau' enfawr yn ymwneud â diwydiant, peirianneg, garddwriaeth a'r celfyddydau, a sawl pafiliwn i frolio gwaith llywodraethau'r Ymerodraeth. Roedd gerddi ysblennydd, llyn, llefydd amrywiol i fwyta, a siopau dirifedi. Gorffennwyd yr Empire Stadium (a ailenwyd yn ddiweddarach yn Wembley Stadium) mewn pryd ar gyfer rownd derfynol yr F.A. Cup ym mis Ebrill 1923, ond nid oedd y safle cyfan wedi ei gwblhau tan Ebrill 1924. Bryd hynny, heidiodd ymwelwyr i'r arddangosfa o bob rhan o'r wlad, ac o bob cwr o'r byd. Cynhaliwyd perfformiadau poblogaidd yn y stadiwm trwy gydol yr arddangosfa, gan gynnwys nifer o gyngherddau gyda chorau, bandiau a cherddorfeydd. Fel rhan o'r dathliadau, trefnwyd Wythnos Gymreig ym mis Awst, a'r cyfan wedi ei gynllunio gan y Cyngor Cerdd Cenedlaethol dan gyfarwyddyd Walford Davies. Yn gantorion ac offerynwyr, yn oedolion a phlant, o ardaloedd ledled Cymru, her logistaidd amlwg oedd trefnu'r cyfan. Heb amheuaeth, llwyfan cyhoeddus unigryw oedd hwn, a chyfle heb ei ail i arddangos doniau'r genedl. Ond dehongliad Vaughan Thomas oedd mai 'llwyfan' i Walford Davies oedd hwn, a chyfle iddo ymffrostio yng ngrym sylweddol y Cyngor. Os mai talcen caled oedd ceisio cael cydweithrediad Vaughan Thomas o ran trefnu perfformiad o'i *Saith o Ganeuon* yn Aberystwyth y flwyddyn cynt, cymaint mwy heriol oedd cael ei gydweithrediad ar gyfer Wembley. Byddai presenoldeb cerddor o statws Vaughan Thomas yn Wembley yn ystod yr Wythnos Gymreig wedi boddhau'r Cyngor a'i Gyfarwyddwr yn ddi-os, ond ystyfnigrwydd Thomas a orfu. Gwrthododd y gwahoddiad, ac o'r nodyn byr a ymddangosodd yn y *Western Mail* ar y pryd, mae'n bosib mai penderfyniad munud olaf oedd cynnwys perfformiad o'r *Saith o Ganeuon*, gyda David Ellis unwaith eto'n unawdydd:

> Curiously indicative, the 'Cywyddau' of Vaughan Thomas, a splendid feature of the 'first symphonic hour' at Wembley's 'Welsh' week did not figure at all in the newspaper announcements.

Nid oedd pylu ar boblogrwydd *Saith o Ganeuon* yn ystod y blynyddoedd yma, ac fe'u perfformiwyd mewn cyngherddau dirifedi, gan amlaf gyda chyfeiliant piano neu delyn, neu ar adegau gyda cherddorfa linynnol. Nid oedd yn syndod ei glywed yn un o gyngherddau'r Eisteddfod Genedlaethol ym 1926, ac ychydig fisoedd cyn hynny fe berfformiwyd y cylch mewn cyngerdd yn y Birmingham and Midland Institute a drefnwyd gan y Birmingam School of Music lle'r oedd cyfaill Vaughan Thomas, Granville Bantock, yn Bennaeth.

Rhwng 1920 a 1925 yn ogystal â'r gweithiau a nodwyd eisoes, cyfansoddodd Vaughan Thomas lu o ddarnau amrywiol, yn unawdau, rhan-ganau a gweithiau offerynnol. Arhosodd nifer sylweddol heb eu cyhoeddi.

O'r cyfnod hwn daw ei gân ddeniadol, 'Nant y Mynydd'. Er i gwmni Snell ei chyhoeddi fel unawd i fariton neu mezzo soprano ym 1921, fe'i gosodwyd fel darn prawf i'r unawd bechgyn yn Eisteddfod Genedlaethol Rhydaman ym 1922, a dyna yw ei dynodiad priodol. Mae yna symud rhythmig naturiol i'r llinellau lleisiol telynegol tra bod y cyfeiliant yn adlewyrchu llifo cyson y nant. Hwyrach fod gan y cyfansoddwr un llygad ar y farchnad eisteddfodol o hyd. Arhosodd y darn yn boblogaidd ar hyd y blynyddoedd ac fe'i cenir gan blant a phobl ifanc hyd heddiw.

Yn wahanol iawn ei harddull, cerdd llatai yw 'Yr wylan deg', lle mae'r bardd yn anfon yr aderyn fel cennad â neges o serch at ei gariad. Wrth ddisgrifio gwynder yr aderyn mae'r bardd hefyd yn awgrymu rhinweddau'r ferch. O bymtheg cwpled cywydd Dafydd ap Gwilym, detholwyd y pump cyntaf, a'r ddau olaf i'w gosod gan Vaughan Thomas, gyda'r diweddglo yn pwysleisio'r bardd yn glaf o gariad. Yr ymdeimlad hwnnw o brudd-der sy'n treiddio trwy'r gosodiad cerddorol, gyda'i ddylanwadau moddol a'i gyffyrddiadau cromatig achlysurol. Unwaith eto, oherwydd natur y gynghanedd, caiff y cyfansoddwr ei wthio tuag at rythmau croesacen cyson yn y llais, ac anodd yw osgoi elfen o undonedd. Er bod y llawysgrif yn perthyn i'r 1920au, ni chyhoeddwyd yr unawd tan 1950 gan Gwmni Gwynn, gyda chyfieithiad Saesneg gan H Idris Bell (1879-1967).

Ymhlith caneuon eraill y cyfnod hwn, mae 'Y ferch o'r Scer', gyda cherddoriaeth wreiddiol chwareus ei naws i eiriau'r alaw werin boblogaidd. Ac adlewyrchu hiwmor y cyfansoddwr wna 'Cân y llanc (ferch) chwerthinllyd' gyda'r gosodiad yn symud yn chwim (Allegro vivace), a chymalau'r cyfeiliant yn dwyn i gof chwerthin iach. Yn adran ganol y strwythur teiran mae ffigurau cromatig y cyfeiliant yn ychwanegu at y naws digri. Parhau wna'r ysgafnder hyd y diweddglo pan sylweddolir bod y goddrych ar hyd yr amser wedi bod yn chwerthin – 'am ddim', gyda chyfarwyddyd y cyfansoddwr, 'half spoken'!

Ond nid oedd y dolurus fyth yn bell o dan y wyneb, ac fe

drodd Vaughan Thomas at waith Rhys [Rice] Jones (1713-1801). Cân fer o 38 bar yn unig i lais isel yw 'Einioes', gosodiad o gerdd gaeth a'i neges brudd, gyda'r llais yn canolbwyntio ar gyfres o ebychiadau yn hytrach na chymalau'n llifo, a'r symud cromatig yn y cyfeiliant yn atgyfnerthu'r pesimistiaeth: 'Fel cysgod darfod bob dydd / Dan benyd mae dyn beunydd.'

Cerdd gan y bardd Saesneg, William Collins (1721-1759) yw 'How sleep the brave', sy'n sôn am y ffordd y mae'r Gwanwyn, wrth ddeffro, yn anrhydeddu beddau'r milwyr a fu farw mewn rhyfel, a sut mae'r angylion yn eu clodfori trwy seinio clychau a chanu galarnad. Mae gosodiad digyfeiliant Vaughan Thomas i gôr cymysg, SSATBB, yn cadw at gwmpawd lleisiol bwriadol gyfyng sy'n arwain at wead clòs. Rhan-gân effeithiol a sensitif ydyw, gyda'r dilyniant cordiau mewn mannau homoffonig yn dwyn i gof Edward Elgar. Mae'r rhain yn gwrthgyferbynnu gydag adrannau gwrthbwyntiol cynnil, a cheir sgorio lleisiol effeithiol ar y geiriau 'To bless the turf that wraps their clay' ('Ei fendith ar dywarchen ddrud' yng nghyfieithiad coeth y cyfansoddwr), lle ceir rhai lleisiau'n cynnal nodyn hir tra bod eraill yn gweu dilyniannau byrion o'i hamgylch, gan orffen mewn diweddglo o harmonïau gafaelgar.

Gosodiad digyfeiliant i gôr SATB o eiriau Lorenzo yn *The Merchant of Venice* Shakespeare yw 'How sweet the moonlight', gyda chyfieithiad Cymraeg safonol unwaith eto gan y cyfansoddwr ei hun – 'Mor felys yma y cwsg y lloergan llwyd'. Anian bur cerddoriaeth yw thema'r testun, sy'n awgrymu mai dim ond yr angylion all glywed cerddoriaeth nefol y sêr, sydd y tu hwnt i ddirnadaeth ddynol. Her i unrhyw gyfansoddwr yw adlewyrchu geiriau sy'n trin hanfod arallfydol cerddoriaeth fel hyn, lle disgwylir, efallai, ddulliau trawiadol o fynegiant corawl. Nid yw'r agoriad ystrydebol yn addawol, ond daw adrannau lle mae'r lleisiau'n nofio'n llyfn trwy gyweiriau amrywiol i achub y dydd, gan gyrraedd uchafbwynt gwirioneddol drawiadol ar y geiriau 'like an angel sings'. [*Enghraifft 13*] Hwyrach felly fod yma ambell gymal llai dychmygus, lle y byddai wedi talu ffordd i'r cyfansoddwr ddychwelyd at ei gerddoriaeth i fireinio rhyw ychydig arni. Yn un o ddarnau prawf Eisteddfod Genedlaethol Llanelli ym 1930, daeth Côr Pontarddulais, dan arweiniad T Haydn Thomas, nai'r cyfansoddwr, yn ail agos i Gôr Ystalyfera yn y brif gystadleuaeth.

Cyfeiriadau at fytholeg Groegaidd a geir gan William Drummond (1585-1649) yn ei gerdd, 'Phoebus, Arise'. Yn ei osodiad, rhanna Vaughan Thomas ei adnoddau lleisiol yn ddau gôr, gyda chyfeiliant cerddorfaol. Cyferbynnir adran gyntaf ddramatig i gôr meibion (TTBB), sy'n deisyf am oleuni mewn byd tywyll, gyda'r ail i gôr merched (SSA), 'This is that happy morn', yn delynegol gysurlon.

Agorodd y BBC yr orsaf ddarlledu gyhoeddus reolaidd gyntaf yn y byd ar 14 Tachwedd 1922 yn Llundain. Y diwrnod canlynol agorwyd gorsafoedd yn Birmingham a Manceinion, ac yna Newcastle ar 24 Rhagfyr a Chaerdydd ar 13 Chwefror 1923. Dros y flwyddyn nesaf sefydlwyd canolfannau darlledu llai ar gyfer llawer o ddinasoedd a threfi gan gynnwys Abertawe. Sylweddolwyd y goblygiadau a'r cyfleoedd ar gyfer cerddoriaeth ar unwaith, a daeth y cyfrwng newydd yn gynyddol bwysig wrth ddod â pherfformiadau o ansawdd uchel i ystafelloedd byw'r cyhoedd dros y tonnau awyr, wrth i fwy a mwy o bobl, dros amser, allu fforddio prynu set radio. Daeth Walford Davies yn ymgynghorydd cerddorol i'r BBC, gan ddod yn fwyfwy adnabyddus i'r cyhoedd trwy gyfrwng ei sgyrsiau esboniadol ar gerddoriaeth rhwng 1924 a 1941. Ond roedd Vaughan Thomas hefyd yn effro i bwysigrwydd y cyfrwng newydd gan gyfrannu i raglenni o gerddoriaeth Gymreig a Chymraeg fel trefnydd ac arweinydd. Bu'n darlledu mewn datganiadau o gerddoriaeth siambr yn gyson hefyd, gyda'i Vaughan Thomas Quartette, a oedd yn cynnwys Morgan Lloyd (ffidil), Dorothy W Davies (fiola) ac Edgar Williams (cello) yn ogystal â Thomas ei hun fel pianydd. Ar adegau ychwanegwyd Ethel Hunter (ail ffidil) i'r ensemble gan ffurfio'r Vaughan Thomas Quintette. Ar

wahân i'w dalent trawiadol fel perfformiwr, cofir am
Morgan Lloyd hefyd gan lu o'i ddisgyblion, ac yntau'n dal yn
athro teithiol egnïol hyd at chwedegau'r ganrif ddiwethaf.
Efelychodd Vaughan Thomas arfer Walford Davies wrth
ddarlledu ambell ddarlith a sgwrs radio, fel y gwnaeth ym
1925 pan gyflwynodd 'Eisteddfod Music Swansea 1926'.

Mae'n fwy na phosib mai ar gyfer darllediad radio y
cyfansoddodd Vaughan Thomas ei 'Welsh Dance', i delyn,
ffidil ac obo. Darn un symudiad yn G fwyaf mewn ffurf
deiran yw'r cyfansoddiad bywiog, chwareus a sionc hwn,
mewn ymgais i efelychu dawnsiau traddodiadol Cymreig.
Trefnodd y cyfansoddwr y ddawns i *ensemble* llinynnol maes
o law, ac fe'i perfformiwyd yn un o gyngherddau'r Swansea
Chamber Music Society ym 1926.

Yn y blynyddoedd cynnar yma o ddarlledu radio, teimlai
nifer mai annigonol oedd sylw'r BBC i Gymru a'i
cherddoriaeth. Mewn sylwadau i'r *Liverpool Echo* ym mis
Hydref 1934 beirniadodd y bariton J Owen Jones, Owen
Bryngwyn (1884-1972) y BBC am ddiffyg cefnogaeth i
gerddoriaeth Cymru. Yn ei farn ef, roedd y broblem o
gefnogi cyfansoddwyr o Gymru wedi dwysáu ers i'r BBC
ddod i fodolaeth. Er bod y BBC wedi cynyddu'r nifer o bobl
oedd yn hoff o gerddoriaeth, meddai, araf iawn y bu i hybu
cerddoriaeth Gymreig yn benodol. Er i'r Gorfforaeth
chwarae rhan mewn datblygu chwaeth gerddorol
gwrandawyr radio'n gyffredinol, esgeulusodd
gyfansoddiadau newydd Cymru. Aeth ymlaen i awgrymu fel
canlyniad, nad syndod fyddai canfod bod trwch y
boblogaeth o'r farn nad oedd cerddoriaeth gyfoes gan
gyfansoddwyr o Gymru yn bodoli o gwbl.

Profodd Vaughan Thomas un dargyfeiriad dymunol ym
mis Medi 1925 gyda pherfformiad o'i gerddoriaeth yn y
Three Choirs Festival, un o wyliau cerdd enwocaf Lloegr, a
gynhaliwyd y flwyddyn honno yng Nghaerloyw, ac a
ddarlledwyd gan y BBC am y tro cyntaf. Yn y Shire Hall
mewn cyngerdd o gerddoriaeth amrywiol, perfformiodd
Muriel Brunskill dau o'i osodiadau o eiriau Meredith, 'Song

in the songless' a 'When I would image' gyda chyfeiliant cerddorfaol a'r cyfansoddwr yn arwain. Mewn wythnos pan glywyd toreth o gerddoriaeth mewn sesiynau bore, prynhawn a nos, gan gynnwys llu o weithiau estynedig yn yr Eglwys Gadeiriol ei hun, cynhwysiad cymharol ddi-nod oedd caneuon Vaughan Thomas, ac ni chawsant fawr o sylw yn y wasg. Eithriad nid annisgwyl oedd geiriau canmoliaethus Leigh Henry, a ddisgrifiodd y caneuon yn ei adolygiad yntau fel, 'masterly studies in essentially Celtic moods'.

Ychydig fisoedd cyn hynny, fel cydnabyddiaeth o'i statws cenedlaethol, gwahoddwyd Vaughan Thomas i gyflwyno papur i'r Pan Celtic Congress yn Nulyn. Gan ymuno â siaradwyr megis John Morris Jones, T Gwynn Jones, W J Gruffydd a Saunders Lewis, testun y cerddor oedd 'Nationalism in Music'. Gyda Leila Megane (1891-1960) yn cadeirio'r cyfarfod, ceisiodd y cyfansoddwr grynhoi'r hyn yr oedd cenedlaetholdeb celfyddydol yn ei olygu iddo ef mewn cyd-destun rhyngwladol:

> Music is like poetry, where a word, because of its emotional content, born of a poet's participation in a particular national life and tradition, might conjure up a whole world of feeling and suggest, quite apart from its surface meaning, the idiom to which a composer of strong national tendency would be most prone. His use of that idiom would carry more conviction than when it was used by others as a pose. Ultimately, he was of more interest to the world outside as a master of traditional craft than he would be as an insincere imitator.

Trwy ymgolli yn ei waith diflino, rhoddodd Vaughan Thomas ei siomedigaethau i'r naill ochr, o leiaf am y tro, a beth bynnag, roedd blwyddyn gyffrous yn ei aros ym 1926.

13.

Eisteddfod Abertawe 1926

Yn nathliadau Gŵyl Ddewi Cymdeithas Lenyddol Cwmbwrla, Abertawe ym 1925, y prif westai oedd Vaughan Thomas, a gyflwynwyd fel y gŵr oedd newydd ei benodi yn Gyfarwyddwr Cerdd yr Eisteddfod Genedlaethol ar gyfer ei hymweliad ag Abertawe y flwyddyn ganlynol. Roedd eisoes, fel y gwelwyd, yn Gadeirydd y Bwrdd Cerdd a sefydlwyd gan yr Orsedd ym 1923. Er gwaethaf bodolaeth pwyllgor cerdd lleol, cymaint oedd y parch tuag at Vaughan Thomas fel y dirprwywyd iddo'r dasg enfawr o awgrymu darnau prawf ar gyfer yr holl gystadlaethau cerddorol. Erbyn canol mis Mawrth, 1925, roedd eisoes wedi cwblhau'r dasg ar gyfer y prif gystadlaethau, gyda'r penderfyniad heriol y byddai'r holl ddarnau yn y cystadlaethau corau cymysg a chorau meibion i'w canu'n ddigyfeiliant. Roedd y dewisiadau'n adlewyrchu dyhead Vaughan Thomas i gwmpasu ystod eang o gerddoriaeth amrywiol, gyda pharch nid yn unig at gerddoriaeth gynhenid Gymreig a Chymraeg, ond hefyd tuag at gyfansoddiadau o draddodiadau eraill. Y canlyniad oedd casgliad o ddarnau safonol o gyfnodau a gwledydd gwahanol, sawl un ohonynt yn anghyfarwydd. Mae'n werth nodi'r holl ddarnau ar gyfer y prif gystadlaethau er mwyn dangos *rationale* eangfrydig Vaughan Thomas wrth ddewis a dethol:

Côr cymysg (heb fod yn llai na 150 o leisiau)
(a) 'Come, Jesu, Come', J S Bach
(b) 'Bywyd', Vaughan Thomas
(c) 'From land to land', Sergei Taneyev
Côr cymysg (75-100 o leisiau)
(a) 'Croesi'r Traeth', John Henry Roberts
(b) 'Two roses', César Cui
(c) 'Tell me, o love', Hubert Parry

Côr meibion (heb fod yn llai na 80 o leisiau)
(a) 'The twilght tombs of ancient kings', Bantock
(b) 'The Wanderer', Elgar
(c) 'Blow, blow thou winter wind', J Owen Jones
Côr meibion (40-60 o leisiau)
(a) 'Fierce raged the tempest', Ioan Williams
(b) 'Yr hufen melyn', trefn. Osborne Roberts
(c) 'Men of Eric', James Lyon
Côr merched (35-50 o leisiau)
(a) 'Music when soft voices die', Charles Wood
(b) 'The death of Trenar', Brahms
(c) 'The holly', E T Davies
Anthem (40-60 o leisiau)
(a) 'Bow thine ear', Byrd
(b) 'Put me not to rebuke', William Croft
(c) 'Cenwch i'r Arglwydd', E T Davies
Côr plant (40-60 o leisiau)
(a) 'By dimpled brook', Thomas Dunhill
(b) 'Cân y gwanwyn', T Hopkin Evans

Heb amheuaeth, ei fwriad oedd ymestyn gorwelion corau
Cymru o ran techneg ac ymwybyddiaeth o arddulliau
gwahanol. Yn y brif gystadleuaeth i gorau cymysg, roedd
pob un o'r darnau'n gofyn am gôr dwbl, gyda'r rhaglen gyfan
yn ymestyn i ryw hanner awr o ganu i bob côr, mewn
cystadleuaeth a barhaodd am bedair awr. Cyfansoddodd
Vaughan Thomas 'Bywyd' yn benodol i'r gystadleuaeth, ac
ychydig a fyddai hyd yn oed yn ymwybodol o gerddoriaeth
Taneyev y tu allan i'w famwlad, Rwsia. Mae motét Vaughan
Thomas yn cwestiynu bywyd o safbwynt pesimistaidd,
gyda'r geiriau o gywyddau William Llŷn (c.1534-1580).
Nodweddir yr ysgrifennu gan driniaeth antiffonaidd rhwng
y ddau gôr, gyda chymalau sy'n llifo'n rhwydd mewn
gwrthbwynt dyfeisgar, a'r cyfansoddwr yn dewis rhywfaint o
economi yn ei ofynion ar ystod y lleisiau, gyda phopeth yn
gorwedd o fewn cwmpawd cyfyng. Adlewyrchir
pesimistiaeth y farddoniaeth yn y driniaeth gerddorol – y

bedd yw'r nod a'r unig bwynt o orffwys. Ni cheisir unrhyw
wrthgyferbyniadau eang, wrth i'r cyfansoddwr ddibynnu ar
gynildeb o ran lliwio lleisiol, rhythm a thriniaeth harmonig,
a ddisgrifiwyd gan un adolygydd fel 'a kind of monotony
which avoids tedium'.

Er gwaethaf yr her amlwg, daeth saith o gorau i gystadlu,
chwech o Gymru ynghyd â'r Hereford Harmonic Society. Y
beirniaid oedd Granville Bantock, Daniel Protheroe,
Richard Terry a Vaughan Thomas, a dyfarnwyd y wobr i'r
Mid Rhondda Choral Society, yr ail i Gôr Ystalyfera a'r
drydedd i'r côr o Henffordd.

Yn y brif gystadleuaeth i gorau meibion, unwaith eto
mewn rhaglen heriol, denwyd yn wreiddiol ddau ar bymtheg
o gorau i'r ornest, gan gynnwys un o'r Unol Daleithiau
(Cleveland, Ohio) ac un o Loegr (Hadley). Mewn cyfnod o
ddirwasgiad enbyd, streiciau ac anghydfod cas o fewn y
maes glo, nid oedd yn syndod gweld chwech o gorau
Cymru'n tynnu'n ôl yn y pen draw. Serch hynny, ymhlith yr
un ar ddeg a ymddangosodd, roedd nifer a gipiodd
wobrwyon yn y gorffennol. Noddwyd ymweliad y Cleveland
Orpheus â'r Eisteddfod gan Edwin S Griffths (1868-1930),
Cymro alltud, ac un o wŷr busnes mwyaf llwyddiannus a
chyfoethog Ohio ar y pryd. Nid peth newydd oedd gweld
corau o'r Unol Daleithiau a Chymru yn ymweld â gwyliau
cystadleuol ei gilydd, ac roedd Charles P Dawe (1876-1958)
wedi arwain ei gôr i'r brig yn yr ail gystadleuaeth i gorau
meibion yn Eisteddfod yr Wyddgrug ym 1923. Cymro
Cymraeg o Dai-bach, Port Talbot oedd Dawe, a ymfudodd i'r
Unol Daleithiau ym 1912, er iddo dreulio llawer o
gyfnodau'n ymweld â'i famwlad ar hyd ei oes. Hyd yn oed
cyn iddynt ganu, syfrdanwyd y gynulleidfa gan eu gwisgoedd
trawiadol, a nodwyd yn frwd gan ohebydd y *Western Mail* –
'blue refer jackets, white flannel trousers and white shoes'!
Beth bynnag am eu gwisg, haeddodd eu canu y safle cyntaf,
ymhell ar y blaen i Gôr Dowlais, yn ail, a Phorth Tywyn yn
drydydd. Ymhlith y corau aflwyddiannus roedd y Morriston
United, yn ymddangos am y tro cyntaf yn y Genedlaethol, a

hynny dan arweiniad Ivor Evan Sims (1897-1961), gŵr a oedd i ddatblygu enw arbennig iddo'i hun yn hanes corau meibion Cymru'r ugeinfed ganrif. Roedd gan ohebydd y *Musical Times* amheuon am briodoldeb darnau gosod y gystadleuaeth:

> But perhaps some little reflection must be cast on the composers for choosing such esoteric themes for men's voices. It was as though the singers were in strait-waistcoats – longing to be free in order to throw themselves heartily into some simple song of love, drink or battle.

Nid 'love, drink or battle' oedd ym meddwl Vaughan Thomas wrth ddethol.

Denwyd llu o gantorion o bob cwr o Gymru i'r cystadlaethau lleisiol ar gyfer oedolion a phobl ifanc, a'r Eisteddfod hon oedd y gyntaf i gyflwyno cystadleuaeth 'unawd operatig' – datblygiad arloesol a llwyddiannus arall.

Cyfansoddodd Vaughan Thomas 'Y fun a'r lliw ewyn llif', sef darn i bedwarawd SATB, gyda chyfeiliant i'r piano, ar gais arbennig Pwyllgor yr Eisteddfod. Detholiad o eiriau allan o gywyddau Bedo Aeddren (c.1480-1520) yw'r testun, gyda chyfieithiad Saesneg, 'My love is white as the foam' gan y cyfansoddwr. Disgrifiad sydd yma o berffeithrwydd y ferch – 'angyles yn fy ngolwg' ond diweddglo o siom, oherwydd, 'Arwydd serch ni roddes hon'. Cerddoriaeth delynegol yn llifo'n rhwydd sy'n nodweddu'r gosodiad.

Dangosodd adran offerynnol yr Ŵyl benderfyniad Vaughan Thomas i wrthyrru honiadau di-rif y cyfnod nad oedd Cymru'n arddel unrhyw fath o ymroddiad i gerddoriaeth offerynnol. Yn ogystal â chystadlaethau ar gyfer unawdwyr offerynnol, trefnwyd ystod eang o gystadlaethau ar gyfer deuawdau a grwpiau siambr, ynghyd â thair cystadleuaeth i gerddorfeydd amrywiol eu natur, a'r cystadlaethau traddodiadol i fandiau pres. O ran y brif gystadleuaeth i gerddorfeydd, nodwyd yr angen am o leiaf

36 o chwaraewyr gyda chaniatâd i gynnwys 10 chwaraewr proffesiynol. Eto, nid oedd unrhyw gyfaddawdu o ran safonau'r darnau gosod, a gofynnwyd am berfformiadau o'r agorawd Leonora, rhif 3 gan Beethoven, ynghyd â Dwy Ddawns Hwngaraidd gan Brahms. Cerddorfa Herbert Ware, Caerdydd, ddaeth i'r brig, gyda chanmoliaeth i'r cymylau o gyfeiriad James Lyon (1872-1949), y beirniad, sylwadau a fyddai hefyd wedi plesio Vaughan Thomas. Meddai Lyon:

> I doubt whether there has ever been such wonderful playing at any festival in the world. You have something to be extremely proud of, in that you have recorded a precedent in Swansea by having given an orchestral performance which is the finest amateur performance I have heard.

Bu Herbert Ware (1885-1955) yn arloeswr allweddol wrth ddatblygu cerddoriaeth gerddorfaol yng Nghymru'r cyfnod hwn. Nid llwyddiant Eisteddfod Abertawe oedd y cyntaf iddo o bell ffordd, na'r olaf chwaith, wrth i'w gerddorfa lawn a'i gerddorfa linynnol, sgubo gwobrau di-rif yn yr Eisteddfod Genedlaethol ynghyd â phrif wyliau cerdd Lloegr rhwng 1920 a 1938. Ar wahân i gyflwyno *repertoire* cerddorfaol clasurol, nodwyd eisoes i'w gerddorfeydd chwarae rhan bwysig hefyd wrth gyfeilio mewn perfformiadau o weithiau corawl estynedig. Daeth ei gerddorfa linynnol yn ail yn Abertawe, gyda cherddorfa tref yr Eisteddfod yn dod i'r brig – arwydd sicr bod cerddoriaeth offerynnol safonol yn lledaenu'n chwim erbyn hyn.

Lleolwyd cystadlaethau offerynnol yr unawdwyr a'r grwpiau siambr yn neuadd eglwys St Gabriel, nid nepell o faes yr Eisteddfod ym Mharc Fictoria. Yno, trwy gydol yr wythnos, tyrrodd niferoedd sylweddol i wrando a chefnogi, gan unwaith eto wrth-ddweud y farn mai annatblygedig oedd y diddordeb mewn cerddoriaeth offerynnol yng Nghymru. O ran lleoliad y Brifwyl ei hun, bu peth dadlau. Wedi'r cyfan, cynhaliwyd yr Orsedd yng Ngŵyl y Cyhoeddi flwyddyn yn gynt ym Mharc Singleton. Ond gyda'r hwyr, parc bychan, deniadol Cwmdonkin oedd y lleoliad ar gyfer Cyngerdd y Cyhoeddi yn yr awyr agored, gyda Chôr yr Eisteddfod dan arweiniad Vaughan Thomas, Côr Meibion Abertawe a'r Cylch, Côr Merched Abertawe, a Band Pres Gwauncaegurwen yn cymryd rhan. Ond dros gyfnod o chwe mis cyn yr Ŵyl ei hun, adeiladwyd ar ei chyfer bafiliwn enfawr ar dir parc Fictoria, safle oedd yn edrych dros olygfeydd godidog Bae Abertawe a'r Mwmbwls, ac yno y cynhaliwyd yr Eisteddfod ei hun, er i'r Orsedd barhau i gyfarfod ym mharc Singleton yn ystod yr wythnos. Nid anarferol oedd brolio am hyd a lled pafiliwn unrhyw Eisteddfod Genedlaethol, a'r lle o'i fewn ar gyfer eisteddfodwyr. Ym 1926 yr amcangyfrif oedd bod yr adeilad yn dal ugain mil. Beth bynnag am hynny, roedd fwy neu lai yn llawn ar gyfer pob un o'r cyngherddau hwyrol o'r nos Lun agoriadol i'r Sadwrn olaf oll. Unwaith eto, Vaughan Thomas ddewisodd yr holl gerddoriaeth oedd i'w pherfformio, ynghyd â'r perfformwyr; ef ysgrifennodd y nodiadau cynhwysfawr ar gyfer pob rhaglen; ef wnaeth drefniannau cerddorfaol ar gyfer nifer sylweddol o'r darnau oedd hyd hynny â chyfeiliant i'r piano yn unig; ac ef sicrhaodd wasanaeth Cerddorfa Symffoni Llundain ar gyfer yr Ŵyl. Ar ben hynny oll, roedd ganddo ddyletswyddau arwain sylweddol ym mhob un o'r chwe chyngerdd.

Dechreuwyd y cynllunio ar gyfer y cyngerdd agoriadol cyn diwedd 1925, gyda'r nodyn canlynol yng nghofnodion Pwyllgor Addysg Cyngor Abertawe:

...a letter had been received from the Swansea National Eisteddfod Committee intimating that it was their intention to hold a children's concert on the first day of the Eisteddfod week with a choir of about 1000 children between the ages of eleven and sixteen. The Eisteddfod Committee proposed that the pieces to be sung at the concert should be taught at the schools, and that the best singers should be selected from the children. The conductor would be Dr Vaughan Thomas. The Education Committee approved the idea and instructed the Director of Education to give all the assistance possible.

Ac felly y bu, gyda'r côr yn ei le yn y pafiliwn mawr nos Lun, 2 Awst 1926, heb anghofio'r ffaith y cyflwynwyd eisoes gyfoeth cerddoriaeth y noson i filoedd eraill o blant ysgolion Abertawe dros y misoedd blaenorol trwy weledigaeth Vaughan Thomas a'r Pwyllgor Addysg. Er gwaethaf barn J Lloyd Williams yn *Tir Newydd* am yr hyn yr honnai oedd yn elfen o ddifaterwch gan Vaughan Thomas tuag at alawon gwerin y genedl, neilltuwyd hanner cyntaf y cyngerdd i'r traddodiad hwnnw. Yn fwy na hynny, trefnodd Vaughan Thomas nifer sylweddol o'r alawon gwerin ei hun, rhai ohonynt yn unsain, rhai yn ddeusain ac eraill ar gyfer SSA, gan baratoi'r cyfeiliannau ar gyfer cerddorfa hefyd. Flwyddyn yn gynt, mynegodd ei farn yn glir mewn cyflwyniad yn y Celtic Congress yn Nulyn, gan ddweud:

> Wales should go back to its ancient sources of music - the traditional folk-song, the ballads and the carols, the penillion singing and the harp melodies as a foundation of a Welsh school of music.

Cyhoeddodd maes o law gasgliad o ddeg o drefniannau o alawon gwerin i blant. Ymddangosodd y rhain mewn chwe argraffiad rhwng 1928 a 1954, gyda chyfieithiadau Saesneg gan Vaughan Thomas ei hun. Er eu symlrwydd, mae'r cyfeiliannau yn hynod ddyfeisgar ac yn llawn dychymyg cerddorol, ond heb fyth danseilio ymdeimlad a naws gwerinol yr alawon. Er enghraifft, mae ei driniaeth o'r 'Gog Lwydlas' yn hynod gywrain, gyda chân dau-nodyn y gwcw'n rhedeg yn ddi-dor drwy'r cyfeiliant, uwchben clytwaith o harmonïau tlws. [*Enghraifft 14*]

Yn ail hanner y cyngerdd agoriadol, tystiwyd i fenter arwyddocaol arall gyda pherffformiadau gan Gerddorfa

Ieuenctid newydd ei sefydlu – ymateb arall i'r feirniadaeth negyddol ar gyflwr offerynnol y genedl. Chwaraewyd Sinfonia da Chiesa gan Andrea Stefano Fiore (1686-1732); 'Spring Dance' gan Afan Thomas; ac 'Elegy' a 'Dance for Orchestra' gan R Maldwyn Price (1890-1952).

Cafwyd rhagor o alawon gwerin yng nghyngerdd nos Fawrth gan yr unawdwyr, Mair Jones, Ben Davies, Olive Gilbert a William Michael, gyda Nancy Morgan ar y delyn. Gyda chwe chant o gantorion Côr yr Eisteddfod yn ymddangos yn eu cyngerdd cyntaf a Cherddorfa Symffoni Llundain hefyd yn bresennol unwaith eto, gwledd o gerddoriaeth gorawl a cherddorfaol oedd yr arlwy, gyda'r pwyslais ar gerddoriaeth Gymraeg a Chymreig. Perfformiwyd anthem fawreddog Ambrose Lloyd (1815-1874), 'Teyrnasoedd y ddaear', gyda'r cyfeiliant wedi ei drefnu i gerddorfa gan Vaughan Thomas; felly hefyd 'Y Danchwa' gan Alaw Ddu, W T Rees (1838-1904). Gan arddangos eto ymdrechion cyfredol cyfansoddwyr o Gymru i ysgrifennu ar gyfer cerddorfa, cafwyd perfformiadau o'r 'Pastorale' a'r 'Torch Dances' gan Vincent Thomas (1873-1940); y 'Brythonic Rhapsody' gan Haydn Morris, un o gyn-ddisgyblion Vaughan Thomas, fel nodwyd eisoes; 'Variations' gan Hubert Davies (1893-1965); a 'Preliwd Llyn y Fan' gan Leigh Henry. Efallai mai'r darn mwyaf trawiadol ar y rhaglen gerddorfaol oedd 'The Birds of Rhiannon', gan Joseph Holbrooke (1878-1958). Sais oedd Holbrooke, ond gŵr oedd â diddordeb arbennig yn chwedloniaeth Cymru, ac a ysgrifennodd nifer o ddarnau'n seiliedig ar y Mabinogi a straeon Cymreig eraill. Yn unigolyn enigmatig, daeth ei addewid fel cyfansoddwr blaengar yn Lloegr yn amlwg yn negawdau cynnar yr ugeinfed ganrif, er i'w enw da bylu rhywfaint wedi hyn wrth i'w ymagwedd suro tuag at hyrwyddwyr cyngherddau a chyhoeddwyr cerddoriaeth. Yn hyn o beth, dangosodd Vaughan Thomas ymddiriedaeth yn ei waith, trwy gynnwys yn yr Eisteddfod ei gathl symffonig, nad oedd ond wedi ei ysgrifennu ym 1923.

Daeth y cyngerdd i'w derfyn gyda pherfformiad o

anthem Vaughan Thomas, 'Ysbryd yw Duw', darn a glywyd am y tro cyntaf yn Eisteddfod Genedlaethol Caerfyrddin ym 1911, ond bellach wedi ei harddu gyda chyfeiliant cerddorfaol newydd.

Barnwyd mai dim ond yr ail berfformiad erioed yng Nghymru o Symffoni Rhif 9 Beethoven a glywyd yng nghyngerdd nos Fercher yr Eisteddfod. Rhoddwyd y cyntaf gan y gŵr y cyfeiriwyd at ei ddoniau eisoes, sef Herbert Ware gyda'i gerddorfa yng Nghaerdydd yn ystod ei orchest syfrdanol o berfformio'r cylch cyfan o symffonïau'r meistr Almaenig dros gyfnod o dair blynedd. Yng nghyngerdd Abertawe, yn ogystal â'r Beethoven, perfformiwyd Concerto Brandenburg Rhif 6 gan Bach; *Magnificat* o waith yr un cyfansoddwr; a'r 'Recordare' allan o Requiem Mozart. 'The choir sailed gallantly through Beethoven's Finale', meddai gohebydd *The Musical Times*, gyda'r perfformiad hefyd yn denu geiriau o ganmoliaeth arbennig gan Walford Davies, a soniodd am 'a splendid achievement of the Swansea Eisteddfod Choir under the inspiring leadership of Dr. Vaughan Thomas'.

Ar y nos Iau, yn dilyn y gathl symffonig, 'Don Juan', gan Richard Strauss, ac agorawd Berlioz, 'Le Carnival Romain', clywyd gweithiau cerddorfaol hefyd gan gyfansoddwyr Cymreig yn cynnwys Hubert Davies, Afan Thomas a Leigh Henry. Yn goron ar y cyfan perfformiwyd 'Sea Wanderers', darn i gôr a cherddorfa, gan Granville Bantock. Er bod hwn yn gyfansoddiad gan ei ffrind-gydol-oes, roedd yn ddewis beiddgar ar ran Vaughan Thomas. Pwysleisiai thema 'Sea Wanderers', mewn libreto gan wraig Bantock, pa mor frau yw mordaith dyn mewn bywyd, gan fynd drwy'r ansicr, a dim ond gobaith gwan ar ei ddiwedd. Roedd yn thema dywyll yn wir, ac er clod i Vaughan Thomas, llwyddodd i ysbrydoli ei gantorion i gyflwyno'r neges eithaf esoterig hon i gynulleidfa Eisteddfod. Roedd Granville Bantock ei hun wrth ei fodd, gan ysgrifennu at Vaughan Thomas wedi i'r Ŵyl orffen:

My dear Vaughan Thomas – My first duty and pleasure on my return home must be to express my gratitude to you for the wonderful and exhilarating performance of 'Sea Wanderers' at last Thursday's concert. You will believe me, I know, when I say that it was the finest performance of the work I have heard, and I shall never expect to hear this work again under such favourable conditions.

The glorious singing of this great Eisteddfod choir of Welsh singers was a revelation to me, and I do thank you all from my heart for the fine enthusiasm and devotion, without which such a splendid result could not have been attained. I feel more than grateful to you and your colleagues – who shared with you the arduous task of preparation – and to each individual member of the choir for this very memorable experience.

Hefyd yn y cyngerdd ymddangosodd tri o hoff gantorion Vaughan Thomas, sef Margaret Balfour, David Ellis a David Brazell. Canodd David Ellis y *Saith o Ganeuon*, gydag ychwanegiad gan Vaughan Thomas o 'Interliwd' i'w gylch, lle'r oedd trwmped yn ymuno gyda'r delyn a'r llinynnau. Canodd Brazell hefyd osodiadau gan Vaughan Thomas o 'Stafell Cynddylan' a 'Berwyn'.

Paratowyd detholiad o 'Stafell Cynddylan' ar ran y cyfansoddwr gan yr Athro Henry Lewis, Coleg y Brifysgol Abertawe, ac ef hefyd a gyflwynodd aralleiriad mewn Cymraeg diweddar ar gyfer cyhoeddi'r gerddoriaeth gan Snell ym 1926. Darparwyd cyfieithiad mydryddol Saesneg gan y cyfansoddwr. Yn ôl Henry Lewis, daw'r geiriau o Lyfr Coch Hergest, ac fe briodolwyd y penillion i Llywarch Hen, a leolir yn arferol yn y chweched ganrif. Awgryma ymchwil mwy diweddar bod tarddiad y farddoniaeth yn amwys, ond bod y gyfres o englynion penfyr yn perthyn i gasgliad cynnar a adweinir fel Canu Heledd. Lladdwyd y tywysog Cynddylan a'i frodyr wrth amddiffyn yn erbyn y gelyn Eingl-Sacsonaidd, rywbryd rhwng y seithfed a'r nawfed ganrif, gyda Heledd y chwaer yn goroesi i adrodd hanes y frwydr a thranc ei theulu, a'r distrywio a fu ar Neuadd Cynddylan ym Mhengwern.

Mae'r gosodiad i lais bariton gyda chyfeiliant i ffidil, cello a thelyn yn dal naws tywyll a bygythiol y farddoniaeth mewn modd trawiadol iawn, gyda'i iaith harmonig yn feiddgar, a'r ysgrifennu i'r cyfuniad offerynnol yn ddychmygus. Mae ebychiadau galarus cyson y canwr, yn aml gyda chyfyngau lleisiol onglog eu natur, yn dwysáu ymdeimlad o anobaith llwyr y darlun trasig. Trefnwyd y cyfeiliant i gerddorfa lawn hefyd, gydag ychwanegiad anarferol o sain glockenspiel i liwiau'r gwead. O'i fath, teg yw disgrifio'r cyfansoddiad hwn fel carreg filltir yn natblygiad cerddoriaeth Gymraeg, a dyw'r pontio rhwng tarddiad y farddoniaeth hynafol a newydd-deb cerddorol y gosodiad ddim ond yn ychwanegu at natur hynod y gwaith. [*Enghraifft* 15] Rhoddodd y cyfansoddwr y teitl 'Pedwarawd' ar y darn hwn, gan awgrymu bod y llais a phob un o'r offerynnau unigol yn gyfwerth â'i gilydd o ran sylwedd cerddorol. Fe ymddangosodd yn Rhestr Testunau Abertawe fel darn gosod ar gyfer cystadleuaeth unigryw i'r cyfuniad anarferol. Darlledwyd y gân eisoes ar y radio cyn Eisteddfod Abertawe, Ddydd Gŵyl Dewi gyda Watcyn Watcyns yn unawdydd, a'r cyfeiliant gwreiddiol i ffidil, cello a thelyn. (Recordiwyd y fersiwn gwreiddiol gan Roderick Jones, bariton; Osian Ellis, telyn; Granville Jones, ffidil; a Gwyneth George, cello – Decca, 1949/50).

Cywydd Robert Ellis, Cynddelw (1812-75) yw 'Berwyn', ac mae gosodiad Vaughan Thomas ohono yn dangos dychymyg cerddorol y cyfansoddwr ar ei orau. Nid oedd y gosodiad yn newydd ar gyfer Eisteddfod Abertawe, gan i Brazell ei ganu flwyddyn yn gynt yn un o gyngherddau Eisteddfod Pwllheli. Mae'n debyg na ddringodd Vaughan Thomas fynyddoedd y Berwyn erioed, ond ym 1925 wrth feirniadu yn Eisteddfod Pentrefoelas, derbyniodd rodd o gasgliad o gerddi'r bardd lleol, a 'Berwyn' yn eu plith.

Yn y gosodiad trawiadol hwn, mae yma lif naturiol i'r

llinell leisiol delynegol sydd wedi ei saernïo'n hynod gelfydd. Ceir tyfiant organig yn deillio o'r frawddeg 4-bar agoriadol, gyda dylanwad y modd Dorian yn treiddio trwy sawl cymal. Cyfeiliant cynnil, anymwthiol sydd yma, ond eto'n rhan annatod o'r gwead, gan symud yn ôl ac ymlaen o gordiau cynhaliol, i ffigur sy'n siglo'n dyner. Awgrymog yn hytrach na gor-amlwg yw'r dechneg o beintio geiriau, ond mae'r effaith bob amser yn hynod effeithiol. Naws bugeilgerdd sydd i'r adran agoriadol wrth ddisgrifio prydferthwch y mynydd a byd natur, cyn troi i dristwch diwedd oes yr adran ganol. Newid y mae'r awyrgylch myfyriol yn yr adran olaf, wrth i'r bardd synhwyro'i dranc a mynegi gyda dwyster ei awydd i ddychwelyd i lethrau'r mynydd. Yma ceir cyfle i'r unawdydd ddatgan ei ddyhead yn hyderus, gyda'r cyfeiliant, wrth adleisio'r llais, yn dwysau'r emosiwn. [*Enghraifft 16*]

Diweddglo mawreddog sydd i gywydd Cynddelw – 'Gan Ferwyn caf cynfawredd, / Ei graig fawr yn garreg fedd,' ac mae'r gerddoriaeth yn cydweddu â hynny, ond dewis Vaughan Thomas yw i'r cyfeiliant suddo i lonyddwch terfynol. Er yn cofleidio swyn y gynghanedd drwyddi draw, llwydda'r cyfansoddwr ar yr un pryd i osgoi ei chyfyngiad, a heb os nac oni bai, dyma'i osodiad mwyaf gafaelgar o'r mesurau caeth. Yn wir, dyma'i gân orau yn yr iaith Gymraeg, ac un sy'n sefyll fel un o glasuron y *genre* yn yr ugeinfed ganrif. Ysgrifennodd ei fab, Wynford:

> In three nights, playing on the piano till three in the morning, he created this song. I was the first to hear it when I came down in the dawn to do some belated work. As the last note died, father said to me, 'I wonder if this may be the one thing I have written which people might still want to sing long after I've gone?'

Roedd 'Berwyn' yn perthyn i bâr o ganeuon, 'Dwy Gân i Fariton', oedd ill dwy yn rhoi pwyslais ar freuder bywyd. Er na pherffromiwyd 'O Fair Wen' yn Abertawe, mae'n haeddu sylw fel enghraifft arall o arbrofion Vaughan Thomas wrth osod barddoniaeth gaeth. Detholiad o gywydd marwnad i Morgan ap Siôn ydyw, gan William Llŷn. Gyda'i bum curiad i'r bar, a'r newid i ddau neu bedwar wrth ddynesu at ddiweddeb, mae llinellau'r llais yn osgoi unrhyw undonedd posib yn deillio o fydr ac acenion y gynghanedd. Y canlyniad yw rhyw lithro araf ac ymdeimlad mesmeraidd i'r gerddoriaeth. Yn hynny, mae'r gosodiad yn cydio yn naws tywyll a phrudd-der y testun, er nad oes modd ffoi oddi wrth y casgliad mai cân alarus yw hon mewn perfformiad, fel yr adlewyrchir yn y cwpled, 'Mair o nef, mor annifyr / Yw'r byd bas a'r bywyd byr;'.

Elsie Suddaby, Barbara Samuel, Gwladys Partridge ac Ivor Walters oedd yr unawdwyr ar gyfer y perfformiad o *Israel in Egypt* Handel ar nos Wener yr Eisteddfod, er mai'r côr fyddai'n serennu gyda'r cytganau a'r cytganau dwbl treiddgar yn rheoli strwythur yr oratorio hon.

Meddai gohebydd y *Western Mail*:

> The choir was equal to all demands made upon it, and the tempi adopted certainly avoided that feeling of heaviness which is sometimes introduced by the long chain of heavy double choruses.

Fel aelod o'r gynulleidfa y noson honno, roedd bron yn anochel y byddai galw ar David Lloyd George i ddweud gair. Nodwyd eisoes ei fod yntau o leiaf yn ymwybodol o'r cynlluniau i ddenu Walford Davies i Gymru ym 1918, a hynny ar draul dyrchafu Vaughan Thomas i swydd allweddol. A oedd ei eiriau wrth annerch y dorf ym mhafiliwn Eisteddfod 1926 yn ddiffuant? Nodwyd ei sylwadau yn y wasg:

> I congratulate your conductor, Dr Vaughan Thomas (loud applause) on his work and on the work of the choir. (Hear, hear) Theirs has been a very fine achievement, and I have heard that what has happened

tonight happened the other night, when the choir was put to the test. I congratulate you, and I congratulate Dr Vaughan Thomas and the Eisteddfod, and I am glad that I have come here to listen to this great performance.

Roedd gwaith y côr a'r gerddorfa drosodd, a chafwyd cyngerdd amrywiol i gloi'r Eisteddfod ar y nos Sadwrn olaf. Leila Megane, Joseph Hislop ac Edith Furmedge oedd yr unawdwyr lleisiol, ynghyd â'r pianydd disglair, Claudia Lloyd, a Morgan Lloyd yn unawdydd ffidil. Cyfrannwyd ystod o gytganau poblogaidd hefyd gan Gôr Meibion Abertawe a'r Cylch dan arweiniad Llew Bowen.

Heb unrhyw amheuaeth, bu ochr gerddorol Eisteddfod Abertawe 1926 yn llwyddiant ysgubol, ac i Vaughan Thomas roedd y diolch am hynny, wrth iddo ymgymryd â'i ddyletswyddau hynod niferus cyn ac yn ystod yr Ŵyl. Er mai ei brif ysgogiad oedd sicrhau statws ac enw da ei dref ef ei hun, mae'n anodd credu nad oedd hefyd yn gwneud datganiad i'w genedl, ac i'r 'sefydliad' cerddorol newydd yng Nghymru, bod cam gwag wedi ei wneud wrth fethu â chydnabod ei allu, a'i ddyrchafu i rôl swyddogol genedlaethol. Wedi'r cyfan, dangosodd yr Eisteddfod ei gryfderau amlwg fel trefnydd a gweinyddwr yn ogystal ag fel cerddor ymarferol. Roedd llythyr Granville Bantock, a ddyfynnwyd eisoes, yn gorffen fel hyn:

The daily tributes on the platform and in the press that were paid to your own share of the music programme not only voice the unanimous expression of appreciation, but will lead everyone to hope that at the earliest opportunity you will receive some further acknowledgment and the reward due to you for long and faithful service to your native land.

Fel y nodwyd, un o banel beirniaid Eisteddfod Abertawe oedd y Sais, Richard Terry, yr organydd a'r côr-feistr a wnaeth waith arloesol i ddiwygio cerddoriaeth litwrgaidd cyfnod y Tuduriaid. Roedd yn ymwelydd cyson â'r Eisteddfod Genedlaethol, ac ar ôl ei brofiadau yn Abertawe ysgrifennodd yn y cylchgrawn, *The Queen*:

> Dr Vaughan Thomas has long been known as one of the most modest and indefatigable workers in the cause of Welsh music and 'music in Wales'. The Swansea Eisteddfod gave him at last his opportunity of doing something big, and the highest praise we can give him is to say that he rose to the occasion.

Cymaint oedd yr ysfa o ambell gyfeiriad i weld Vaughan Thomas mewn swydd o bwys, fel i awgrym annisgwyl ymddangos yn *Y Genedl Gymreig* ddiwedd 1925. Gydag ymddiswyddiad Syr Harry Reichel, Prifathro Coleg y Brifysgol Bangor yn agosáu, awgrymodd rhai, medd y papur newydd, y byddai Vaughan Thomas yn olynydd teilwng, ac mai braf fyddai cael cerddor yn bennaeth ar un o'r colegau yng Nghymru. Gwelwyd eisoes na roddwyd ystyriaeth iddo am swydd arall ym Mangor flynyddoedd yn gynt, ac mae'n amlwg mai breuddwyd gwrach fyddai hon. Beth bynnag am hynny, yr hyn oedd ym meddyliau pwysigion Eisteddfod 1926, a'r awdurdodau lleol, oedd bod Coleg y Brifysgol Abertawe yn dal heb ei Gadair Cerdd, a bod y cyfnod hwn yn amserol i unioni'r cam. Roedd yr argoelion yn dda, gyda Vaughan Thomas eisoes yn adnabyddus o fewn y Coleg. Ym Medi 1922 sefydlwyd Musical Society yno, ac yntau'n un o'r Is-lywyddion. Rai misoedd cyn yr Eisteddfod, bu Walford yn darlithio i'r gymdeithas honno, ac yn esbonio y byddai Vaughan Thomas hefyd yn gwneud yn yr un modd maes o law. Meddai'r *Western Mail*, wrth grynhoi sylwadau Walford Davies, 'He regarded Dr Thomas's collaboration as of great interest and of great importance'. Gwnaethpwyd cyhoeddiad arwyddocaol yn ystod cyngerdd nos Fawrth yr Eisteddfod yn esbonio'r bwriad o lansio apêl arbennig er mwyn gwaddoli Cadair Cerddoriaeth yn Abertawe, ac y byddai unrhyw warged o gynnal yr Eisteddfod yn cael ei neilltuo i'r perwyl hwnnw. Roedd hon yn thema a gododd dro ar ôl tro yn ystod wythnos yr Ŵyl, ac ni fu unrhyw ymdrech i guddio'r farn mai Vaughan Thomas oedd yn haeddu meddiannu'r Gadair honno. Mewn cyfarfod o Bwyllgor Gweithredol yr Eisteddfod o fewn wythnos i'w chynnal, cyhoeddwyd o ran y fantolen mai £17,000 oedd y gwariant ac £20,000 oedd yr incwm. Ond erbyn canol 1927, cyfrifwyd gwarged terfynol o £5,320. Allan ohono, dosbarthwyd cydnabyddiaeth i nifer o'r rhai a weithiodd er llwyddiant yr Ŵyl, gan gynnwys £300 i Vaughan Thomas – rhodd sylweddol. Rhoddwyd £1,000 i Ysbyty Abertawe ynghyd â £1,000 tuag at sefydlu Adran Gerdd ym Mhrifysgol y dref.

Ddaeth dim o enau Vaughan Thomas, ond iddo ddatgan ei farn yn glir y dylai Abertawe sefydlu gŵyl gerddorol yn y dref. Ni wireddwyd y freuddwyd honno tan 1948, ac yntau yn ei fedd ers pedair blynedd ar ddeg.

Yn ôl sibrydion ar y pryd, awgrymwyd bod un cymwynaswr dienw wedi gwneud cyfraniad personol i'r apêl i sefydlu Cadair Cerdd yn Abertawe, gan chwyddo'r 'gronfa' o ryw ychydig. Mewn gwirionedd, hyd yn oed wedyn, o ystyried y math o gyllid oedd yn angenrheidiol i sefydlu Adran Gerdd Prifysgol, annigonol oedd yr arian ar gael, ac ni fu unrhyw ymdrechion pellach i geisio chwyddo'r coffrau. Serch hynny, trosglwyddwyd yr hyn oedd ar gael i'r Coleg yn Abertawe, ac wedi ei fuddsoddi, mae'n debyg y defnyddiwyd y llog am gyfnod i gyflogi cerddorion proffesiynol i gyflwyno cyngherddau achlysurol i'r myfyrwyr. Caeodd drws arall yn wyneb Vaughan Thomas.

Fel y nodwyd eisoes, ymddeolodd Walford Davies o'i swydd fel Athro Cerdd Aberystwyth ym 1926, ac unwaith eto, yn dilyn gwaith arwrol diweddaraf Vaughan Thomas yn Eisteddfod Abertawe, gwelwyd ei gefnogwyr brwd yn ei hyrwyddo ar gyfer y swydd. Meddai un ohonynt mewn llythyr dienw i'r wasg:

Perhaps this letter will remind the English doctors of music who direct our Celtic music ideals that Swansea shelters our best musical product.... if a high music appointment is not given to Dr Vaughan Thomas then Wales will lose his services. His departure will of course be heralded by tearful resolutions.

Ond erbyn hyn, roedd yr amgylchiadau yn Aberystwyth wedi newid, ac yn arwain y gwaith academaidd yno yn yr Adran Gerdd ers rhai blynyddoedd, fel gwelwyd, roedd David de Lloyd, er mai Walford Davies oedd yr Athro mewn enw. Mewn llawer ffordd, roedd David de Lloyd a Vaughan Thomas o'r un anian, ac yn rhannu dyheadau ar gyfer dyfodol datblygiad cerddorol y genedl. Roedd de Lloyd *in situ* yn Aberystwyth, ac yn Gymro Cymraeg, a phan ddyrchafwyd ef i'r Gadair yno, fel yn achos apwyntiad cynt E T Davies ym Mangor, ni ddaeth unrhyw gwyno o gyfeiriad Vaughan Thomas a'i gefnogwyr.

14.

Arholwr

On the advice of his staunch friend, Sir Granville Bantock, [Vaughan Thomas] left Wales to become an Overseas Examiner for Trinity College of Music.

Dyma eiriau Wynford Vaughan Thomas yn ei hunangofiant wrth sôn am ei dad yn dilyn cyngor ei hen ffrind. Ond y gwir amdani yw bod Bantock, mewn llythyr dyddiedig 1 Chwefror 1926, wedi cynghori yn erbyn derbyn gwahoddiad Coleg Cerdd y Drindod, Llundain. Ar yr olwg gyntaf, cyngor braidd yn annisgwyl oedd hwn, gan fod Bantock ei hun yn gysylltiedig â'r Coleg ers blynyddoedd fel arholwr ei hun, yn berson o gryn ddylanwad yno, a'r dylanwad hwnnw i gynyddu dros y blynyddoedd i ddod. Maes o law daeth yn aelod o'r Bwrdd gan weithredu fel Is-Gadeirydd ac yn Gadeirydd. Cynhaliwyd Gwasanaeth Coffa iddo yn Neuadd Coleg y Drindod ym 1946 pan nodwyd ei gysylltiad â'r Coleg ers dros chwe deg o flynyddoedd. Mae Calendrau Coleg y Drindod ar gyfer 1926 eisoes yn nodi Vaughan Thomas fel arholwr ar gyfer cymwysterau uchaf y sefydliad – arholiadau a fyddai wedi eu cynnal yn Llundain ac mewn sawl canolfan arall ar hyd a lled y Deyrnas Unedig. Mae'n debygol mai Bantock fyddai wedi hwyluso hynny. Ond tra gwahanol fyddai dyletswyddau fel Arholwr Tramor, gyda Bantock yn llwyr ymwybodol o hynny. Golygai'r teithio llafurus i bedwar ban byd – gwledydd yr hen Ymerodraeth – fisoedd ar fisoedd i ffwrdd o gartref, gyda'r baich corfforol yn drwm. Nid oedd Bantock chwaith wedi anobeithio'n llwyr o weld Vaughan Thomas yn cael ei ddyrchafu i swydd o bwys yng Nghymru. Gyda hynny mewn golwg, yn ôl Bantock, camgymeriad anferth fyddai diflannu am chwe mis a mwy bob blwyddyn.

Ond gwelwyd eisoes y cynnydd a fu yn ystyfnigrwydd Vaughan Thomas. Roedd wedi digalonni, ac nid oedd yn rhannu optimistiaeth ei gyfaill. O ran ei deulu, roedd ei fab hynaf, Arthur Spencer, eisoes yn fyfyriwr yn Rhydychen, a'r ail fab, Wynford, ar ei ffordd yno. Byddai'r mab ieuengaf, Hugh Wyndham, yn dilyn yn fuan. Byddai rhai blynyddoedd eto cyn bod y meibion yn hunan-ddibynnol, a byddai angen eu cynnal trwy eu blynyddoedd yn y Brifysgol. Teimlai Vaughan Thomas yr angen am arallgyfeirio radical er mwyn sicrhau incwm rheolaidd. O hyn ymlaen byddai'n arholi ar hyd yr ystod gyfan o gymwysterau'r Drindod, o'r elfennol i gymhwyster Cymrodoriaeth, a hynny yn y Deyrnas Unedig a thramor fel ei gilydd. Pan fyddai gartref, byddai'n dal i feirniadu mewn gwyliau cystadleuol, yn bennaf yn Lloegr, gan na fyddai ar gael, er enghraifft, ar gyfer yr Eisteddfod Genedlaethol. Teimlodd y golled honno'n fawr, gan ei fod erbyn hyn yn un o ffigurau cerddorol amlycaf yr Eisteddfod a'r Orsedd. Ar wahân i'w ddyletswyddau fel beirniad, roedd bellach yn aelod o Fwrdd Arholiadau'r Orsedd yng nghwmni ei gyd-gerddorion, Hopkin Evans, Caradog Roberts ac H C L Stocks (1884-1956), organydd Eglwys Gadeiriol Llanelwy, gyda W S Gwynn Williams yn Drefnydd Cerddorol. Mae'n rhaid mai'r cwmni dethol hwn oedd yn gyfrifol am sefydlu maes llafur heriol i'r ymgeiswyr, gan ofyn i'r 'Pencerdd' lwyddo mewn arholiadau cyffelyb eu safon i rai colegau cerdd Llundain. Yn ogystal, rhaid oedd astudio hanes cerddoriaeth Cymru, a chyfansoddi darn gwreiddiol.

Mae'n siwr y bu ffarwelio â holl rwysg yr ŵyl fawr flynyddol yn rhwyg personol poenus iddo. Roedd yn parhau i gyfansoddi, ac fel y gwelir, bu'n ddyfal yn y cyswllt hwnnw ble bynnag y byddai yn y blynyddoedd i ddod. Ni ddaeth disgyblion mwyach i Walter Road, Abertawe.

Hyd yn oed pan na fyddai ef dramor, byddai'n treulio cyfnodau hir i ffwrdd o gartref yn arholi mewn canolfannau amrywiol fel Bryste, Caerloyw, Caer, Walsall a Hull. Yn ogystal â'r dyletswyddau arferol o arholi canu a chwarae offerynnau, byddai'n achlysurol yn arholi 'elocution' hefyd.

Wedyn, byddai taith nodweddiadol dramor fel arfer yn cychwyn ym mis Gorffennaf, ac ni fyddai Vaughan Thomas gan amlaf yn cyrraedd nôl tan Ionawr y flwyddyn ganlynol. Wedi'r cyfan, byddai taith ar long i Awstralia yr adeg honno yn cymryd oddeutu deugain o ddiwrnodau, a byddai'n teithio'n sylweddol o fewn y wlad ac ymhellach yn ychwanegol at hynny. Cadwodd ddyddiaduron manwl ar ei deithiau, a'r rheiny'n cwmpasu nid yn unig gwybodaeth am ei waith, ond hefyd ddisgrifiadau o'r gwledydd a'r bobl y byddai'n ymweld â nhw, yn ogystal â manylion am drefniadau domestig a theithio. Gyda fflach o'i hiwmor nodweddiadol, er efallai gydag elfen o goegni hefyd, ysgrifennodd, 'It is true, I am a Musician by Profession, a Welshman by Extraction, and a Cosmopolitan by Expulsion.'

Mentrodd am y tro cyntaf ym mis Gorffennaf 1927 ar daith arholi hirfaith i Awstralia, Seland Newydd, Tasmania a Honolulu, gan lanio yn Fremantle, Awstralia, ar 27 Awst ar y llong Orama.

Yn ystod ei flynyddoedd cyntaf fel arholwr tramor, o 1927 hyd at 1929, yn ogystal ag Awstralia, Seland Newydd a Honolulu, ymwelodd hefyd â Canada ac Ynysoedd Fiji. Roedd ei deithlen yn anghredadwy, ac amcangyfrifwyd iddo deithio 70,000 milltir ers Eisteddfod Genedlaethol Abertawe. Erbyn ei daith dyngedfennol olaf ym 1934 amcangyfrifodd iddo deithio chwarter miliwn o filltiroedd – yn cyfateb i ddwywaith o amgylch y byd. Dengys y cofnodion iddo arholi miloedd o ymgeiswyr, yn blant ac oedolion.

Ym 1929, tra'n gweithio yng Ngorllewin Awstralia, cafodd y wefr, a'r profiad prin bryd hynny, o hedfan mewn awyren ar daith o ryw fil o filltiroedd o Perth tua'r gogledd i Carnarvon. Yn gyson, bu'n annerch athrawon, naill ai ar faterion cerddorol yn gyffredinol, neu'n aml ar sut i baratoi ymgeiswyr ar gyfer arholiadau. Afraid dweud y bu'r sesiynau hyn yn hynod boblogaidd. Ar ei daith gyntaf oll, rhoddodd ddewis o ddarlithoedd posib i'r trefnwyr yn Hobart, Tasmania, cyn iddo gyrraedd. Yn unol â'i arfer wrth gwrs, byddai'n chwarae enghreifftiau i egluro'i sylwadau. Wrth gynnig dewis o 'The genius of Schubert', 'Beethoven' neu 'The genius of Gilbert and Sullivan', nid oedd yn dawedog o ran awgrymu'r adnoddau angenrheidiol y byddai eu hangen arno, gan ysgrifennu o flaen llaw:

> I should require the use of a couple of volumes of Schubert's songs and a few piano pieces, also a copy of the Beethoven sonatas and symphonies, and about four or five copies of the Gilbert and Sullivan operas, and, if possible, a few libretti.

Gellir dychmygu trigolion Hobart yn tasgu o gwmpas y lle mewn ymdrech i fodloni gofynion yr arholwr. Fel gwestai, mynychodd berfformiadau gan gymdeithasau corawl lleol, ac ar adegau rhoddodd ddatganiadau ar yr organ. Yn ystod un o'i ddarlithiau, cyfeiriodd at dyfiant dylanwad y 'wireless', gan sôn am un profiad gwrando a gafodd yn ddiweddar:

> We in England [sic] have opportunities of hearing the latest modern music, and a short while ago I heard by wireless Stravinsky's *Oedipus Rex* done in London under the composer's own beat. It was amazing how the singers were able to hold their own when the lack of tonality was so strange.

Mewn anerchiad arall, cyfeiriodd at ei edmygedd o system nodiant sol-ffa, gan awgrymu y cafodd yntau fudd o werslyfrau cynnar Curwen:

> I have the highest opinion of the textbooks issued by the late John Curwen as an introduction to almost any branch of musical theory. More than to lead to the works of the masters, the tonic solfa system does not pretend, but surely that system is a gain to the world, and a very fine educative medium.

Erbyn mis Mai 1930 roedd yn Bulawayo – Rhodesia bryd hynny, Zimbabwe erbyn hyn – cyn teithio ymlaen i gwrdd â Bantock yn Johannesburg erbyn canol Mehefin. Mawr oedd y parch a ddangoswyd iddo yn Ne Affrig. Er enghraifft, arweiniodd berfformiad o ail Symffoni Brahms yn Cape Town, ac yno hefyd perfformiwyd ei bumawd llinynnol ym 1930 (gweler isod).

O gofio i enw Vaughan Thomas (David Thomas bryd hynny) ddod i sylw'r genedl am y tro cyntaf wrth i bedwarawd llinynnol cynnar ganddo ennill gwobr yn Eisteddfod Genedlaethol Bangor ym 1902, anodd deall pam y gwnaeth ei ddiddordeb yn y *genre* bylu ar ôl hynny. Wedi'r cyfan, cafodd gyfoeth o brofiadau ym maes cerddoriaeth siambr fel myfyriwr yn yr Oxford Musical Union. Ond bellach, wrth iddo deithio'r byd, fe'i gwelir yn troi unwaith eto ei sylw at y math hwn o gerddoriaeth, â'r natur o agosatrwydd sydd mor nodweddiadol ohoni. Meddai ei fab Wynford am ei dad:

> He used to say that he could write chamber music best in the seclusion of long voyages at sea. He usually returned from each overseas trip with a new piece of chamber music.

Un ffactor arall i'w ystyried yn ystod y cyfnod hwn i esbonio brwdfrydedd Vaughan Thomas dros gerddoriaeth siambr oedd poblogrwydd cynyddol radio. Nodwyd eisoes weithgarwch cerddorol Vaughan Thomas yn y cyd-destun hwn, ac o ganol y 1920au ymlaen bu'n ddarlledwr cyson o gerddoriaeth siambr.

Yn anffodus, ni adawodd ond ychydig o weithiau siambr gorffenedig, ond llu o frasluniau amrywiol gan gynnwys pedwarawdau llinynnol, darnau i ffidil a phiano, cello a phiano, pedwarawd piano (piano, ffidil, fiola, cello), ambell ddarn i unawd piano, yn ogystal â chyfuniadau eraill o offerynnau. Bron yn ddieithriad, nid oes sôn am ddyddiad, ac anaml y ceir cyfarwyddiadau perfformio manwl. Gydag eithriadau prin, ni chyhoeddwyd y gweithiau yma, ond mae'n deg darogan, o gofio sylwadau Wynford, mai yn ystod ei deithiau tramor y bu Vaughan Thomas yn gweithio ar y rhan fwyaf ohonynt. Mae tystiolaeth iddo gychwyn ar o leiaf bedwar o bedwarawdau llinynnol; un yn A leiaf; un arall, 'Begun at Banff, Canada, May 1931' yn C fwyaf; un yn G fwyaf y cwblhawyd ei ddau symudiad cyntaf, ond y gadawyd y Scherzo chwim heb ei orffen; a'r pedwarawd y daeth agosaf i'w gwblhau, yn E leiaf, gyda'r symudiad olaf o'r pedwar yn anorffenedig. Weithiau, o'r symudiadau cyfan, ceir rhannau'r offerynnau unigol wedi eu copïo, a thystiolaeth o berfformwyr wedi nodi cyfarwyddiadau priodol arnynt, gan awgrymu y perfformiwyd y symudiadau yma naill ai mewn cyngherddau neu ddarllediadau radio. Nid oes amheuaeth o allu technegol Vaughan Thomas yn y pedwarawdau yma wrth iddo bwyso, mae'n siwr, ar ei brofiadau o ddyddiau'r Oxford Musical Union. Mae ganddo ymdeimlad greddfol o sut mae trin yr offerynnau unigol a sut mae eu cyfuno'n llwyddiannus, ac mae llawer o'r ysgrifennu'n ddeniadol yn y traddodiad clasurol yn ymestyn hyd at Brahms. Os oes gwendid, efallai mai diffyg amrywiaeth a chyferbyniad yn yr ysgrifennu fyddai'r feirniadaeth fwyaf amlwg, a bod hynny'n mynd peth o'r ffordd i esbonio pam nad yw nifer o'r gweithiau yma'n cyrraedd eu terfyn, efallai oherwydd nad yw'r cyfansoddwr ei hun wedi ei fodloni'n llwyr. Un symudiad sydd i'r Duo in G ar gyfer cello a phiano, yn ddyddiedig 8 Mawrth 1932, ac fel yn ei waith arall i'r cyfuniad yma, Bouree and Musette, mae ysgrifennu Vaughan Thomas i'r ddau offeryn bob amser yn idiomatig ac argyhoeddiadol.

Darn byr deniadol mewn un symudiad yn A leiaf yw'r Trio i ffliwt, clarinét a thelyn, yn dangos dyfeisgarwch y cyfansoddwr wrth ddatblygu syniadau telynegol bychain, a'i ddefnydd o harmonïau trawiadol, gyda diweddglo tawel a llonydd sydd mor nodweddiadol o'r cyfansoddwr. Adferwyd diddordeb yn y gwaith gyda pherfformiad ym mhabell Encore yn Eisteddfod Genedlaethol Llanrwst yn 2019, gan driawd o offerynwyr o Goleg Brenhinol Cerdd a Drama Cymru – un o gyfres o gyflwyniadau'n dwyn y teitl 'Darganfod Cerddoriaeth Cymru'.

Ar gyfer ei Piano Trio, roedd gan Vaughan Thomas fodelau dirifedi o'r cyfrwng yn rhedeg o'r cyfnod clasurol, trwy'r cyfnod rhamantaidd ymlaen i'r hyn oedd yn digwydd yn Lloegr yn negawdau cynnar yr ugeinfed ganrif. Eto, nid oes dyddiad ar y llawysgrif, ac er bod y darn yn gyflawn i'w berfformio, braidd yn brin yw'r cyfarwyddiadau disgwyliedig i'r offerynwyr. Tri symudiad sydd i'r gwaith (yn wahanol i'r pedwar sydd i rai modelau clasurol); y cyntaf yn D leiaf/ F fwyaf yn fawreddog ei natur; yr ail yn G fwyaf yn delynegol; a'r olaf, chwim, yn teithio o'r F fwyaf agoriadol i ddiweddglo yn D fwyaf, unwaith eto'n dawel a digynnwrf.

O gofio doniau disglair Vaughan Thomas fel pianydd, braidd yn rhyfedd yw nodi na ddenwyd ef i gyfansoddi'n helaeth i'r offeryn. Eithriadau felly yw dau ddarn wedi'u saernïo'n hyfryd, sef Allegro Vivace yn D, a Romanza, a gyhoeddwyd yn y pen draw gan OUP ym 1934, er wedi eu cyfansoddi ers tua 1924. Er eu bod yn ôl pob tebyg wedi eu noddi gan y Cyngor Cerddoriaeth Cenedlaethol, mae'n bosibl, wrth eu cyfansoddi, fod gan Vaughan Thomas un llygad ar farchnad yr arholiadau graddedig, ac yn wir cafodd y ddau ddarn eu cynnwys yn rhestrau arholiadau Coleg y Drindod rhwng 1935 a 1937, gyda'r Allegro Vivace wedi ei osod ar gyfer yr arholiad 'Intermediate', a'r Romanza ar gyfer yr arholiad 'Senior'. Yn hyn o beth, roedd Vaughan Thomas yn dilyn trywydd tebyg i ambell gyfansoddwr Seisnig megis Thomas Dunhill (1877-1946) a Felix Swinstead (1880-1959). O gymharu â'r Allegro, ceir ychydig mwy o sylwedd yn y Romanza, dawns ddeniadol yn A♭ fwyaf gyda'i ddylanwadau cromatig yn treiddio drwyddi draw. Yn 2019 ailgyhoeddodd Tŷ Cerdd yr Allegro Vivace in D mewn argraffiad newydd ar gyfer cyfrol o'r enw *Welsh Impressions*, a oedd hefyd yn cynnwys cerddoriaeth piano gan Morfydd Llwyn Owen, Brinley Richards, Osborne Roberts ac Eiluned Davies. Fe'i recordiwyd ar yr un adeg ar gryno ddisg gan Zoë

Smith fel rhan o ddetholiad o ddarnau piano anghyfarwydd gan amrywiaeth o gyfansoddwyr o Gymru.

Yn gyffredinol, mae'r sgorio ar gyfer pumawd llinynnol yn ychwanegu pumed offeryn i'r pedwarawd llinynnol mwy cyfarwydd – dwy ffidil, fiola a cello. Mae'n ddiddorol meddwl pa fodelau y byddai Vaughan Thomas wedi eu hystyried wrth iddo fentro ar gyfansoddi ei bumawd ei hun, gan gofio ei brofiad gwerthfawr yn yr Oxford Musical Union ddegawdau ynghynt. Mae dau bumawd llinynnol Brahms yn dilyn esiampl Mozart wrth ychwanegu ail fiola at gyfuniad y pedwarawd llinynnol. Dyma hefyd oedd dewis Mendelssohn yn ei ddau bumawd llinynnol yntau. Ar y llaw arall, mae Schubert yn ei bumawd yn C fwyaf yn ychwanegu ail cello, ac mae Vaughan Thomas yn dilyn yr egwyddor honno. O gofio ei ddiddordeb mewn datblygiadau cenedlaethol yn Rwsia, mae'n ddigon posibl ei fod hefyd yn ymwybodol o'r cyfuniad hwn yng ngweithiau, er enghraifft, Borodin, Taneyev a Glazunov.

Wrth gloriannu Vaughan Thomas fel cyfansoddwr yn ei ysgrif yn rhifyn coffa *Tir Newydd*, mynegodd Arwel Hughes ei farn mai yn ei Bumawd Llinynnol y 'gwelwn law meistr ar waith'. Aeth ymlaen:

> Dyma feistroldeb ar dechneg ynghyd â mynegiant barddonol na cheir hafal iddo ymysg cyfansoddwyr cyfoes yn Lloegr, ... y mae'r cwbl yma, wedi eu casglu ynghyd ar ffurf gerddorol bur.

Ym mhob un o'r pedwar symudiad cyferbyniol – (i) Allegro ma non tanto, (ii) Andante con moto (Romanza), (iii) Allegro assai con brio, (iv) Adagio molto, yn arwain at Allegro grazioso – mae'r rhyngweithiad cerddorol rhwng yr offerynnau wedi'i blethu'n dynn, ac mae yma ymdeimlad greddfol tuag at y cyfrwng. Mae cynildeb harmonig, ffurfdroadau cromatig a thrawsgyweiriadau di-baid a thrawiadol yn amlwg trwy gydol y gwaith, a cheir hefyd amrywiadau cynnil mewn gweadau drwyddi draw. Yn wahanol i'w ymdrechion ar bedwarawdau llinynnol, gwelir yma gyfarwyddiadau clir a manwl iawn i'r perfformwyr. Yn sicr, o ran cerddoriaeth siambr, ni ddaeth unrhyw beth o safon tebyg i'r amlwg cyn hyn o ddychymyg cyfansoddwr Cymreig. Nid dyna, fodd bynnag, oedd ymgais gyntaf Vaughan Thomas ar gyfansoddi pumawd llinynnol, ac mae ymdrech anorffenedig flaenorol wedi goroesi, gyda rhywfaint o orgyffwrdd syniadau cerddorol yn symudiadau cyntaf y ddau waith, er y cânt eu trin yn wahanol. *Moto perpetuo* chwim yw ail symudiad y pumawd anorffenedig gyda phum curiad i'r bar. Felly, mae'n rhesymol tybio y bu'r pumawd hwn yn fodd i'r cyfansoddwr ymgyfarwyddo â'r heriau technegol a oedd ynghlwm wrth gyfrwng a oedd, wedi'r cyfan, yn newydd iddo. Perfformiwyd y pumawd gorffenedig am y tro cyntaf yn Cape Town ym 1930, ond ni fu perfformiad yng Nghymru tan Hydref 1936, pan ddarlledwyd y gwaith ar radio fel rhan o gyngerdd gan y Cardiff Ensemble o'r Amgueddfa Genedlaethol yng Nghaerdydd. Fe'i hesgeuluswyd wedi hynny. Mewn erthygl ar gyfer y *Western Mail* ym 1949, a ddyfynnwyd eisoes, dywedodd Sydney Northcote:

> It is surely time that this work was published, in miniature score at least, as a belated tribute to the memory of a great Welshman; so that young students may be inspired and instructed by its organic strength, its individual freshness and the masterly certainty of its technical craftsmanship.

[*Enghreifftiau 17a, 17b*]

O ystyried iddo drefnu llu o'i gyfeiliannau i gerddorfa ar hyd y blynyddoedd, a chyfansoddi ambell ddarn prin achlysurol, pam na fentrodd mwy ar gyfansoddiadau symffonig? Mynnodd Wynford bod ei dad, tua 1930, yn cynllunio cyfres newydd o weithiau cerddorfaol, ac un o'i gynlluniau oedd ysgrifennu cerddoriaeth destunol yn seiliedig ar chwedl Tir na nÓg. Ceir y syniad o wlad o ieuenctid tragwyddol, na ellid ei chyrraedd ond trwy'r goruwchnaturiol, mewn nifer o wahanol fytholegau diwylliannol, ac o'r rheiny, teyrnas Tir na nÔg sy'n ganolog mewn chwedloniaeth Geltaidd. Cydiodd T Gwynn Jones yn hanes hudol Osian a Nia Ben Aur yn yr hyn a alwodd yn 'Awdl delynegol at beroriaeth', a gyhoeddwyd am y tro cyntaf ym 1916. Byddai Vaughan Thomas yn ymwybodol o'r gerdd wrth gwrs, ynghyd â'r awgrym mai geiriau oedd yma ar gyfer eu gosod i gerddoriaeth, neu o leiaf i ysbrydoli cerddoriaeth – syniadau a fyddai'n cyseinio'n sicr gyda dyhead y cyfansoddwr o ddatblygu ymhellach 'gerddoriaeth genedlaethol'. Brasluniau byr Vaughan Thomas sydd wedi goroesi, gan gynnwys cychwyn darn i gerddorfa lawn, sy'n awgrymu cathl symffonig o bosib. Ar y llaw arall, ceir hefyd syniadau bratiog ar gyfer unawdau i Osian a Nia sydd efallai'n dangos mai gosodiad o gerdd gyfan T Gwynn Jones, neu rannau ohoni, oedd ym meddwl y cyfansoddwr. Ym 1930 llwyddodd David de Lloyd i gyfansoddi gwaith a alwyd yn 'opera' a oedd i bob pwrpas yn osodiad o'r awdl gydag ychwanegiadau, ond beth bynnag oedd ym meddwl Vaughan Thomas, ni lwyddodd yn y diwedd i wireddu unrhyw gynlluniau pendant o ran Tir Na nÔg.

Mae'n rhaid bod ei fab, Wynford, yn iawn wrth ddweud mai ar ei fordeithiau y byddai ei dad yn gweithio ar ei gyfansoddiadau, oherwydd pan nad oedd yn arholi mewn canolfan, roedd yn barod iawn ei gymwynas wrth ymweld â mudiadau amrywiol. Nododd yn ei ddyddiadur:

> I have addressed Rotary meetings in South Africa, New Zealand and China; addressed Welsh Societies in Canada, New Zealand, Australia, South Africa and Shanghai; delivered a large number of lectures and adjudications in most of the countries I have visited.

Ym 1931 a 1932, Seland Newydd oedd pen ei daith, gan arholi ar y ddwy ynys a phrofi daeargrynfeydd dychrynllyd a brawychus. Ac yntau'n un o olynwyr Vaughan Thomas fel arholwr tramor dros Goleg Cerdd y Drindod, Llundain ym 1960, sylwodd yr Athro Ian Parrott ar ei lofnod mewn Llyfr Ymwelwyr yn y Convent School, Greymouth, Seland Newydd yn dyddio o ddeg mlynedd ar hugain yn gynt.

Ym 1933, yn dilyn cyfnod o arholi ym Merthyr ar ran Coleg y Drindod, gadawodd Vaughan Thomas ym mis Mai ar y daith dramor hiraf iddo ei phrofi, a hynny oherwydd yr angen, yn y pen draw, i ymestyn y cynlluniau gwreiddiol. Wedi dathlu ei ben-blwydd yn chwe deg oed ddeufis ynghynt, teithiodd y tro hwn i Ceylon (Sri Lanka), India, Burma (Myanmar), Kuala Lumpur, Singapore, Tseina a Siapan. Yn ogystal â'i orchwylion fel cerddor ac arholwr ar ran coleg yn Lloegr, roedd hefyd yn ymwybodol o'i ddyletswydd fel llysgennad ar ran ei famwlad, fel y nodwyd eisoes. Wrth sôn am y daith hon i'r dwyrain pell, meddai'r *Western Mail*:

> He addressed the members of the St David's Society at Shanghai, and suggested that they should form a study circle to study the literature of the land of their birth. He also frequently spoke on Wales, and in China he once delivered an address on that subject to an audience composed of Britishers, Americans, Chinese and the representatives of other nationalities.

Yn Ceylon (Sri Lanka) mae'n aros yn y Grand Oriental Hotel, Colombo – gwesty a ystyrid ar y pryd yn un o'r rhai mwyaf moethus yn y Dwyrain. Gyda'i dalcen blaen uchel yn wynebu'r harbwr a'r llongau, a'i brif bortico yn ddim ond ychydig lathenni i ffwrdd o'r brif lanfa, roedd yn safle delfrydol i Vaughan Thomas werthfawrogi'r olygfa odidog.

Mewn un adran o'i ddyddiadur, 'My daily routine in Ceylon', disgrifia ei gyfnod yno ym 1933, gan roi darlun diddorol o'i ddiwrnod gwaith. Pan fyddai angen, câi wasanaeth gwas ifanc i'w gynorthwyo gyda manion dydd-i-ddydd ac wrth deithio o ganolfan i ganolfan. 'When I opened the door, I found a smiling jet black face, crowned by a white turban. It was my Indian servant, John, waiting to know about his duties.' Roedd ei amserlen yn un llafurus, gan godi'n foreol am 6.15; dal lan â pheth gwaith gweinyddol; brecwast am 7.45; ac ar ôl cyrraedd y ganolfan briodol, dechrau ar ei waith arholi am 8.30 tan 4.30 y prynhawn, gyda thoriad byr am ginio. Byddai gwaith gweinyddol yn ei aros gyda'r nosweithiau hefyd, a byddai unrhyw aflonyddwch yn hwyr y nos yn y gwesty yn ei ddiflasu – '...the incessant dancing and playing up to the small hours'! Yn Colombo byddai'n arholi yn y Government Training College ac yn y Royal College (ysgol fonedd). Byddai hefyd yn ymweld â sawl cwfaint, yn aml mewn ardaloedd anghysbell, pan fyddai'n teithio yn ôl ac ymlaen ar y rheilffordd o fewn diwrnod. Roedd wrth ei fodd yn y sefydliadau yma:

> When at the convents, it is an examiner's happy experience to have a very refreshing cup of tea (or pot of tea) with light refreshments at about 10.30, and again at 4pm. The sisters are always very hospitable.

Ar y daith hon, dim ond ychydig iawn o amser rhydd a gafodd, ond ymfalchïodd yn y cyfle i gael cyfarfod am swper gyda Julian Bantock a'i wraig. Yn fab i Granville, roedd Julian (Angus i'r teulu) yn heddwas yn y wlad erbyn hynny. Erbyn 30 Gorffennaf 1933 roedd Vaughan Thomas yn gadael Colombo ac yn hwylio Cefnfor yr India er mwyn parhau â'i waith arholi yn Penang, Malaya (Malaysia). Unwaith eto cafodd y pleser o aros mewn moethusrwydd, y tro yma yng ngwesty glan môr Runnymede. Ystyriodd Penang yn brydferthach hyd yn oed na Colombo. Ond, fel yn aml yn ystod ei deithiau ar hyd y blynyddoedd, o bryd i'w gilydd fe'i pigwyd gan hiraeth:

> Not once, but many a time, when I have found myself in some very remote and lone part of the world, old familiar Welsh lines will crop up – 'Gwynt ar fôr a haul

ar fynydd.' Or when I have listened to native music in the Transvaal, in Zululand; songs in Honolulu; to the pipe and drums in the Temple of the Holy Tooth (Kandy); the native Hindu festivals in Jaffna (Ceylon); the singing in a Chinese Theatre; or the singing and instrumental music in Yokohama – I have remembered, 'Dyn a gario grwth a thelyn.'

Meddai wedyn, wrth i iaith y dyddiadur droi'n achlysurol i'r Gymraeg:

> Y rhan fwyaf o'r amser bum yn trigo ymhlith pobloedd a chenhedloedd tramor, gyda dynion a amrywia'n fawr iawn mewn lliw, cyfansoddiad, defod, cred, iaith a moes. Erbyn hyn teimlaf mai llecyn bychan, bychan iawn wedi'r cwbl, yw'r man ar fap y byd a elwir Cymru.

Yn ei ddyddiadur pan yn Penang, nododd un dull o ymdopi gyda'i hiraeth, gan ysgrifennu, 'I comforted myself with reciting to myself some cywydd lines, I believe by Hiraethog':

> Y môr oedd fel mur iddi
> Neu wregys i'w hystlys hi,
> Gwlad oludog enwog oedd,
> Eden yr ynys ydoedd:
> Llwyni coed, llawn, caeedig,
> Irleision breisgion eu brig;
> Adar mân a'u cyngan cu
> Yno uwchben yn chwibanu.

Meddai wedyn, 'It was Dyfi and Mawddwy I was picturing, although my immediate environment were the tropical trees of Penang, the sea and the hill behind'.

Wrth gyrraedd Nikko, Siapan ar 8 Medi, nododd Vaughan Thomas ei fod wedi cyrraedd y man pellaf o Gymru ar ei daith bresennol. Roedd cymal llafurus o'r daith yn ei aros, gan symud ar ôl Nikko i arholi yn Kyoto, Yokohama, Osaka, Kobe a'r brifddinas ei hun, Tokyo. Wedi gadael ei waith yn Siapan, fe wynebodd filoedd o filltiroedd o deithio eto ar fôr a thir, gan ymweld yn gyntaf â Shanghai a Hong Kong; wedyn â Singapore a Burma (Myanmar); gan orffen trwy groesi India, o Calcutta (Kolcata) yn y dwyrain i Bombay (Mumbai) yn y gorllewin.

Pan ddaeth yn amser cychwyn am adref, cafodd neges yn gofyn a fyddai modd iddo ymestyn ei daith, a pharhau â'r gwaith arholi yn Tasmania. Yno roedd disgwyl iddo ddilyn yr un trywydd â'i ymweliadau yno ym 1927 a 1928. Cytunodd. Serch hynny, roedd yn ddechrau mis Tachwedd cyn iddo gyrraedd, ac roedd yn dal yno'n arholi ar 20 Rhagfyr, a'r fordaith adref eto'n ei aros. Pwy ŵyr y straen a ddioddefodd dan y fath bwysau? Byddai'r darlithoedd a'r cyfarfodydd wedi parhau, ac ni fu pall ar ei gyfansoddi, a byddai cryn dipyn o'r gwaith creadigol hwnnw wedi digwydd yn ystod ei gyfnodau'n teithio'r byd, fel y nodwyd eisoes.

O ran ei gyfansoddi darnau lleisiol yn ystod y blynyddoedd yma, wrth ystyried geiriau priodol i'w gosod, roedd y mesurau caeth yn dal yn agos at ei galon, a'i edmygedd o waith beirdd cyfoes yn amlwg hefyd. Enillodd T Gwynn Jones gadair Eisteddfod Genedlaethol Bangor ym 1902 gyda'i awdl 'Ymadawiad Arthur'. Nododd y gerdd ddechrau cyfnod newydd mewn barddoniaeth Gymraeg, o ran testun, iaith a ffurf. Yn y ganrif flaenorol, myfyrio ar themâu moesol a Beiblaidd y byddai'r beirdd gan amlaf, ond tarddiad testun awdl T Gwynn Jones oedd rhamantiaeth ganol oesol. Dyma'r syniad o edrych yn ôl er mwyn canfod ysbrydoliaeth, a'r un dyhead a daniodd ddychymyg cerddorol Vaughan Thomas. Yn ei ysgrif fer, 'Gosod y Canu caeth ar Gerdd' yn y rhifyn teyrnged i Vaughan Thomas yn *Tir Newydd*, dywed T Gwynn Jones, 'O dro i dro cawsom aml ymddiddan ar y pwnc'. Yn wir bu'r bardd yn gefnogwr ac edmygydd ers i Vaughan Thomas gychwyn ei arbrofion wrth osod barddoniaeth gaeth i gerddoriaeth gyda'i *Saith o*

Ganeuon. Hyd yn oed cyn hynny, gwelwyd Vaughan Thomas yn rhannu ei gerddi caeth ei hun gyda T Gwynn Jones, fel yn achos 'Dyffryn Tywi':

> Dan ael craig y du niwloedd
> Dyfal wynt gyfyd i floedd:
> Ofnadwy fan! dôf innau
> Heibio dy byrth, enbyd bau.
> Uwch y llyn erchyll yno
> Ar ddibyn, ar fryn y fro,
> Gwelaf wawr gloywaf oror,
> Tywi fâd rêd hyd at fôr.

Wrth ymateb trwy gyfrwng cerdd ei hun, gyda'r teitl 'Bro Dywi', ysgrifennodd T Gwynn Jones yr hyn a alwodd yn 'Symffon annerch i DVT' yn haf 1922, gyda chyfeiriadau cynnil at y dadleuon a gododd ar y pryd wrth i'r Cyngor Cerdd Cenedlaethol fagu grym. Yn adran olaf ei gerdd, meddai'r bardd:

> Nawr, gwna inni'r gân honno,
> â dawn bardd, hyd oni bo
> tewi tannau'r Teutoniaid
>   a boddi llef
>   y gibddall haid!

Wedi i Vaughan Thomas ddanfon ato raglen y gyngerdd pan berfformiwyd y *Saith o Ganeuon* am y tro cyntaf, ysgrifennodd y bardd lythyr o'i gartref, Eirlys, yn Aberystwyth, i longyfarch y cyfansoddwr, ddiwedd 1922, gan ddweud:

> Buasai'n hyfryd gennyf fod yno i glywed y canu. Fe fydd cnwd o gerddoriaeth ar fesur caeth yng Nghymru cyn hir, cewch weled. Yr ydych wedi cychwyn peth newydd, ac fe ddaw'r dynwared fel arfer.

Yn awr, flynyddoedd yn ddiweddarach, wrth ddethol geiriau o awdl fuddugol T Gwynn Jones, cyfansoddodd Vaughan Thomas ddwy gân, â'r teitlau 'Caledfwlch' ac 'Ymadawiad Arthur'. Yn y gyntaf ceir hanes Bedwyr yn taflu'r cleddyf i'r llyn, ac yn yr ail mae tair morwyn yn cludo'r Brenin Arthur lluddedig, 'i sanctaidd Ynys Ienctyd'. [*Enghraifft 18*] Gwelir yr un rhinweddau yn y ddwy gân, sef cyfeiliannau idiomatig i'r piano, dylanwad cromatig amlwg, symud deheuig i gyweiriau annisgwyl yn ogystal â'r gosod deallus disgwyliedig o'r gynghanedd. Yn hynny o beth, mae'r iaith gerddorol yn bell o'r dylanwadau moddol a gwerinol a geir yn y *Saith o Ganeuon*. Gosodiadau mwy soffistigedig a chynnil yw'r rhain.

Trodd Vaughan Thomas at eiriau dwys Robert Browning ar gyfer darn i gorau meibion. Ystyr 'Prospice', yw 'edrych tua'r dyfodol'. Mae'r bardd yn paratoi i wynebu marwolaeth gyda dewrder. Bu'n ymladdwr erioed, ac yn benderfynol o wynebu ei dynged yn llawn ac yn ddewr, gan mai dyna ewyllys Duw. Dim ond tua diwedd y gerdd y mae'n datgelu ei wir gymhelliant, sef bod gyda'i anwylyd mewn marwolaeth. Mae'r agoriad yn gosod y naws gyda'r cwestiwn herfeiddiol, 'Fear death?', gyda chyfieithiad Cymraeg ysbrydoledig J E Caerwyn Williams (1912-1999), 'Ofn tranc?'. Mae gosodiad Vaughan Thomas yn ailadrodd y cwestiwn mewn deialog rhwng y bas gwaelod a gweddill y lleisiau, gan osod naws beiddgar ac egni cerddorol. [*Enghraifft 19*]

Anaml y mae lefel y ddynameg yn syrthio'n is na *forte*, ac mae'r sgorio ar gyfer côr meibion digyfeiliant yn feistrolgar, gan ddangos dealltwriaeth drylwyr o'r idiom. Cynhelir y dwyster didostur tan yr adran *andantino* terfynol, gyda'r gerddoriaeth bellach yn newid ei naws i'r myfyriol, gyda llinellau melodig yn llifo'n rhwydd. Nid yw'r ychydig fariau byr o *forte*, a neilltuir yn awr ar gyfer y geiriau, 'I shall clasp thee again' / 'Fe'th gofleidiaf drachefn', bellach o'r natur herfeiddiol a glywyd yn gynharach, ond yn hytrach yn fynegiant o angerdd dwys. Ni chyhoeddwyd y gwaith tan

1936, ddwy flynedd wedi marwolaeth y cyfansoddwr, ond o hynny ymlaen am ddegawdau arhosodd yn ffefryn fel darn prawf i gorau meibion yn yr Eisteddfod Genedlaethol, gan gychwyn ym Machynlleth ym 1937 pan ddaeth Côr Orpheus Treforys i'r brig dan arweiniad Ivor Sims. Ymddangosodd y darn eto fel her i'r corau yn Aberpennar (1946), Aberdâr (1956), Llanelli (1962) a Rhydaman (1970). O ystyried mai un côr yn unig a ymddangosodd ym 1970 – Côr Meibion Pontarddulais – efallai, wedi hynny, i'r dasg o ddysgu'r gwaith fynd yn ormod i nifer o gorau meibion oedd yn prysur symud i gyfeiriadau eraill, a pheth anghyffredin iawn yw clywed y gwaith safonol hwn erbyn heddiw.

Ar y pwynt yma ym mywyd Vaughan Thomas, mae cerdd Thomas Dekker (1572-1632), 'Sweet Content', yn ddewis diddorol ganddo o ran testun i'w osod. Os yw rhywun yn dlawd o ran cyfoeth a phethau materol bywyd, meddai'r bardd, gall bodlonrwydd a thawelwch meddwl ddod trwy waith caled a dygnwch; bydd bywyd pwrpasol a defnyddiol yn arwain at wir ymdeimlad o hunan werth. Dyma neges a fyddai'n gynhaliaeth ac ysbrydoliaeth bendant i'r cerddor yn ei waith diflino oddi cartref, a'i deithio diddiwedd a llafurus. Unwaith eto yn y rhan-gân ddigyfeiliant hon, gwelir dawn y cyfansoddwr yn ei ysgrifennu crefftus i leisiau, gyda'i ymdeimlad sicr o'r hyn sy'n gweithio'n effeithiol. Fel rhan o'i gerdd mae Dekker yn cynnwys y byrdwn ysgafn 'hey nonny nonny' oedd mor boblogaidd mewn cerddoriaeth Saesneg yn ystod yr oes Elisabethaidd, a hwyrach mai'r gosodiad o'r adran honno, gyda'i chadwyni dilynol o gordiau'r seithfed yn disgyn yn chwim, yw ysgrifennu Vaughan Thomas ar ei orau yn y darn yma. [*Enghraifft 20*] Efallai mai math o gatharsis i'r cyfansoddwr oedd gweithio ar y gerdd hon, gyda'r bwriad o ysgafnhau rhywfaint ar ei fywyd fel ffoadur o'i famwlad.

Ond nid oedd modd ffoi'n llwyr o'i wewyr, ac yn aml mae'n troi at eiriau oedd yn adlewyrchu ei brudd-der ei hun, fel yn 'Summer is gone', un o gerddi Thomas Hood (1799-1845). Yn fentrus o ran harmoni a thrawsgyweirio, gwelir eto o ran gwead ei duedd mynych o gadw ystod y lleisiau'n weddol gyfyng. Gwelir yr ingol hefyd yn un o'i ganeuon olaf, a'i ddewis o gerdd Ebenezer Thomas, Eben Fardd (1802-63), 'Ffarwel fy ngeneth'. Gosodiad syml ydyw, gyda rhai o osodiadau Schubert yn ei feddwl, mae'n siŵr. Fe dry eto at gerddi Meredith, gan osod 'To Robin Redbreast', cerdd siriol ar yr olwg gyntaf, ond eto sydd ag awgrym o ofid dan y wyneb: 'Sent to cheer us, / And kindly endear us / To what would be a sorrowful time / Without thee in the weltering clime.'

Mewn llythyr o Siapan i'w fab ieuengaf, Vaughan, erbyn hynny yn ei ugeiniau cynnar, ysgrifennodd Vaughan Thomas am ei brofiadau a'i deimladau wrth ymweld â themlau a chysegrfeydd ardal Nikko. Dogfen allweddol yw hon wrth geisio dirnad gwerthoedd ysbrydol y cerddor wrth iddo gyrraedd ei drigain mlwydd oed:

> For the first time in my life I found a spot, which, though devoted to and inspired by religious ideas, nevertheless fitted in completely with what I have always felt to be man's natural frame of mind when left uninfluenced by ecclesiastical institutions. Here it is true there are temples, a marvellous collection, but no idols or images to worship. The temples invite to reflection irresistibly, but they also invite man to consider his own dignity. There is no supernaturalism, no mystery, no appeal to primitive savagery however disguised – only tributes to human achievement.

Flynyddoedd yn ddiweddarach, ysgrifennodd Wynford Vaughan Thomas yn dreiddgar am argyfwng ffydd ei dad, wrth gofio'i blentyndod ei hun:

> Midway through the First World War, my father, as they put it, 'began to lose his faith'. I wonder if he had ever firmly possessed it once he had glimpsed the intellectual delights of Oxford... He was ...a regular

subscriber to Chapman Cohen's rationalist weekly *The Freethinker*. *The Mistakes of Moses* by Col Robert Ingersol lay on his study table instead of Bishop Lightfoot's *Commentary on the Ephesians*. He was irretrievably lost to orthodox, conventional Christianity... We were never christened and never confirmed. We were never inculcated with a sense of sin. We knew a great deal about Voltaire and Plato but nothing at all about St Paul.

Hwyrach y gellir dadlau mai cymhleth oedd ymagwedd David Vaughan Thomas tuag at grefydd a chredo, a damcaniaethu mai cyfundrefnau crefyddol oedd yn ei flino yn hytrach na gwerthoedd ysbrydol mewn bywyd. Gwelwyd fwy nag unwaith yn ei farddoniaeth Saesneg gyfeiriadau pigog at sefydliadau, urddau, enwadau a defodau, a oedd yn ei farn ef yn aml arwynebol eu cenhadaeth a rhagrithiol eu hymagwedd. Wcle'i soned wawdlyd, 'The Evangelical Christian':

> In button'd frock and silky 'top' he goes,
> Radiantly beaming on the passer-by,
> A man of God, who never told a lie,
> Whose life distils the fragrance of the rose,
> Whose ample heart embraces friends and foes;
> A Puritan whose saintly piety
> Gives him the key to rich Society,
> He never steps on Dame Convention's toes.
> With unctuousness he lifts his holy hand,
> As though to bless the 'erring of mankind',
> His 'brother's bleeding wound' he seeks to bind;
> But still he will mix the sugar with the sand,
> The face of the poor he oftentimes will grind,
> On Sundays he tiptoes, singing 'Happy Land!'

Ac o gofio'i gefndir teuluol, mae'n fwy coeglyd fyth yn 'The Calvinistic Methodist', cerdd o'i eiddo a ymddangosodd yn *The Freethinker*:

Phylacteries of Mother Church he has kissed,
The while he fingered precious Non.Con. cash,
In 'choker' white he sometimes makes a splash,
Hoping to swell the 'clergy list',
To help Humanity he is never rash,
That lovely hypocrite, the Methodist.

Ond eto, erbyn y 1930au, yn y cyd-destun hwn, gwelir y cyfansoddwr yn troi'n aml at eiriau crefyddol i fyfyrio drostynt a'u gosod. Erbyn hynny, roedd Wynford yn pendroni ar arwyddocâd y duedd honno yn ei dad:

He was an agnostic and did not conceal it from the Welsh establishment – Curious. Was he returning to that world of his early youth, going back to his roots? And getting a reassuring comfort from it?

Er enghraifft, roedd troi at un o gywyddau Goronwy Owen (1723-69), 'Duw, nef a ŵyr', yn codi amheuon am agnosticiaeth llwyr honedig y cyfansoddwr:

Duw, Nef a ŵyr, dyn wyf fi
Dirymiant, Duw'n dŵr imi,
Dieithryn, adyn ydwyf,
Gwae fi o'r sud! alldud wyf.
Pell wyf o wlad fy nhadau...

Braslun cwta ar gyfer unawd tenor, côr meibion ac organ sydd wedi goroesi o'r gosodiad.

Ac fe drodd Vaughan Thomas hefyd at y Salm a barchwyd ar hyd y canrifoedd gan Gristnogion am ei thema gyffredinol o hyder ac ymddiriedaeth yn Nuw trwy ei ofal rhagluniaethol. Yn ei anthem 'Yr Arglwydd yw fy mugail', gosodir y naws defosiynol priodol gan y rhagarweiniad i organ (wedi ei ysgrifennu gyda thrydydd erwydd ar gyfer y pedalau). O ran gwead lleisiol, ceir yma haenau hardd o ysgrifennu corawl bob amser yn adlewyrchu neges y Salm.

217

Daw newid yn yr amseriad ar gyfer yr adnodau terfynol o dri churiad i bedwar curiad yn y bar, gyda gwrthbwynt yn llifo'n drawiadol a gafaelgar. Dyma anthem sy'n dangos aeddfedrwydd y cyfansoddwr wrth ysgrifennu cerddoriaeth gysegredig. Cymaint yw'r ymdeimlad ysbrydol, anodd yw credu mai gosodiad gan anffyddiwr yw hwn.

Yn yr un modd, trodd at eiriau Pantycelyn yn arbennig, wrth gyfansoddi nifer arwyddocaol o emyn-donau. Cymharol brin oedd ei gyfraniadau tebyg cyn hynny, gyda 'Salm Foreol' a 'Brynaber' yn eithriadau sydd wedi goroesi i'r llyfr emynau cydenwadol cyfoes, *Caneuon Ffydd.* Cyhoeddwyd 'Salm Foreol' yn wreiddiol fel 'Gras o flaen bwyd' i eiriau W Bryn Davies, 'Dyro'th fendith, dirion Arglwydd', yn y *School Song Book*, 1919, dan olygyddiaeth T Hopkin Evans. Yng *Nghaniedydd* yr Annibynwyr, 1960, geiriau Nantlais, 'Gyda thoriad gwawr y bore' sy'n ymddangos gyda'r dôn, sy'n esbonio'r enw priodol arni bellach. 'Talyfan' oedd yr enw a roddodd ar ei dôn i eiriau Pantycelyn, 'Arglwydd tyred â'r newyddion / Sydd yn gweithio llawenhau', er cof am Syr Owen M Edwards. 'Mynordy' oedd enw ei dôn i eiriau Pedr Hir (1847-1922), 'Bydd canu yn y nefoedd'. Wrth osod y geiriau yma, roedd Vaughan Thomas yn dilyn ôl troed ei hen ffrind ers dyddiau Rhydychen, L J Roberts, a'i dôn yntau, 'Sychu'r dagrau', sydd wedi cynnal ei phoblogrwydd ers ei hymddangosiad cyntaf ym 1889.

Tôn gynulleidfaol ardderchog yw 'Brynaber' gyda'i harmonïau gafaelgar a'i hysgrifennu diddorol i bob rhan leisiol. Rhoddodd y cyfansoddwr enwau diddorol ar rai o'i emyn-donau, sawl un ohonynt yn gysylltiedig â Phontarddulais fel 'Goppa', 'Wel, f'enaid dos ymlaen' (William Williams); 'Hermon', 'Nerthoedd y tragwyddol Ysbryd' (Thomas Rees); 'Dulais', 'Pan ddelo angau yn ei rwysg' (William Williams); ac 'Alltiago', 'Mor ddedwydd yw y rhai trwy ffydd' (Ieuan Glan Geirionydd); hefyd 'Port Eynon', y pentref glan môr ym Mro Gŵyr, lle treuliodd Vaughan Thomas a'i deulu eu gwyliau haf yn rheolaidd; a

'Tryfan', un o'r mynyddoedd mawreddog yr oedd Vaughan Thomas mor hoff o ysgrifennu sonedau Saesneg amdanynt. Efallai mai'r enw mwyaf arwyddocaol o'r tonau oedd 'Peregrinus' i emyn adnabyddus William Williams, 'Pererin wyf mewn anial dir'. Mae'r teitl Lladin yn golygu 'teithiwr' yn ogystal â 'pererin', a hwyrach i hynny apelio at gyfansoddwr oedd bellach yn crwydro'r byd gyda'i waith. Ym mis Ebrill 1953, ar y rhaglen radio *Caniadaeth y Cysegr* darlledwyd rhai o emyn donau Vaughan Thomas gan Gymdeithas Gorawl Pontarddulais dan arweiniad T Haydn Thomas a'r organydd Caredig Williams, pryd y cyflwynwyd yr emynau gan y Parch. J E Davies, gweinidog Capel y Gopa. Ac wedyn, fel rhan o ddathliadau canmlwyddiant geni'r cyfansoddwr, darlledwyd detholiad o'i emyn-donau, unwaith eto ar gyfer *Caniadaeth y Cysegr*, y tro hwn o'r Gadeirlan yn Nhyddewi dan arweiniad John S Davies, gyda T Haydn Thomas yn cyflwyno.

15.

Y daith olaf

Yn Ebrill 1934 fe glywyd Vaughan Thomas yn myfyrio ar ei brofiadau teithio rhyfeddol mewn anerchiad i Siambr Fasnach Abertawe yn dwyn y teitl, 'Impressions of the Empire and the Far East'. Wrth grynhoi ei eiriau ar faterion 'ysbrydol', medd un gohebydd:

> The old order was bound to go and he believed in the final triumph of the things of the spirit over material considerations. The goal ahead was that men should live the full life of the spirit, using the word in its broadest sense.

Yn un a fu'n rhydd o broblemau iechyd fwy neu lai trwy gydol ei fywyd, anwybyddodd rai poenau yn ei frest wrth gyrraedd ei benblwydd yn drigain, a'u trin fel rhywbeth dibwys. Ond fwy nag unwaith ar daith 1933, soniodd Vaughan Thomas am flinder, a cholli ambell olygfa drawiadol ar ei daith wedi iddo syrthio i drwmgwsg. Er gwaethaf hynny, ym 1934 roedd wrthi eto'n croesi'r moroedd ar gyfer ei daith i arholi yn Nwyrain a De Affrica – ei daith drasig olaf. Diddorol yw nodi cymalau gwahanol y siwrnai o Abertawe i Mombassa, a'r straen perthnasol, mae'n rhaid, fyddai ynghlwm â'r teithio blinedig. I gychwyn, ddydd Gwener, 22 Mehefin, aeth ar drên i Lundain, gan fynd ymlaen wedyn ar y rheilffordd i borthladd Dover, ac o'r fan honno, croesi ar long i Calais. 'The passage was a rough one due to boisterous wind', ysgrifennodd yn ei ddyddiadur. Siwrnai faith mewn trên eto oedd yn ei aros, yr holl ffordd i Genoa yng ngogledd yr Eidal. Roedd yn falch i gyrraedd, gan ysgrifennu, 'I knew my long journey, in one compartment, all on my own from Calais to Genoa, was at an end.' Ond roedd yn bell o gyrraedd pen ei daith. Yn briodol iawn, enw'r llong oedd yn awr i ymuno â hi oedd y Llandaff Castle, ac mae ei sylw, 'Cook's man had arranged to bring all my luggage to my cabin', yn awgrymu'r posibilrwydd bod Coleg y Drindod Llundain yn dirprwyo eu trefniadau ar gyfer teithiau'r arholwyr i gwmni teithio enwog, Thomas Cook, oedd bryd hynny yn ei anterth. Erbyn 26 Mehefin roedd yn hwylio heibio ynys Creta, gan gyrraedd Port Said yn yr Aifft ddiwrnod yn ddiweddarach. Nid oedd Camlas Suez yn newydd iddo, ond y tro hwn, collodd un o'r uchafbwyntiau: 'As usual it was very beautiful in still and clear weather. However, this time I missed Ismailia about half way through. I must have been dozing'. Hwyliodd y Llandaff Castle ymlaen trwy'r Môr Coch ac ar hyd arfordir gogledd ddwyreiniol cyfandir Affrica hyd nes cyrraedd Mombassa yng ngwlad Kenya. Hyd yn oed wedyn, er mwyn cychwyn ar ei waith arholi, roedd taith mewndirol yn aros Vaughan Thomas i Nairobi, a fu'n ganolfan iddo tra'n gweithio hefyd yn nhrefi cyfagos Eldoret a Kapsabet. Yn ôl ei arfer, derbyniodd wahoddiadau'n llawen i ddarlithio mewn canolfannau amrywiol yn ogystal ag ar y radio.

Ar drothwy Eisteddfod Genedlaethol Castell-nedd, 1934, er gwaethaf rhaglen ddidostur ei daith, cyfrannodd Vaughan Thomas erthygl ar gyfer atodiad i'r *Western Mail*, dan y teitl, 'Where does our music stand?' Gofynnodd, 'Is Wales disclosing signs of abundant life and individuality in her creative output?' Cyfeiriodd at ddarllediadau'r BBC fel elfen amhrisiadwy wrth helpu dirnad safonau cerddoriaeth yng Nghymru o gymharu â gwledydd eraill, a thynnodd sylw at yr hyn a ystyriai yn wirioneddau anghyffyrddus. Mae'n grynodeb arwyddocaol o'r cyfnod gan gerddor o gryn statws, yn cydbwyso cyraeddiadau cadarnhaol â diffygion a heriau i'r dyfodol. Dadleuodd nad oedd rhinwedd bellach i gorau enfawr eu maint gyda niferoedd sylweddol o aelodau, gan mai pwysleisio'r hyn a ystyriai yn 'seicoleg torf' a wnaent. Yn ddiddorol, o ystyried ei allbwn creadigol ei hun yn y blynyddoedd yma, argymhellodd roi mwy o bwyslais ar ddatblygiad cerddoriaeth siambr, gan ddadlau y byddai'r gofal manylder sydd ei angen yn y *genre* yn treiddio i berfformiadau cerddorfaol yng Nghymru. Nid oedd yn syndod ei weld yn annog cerddorion Cymreig i barhau â gosod llenyddiaeth addas eu gwlad eu hunain i gerddoriaeth. Fodd bynnag, nododd ddiffygion o ran cyhoeddi cerddoriaeth gwbl Gymraeg a Chymreig fel rhwystr difrifol i ddatblygiad. Gydag argyhoeddiad amlwg dywedodd, 'Until the country awakens to the necessity of helping the composer to reach his public we must expect comparative stagnation.' Geiriau eironig yw'r rhain wrth gwrs o ystyried na chyhoeddwyd erioed nifer sylweddol o'i ddarnau ei hun.

Wedi gorffen ei waith yn Kenya, atebodd ymholiad a gafodd gan W P Thomas, un o bileri'r gymuned yng Nghwm Rhondda, ac eisteddfodwr pybyr. Gofynnodd a oedd yn bosib mai Dr D Vaughan Thomas oedd y David Thomas a enillodd wobr fel crwt ifanc yn Eisteddfod Genedlaethol Caerdydd ym 1883? Dyma ymateb Vaughan Thomas o'r Manor Hotel, Mombassa, dyddiedig 21 Gorffennaf 1934:

Rwyf yn awr wedi gorffen fy ngwaith yn Kenya yn ystod y pythefnos diweddaf – wedi bod i fyny ryw 600 milltir o Mombasa, nes bron cyrraedd Lake Victoria a chyffiniau Uganda. Euthym o Lunden i Genoa i ddal y llong, a thyma fi yn awr yn hwylio yfory eto am Lourenco Marques, ac yn mynd oddi yno i Johannesburg. Byddaf yn Neheudir Affrica am bedwar mis, a hyderaf y caf gyrraedd gartref eto erbyn y Nadolig. Ynglŷn ag Eisteddfod Caerdydd, 1883, rhaid i mi gyfaddef mai fi oedd y 'crwt o Ddowlais' a enillodd y wobr am ganu'r harmonium. Brinley Richards oedd y beirniad, a'r darn oedd 'Cuius Animam' (y cyfeiliant i'r unawd). Deng mlwydd oed oeddwn i ar y pryd. Cof gennyf am gôr Dan Davies a chôr R C Jenkins (Llanelli), rwy'n meddwl, yn cystadlu ar 'Lord of the Golden Day' (Sullivan) a 'Wretched Lovers' (Handel). Yn wir, nid wyf yn hollol sicr am hyn, a hefyd a oedd 'Cyfoded Duw' (David Jenkins) yn y gystadleuaeth fel prawf-ddarn. Daeth llawer tro ar fyd er yr adeg honno, a thyma fi heddiw dan belydr tanbaid haul yr Equator mewn amgylchedd tra gwahanol i'r hyn oedd Cymru i mi hanner can mlynedd yn ôl. Bum yn Nairobi rai dyddiau, a chyda'r modur oddi yno i fyny ryw 250 o filltiroedd trwy ardaloedd lle y mae pob math ar anifail rheibus i'w gyfarfod.

Dyfynnir ei lythyr nid yn unig er mwyn dangos ei gwrteisi, ei fanylder a'r cipolwg o'i amserlen dramor, ond yn fwy na dim oherwydd mai hwn oedd y llythyr Cymraeg olaf iddo'i ysgrifennu. Cyfeiriodd at Nairobi, ac yno yng nghanol mis Gorffennaf, bu'n darlledu sgwrs ar y radio, sydd eto'n adlewyrchu'r gofynion trwm ac amrywiol oedd ar ei amser. Yn ôl Nodiadau ei frawd, roedd gan Vaughan Thomas gyd-arholwr ar ei daith i Dde Affrig, sef Claude Egerton Lowe (1860-1947), cerddor dawnus a fu'n astudio'r piano a'r ffidil yn Leipzig fel myfyriwr. Pan oedd yn Pretoria, trawyd Vaughan Thomas yn sâl a bu'n rhaid galw meddyg. Gwellodd rywfaint, a gyda'i gydymaith llwyddodd i gyrraedd Johannesburg, ond yn y bore ar 15 Medi fe'i darganfuwyd yn farw yn ei wely wedi dioddef trawiad ar y galon. Yn dilyn amlosgiad yn Johannesburg, cludwyd ei lwch adref i Abertawe a'i gladdu ym mynwent Ystumllwynarth ar 30 Hydref 1934 ym mhresenoldeb torf enfawr. Gyda'r Parch. Lewis Davies, Lewis Glyn Cynon (1863-1951) a'r Parch. William Crwys Williams (1875-1968) yn arwain y gwasanaeth ger y bedd, ei ffrind Granville Bantock dalodd y deyrnged olaf, heb gyfaddawdu ar ei farn y cafodd Vaughan Thomas gam yn ei wlad ei hun:

He was driven to seek his livelihood in other lands because his own country refused him a home. Those who were his friends were able to appreciate his genius to a fuller extent than the majority of his countrymen who should have honoured him while he lived. But how often are we reminded that the reward for faithful service may come too late. 'Oh Jerusalem which killeth the prophets and stoneth them that are sent unto her.' If you substitute Wales for Jerusalem you will know what I mean.

Yn ei chofiant o'i thad, ysgrifennodd Myrrha Bantock yn annwyl iawn am y bwthyn a gamsillafodd fel 'Coed-y-Bleiddeau'. Adeilad unig ydoedd, hanner ffordd rhwng Blaenau Ffestiniog a Phorthmadog ar y rheilffordd, rhyw filltir o orsaf Tan-y-bwlch, heb unrhyw heol yn agos iddo. Llogodd Bantock y bwthyn fel tŷ gwyliau, ac yn ystod ei gyfnod fel arholwr Coleg y Drindod, hoffai wahodd rhai o'i gyd-arholwyr i aros yno, gan gynnwys Vaughan Thomas. Meddai Myrrha Bantock:

A delightful Welshman, who would sit happily at the dulcitone, singing folk songs in his soft tenor voice. This charming man died of a heart attack in Johannesburg while examining there for the College, a loss which greatly saddened my father, and indeed all of us, for we were very fond of him.

Flynyddoedd yn ddiweddarach ym 1949 mewn erthygl i'r wasg a ddyfynnwyd eisoes, adleisiwyd geiriau Granville Bantock gan y Cymro Sydney Northcote, bryd hynny'n Ymgynghorydd Cerdd i'r Carnegie United Kingdom Trust. Gofynnodd:

Could it be that Vaughan Thomas was a victim of little prides and dead imaginations, those dread twin sisters of a mediocrity which so often threatens the progress of Welsh music?

Pwysleisiwyd ochr ysgafn a ffraeth Vaughan Thomas mewn teyrnged gan ei ffrind, y newyddiadurwr, J D Williams:

Dr Thomas the talker, Dr Thomas the wit, the man who could laugh at life, and squeeze humour out of the most unlikely things. There was something of Puck in him; he hated people who were unnaturally grave; he had a solemnity, but it was hallowed with the salt of laughter.

Yn ei deyrnged yntau, myfyriodd William Evans, Wil Ifan (1883-1968) ar y mathemategydd a welodd tu hwnt i'r rhifau a'r symbolau:

Some people find it difficult to imagine the great mathematician who is also a great musician and literary artist. Their difficulty arises from the fact that they envisage mathematics as a glorified multiplication table. The severely scientific mathematician, if he follows figures to their logical destination, can find rest only in the realm where they begin to sing and dance and dream. He discovers at the last that all figures are figures.

Yn gerddor a Chymro o'r un anian â Vaughan Thomas, ac yn eironig, Athro Cerdd Aberystwyth ers 1926, meddai David de Lloyd yn ei nodyn coffa:

Parodd ei wybodaeth lwyr o gynghanedd a'i ymdeimlad byw o werthoedd cerddorol a barddonol newid trwyadl yn ei ddull. Rhydd y cymhleth le i'r syml; rhydd traddodiad le i argyhoeddiad. Gellir sylweddoli'r ennill mewn effaith drwy wrando ar ei osodiad o 'Berwyn' – pa Gymro a all wrthsefyll apêl y darn hwn? A bydd i 'Einioes' ennill tristwch newydd yn yr amgylchiad pruddaidd hwn:

Fel cysgod, darfod bob dydd,
Dan benyd mae dyn beunydd,
Ail yw i niwl yn ael nant,
Llawforwyn y llifeiriant

Neu gwmwl oer, dwl ar daith
Mewn damwain yn mynd ymaith.

Ar 21 Rhagfyr 1934 cyhoeddodd y *Western Mail* ffacsimili o gyfansoddiad olaf Vaughan Thomas, sef gosodiad o garol, 'Brighter than the sun' gan ei ffrind, Lewis Glyn Cynon. Ysgrifennwyd y geiriau a'r gerddoriaeth yn benodol ar gyfer y *Western Mail & South Wales News*, ac mae'r cyfansoddwr wedi ei ddyddio, Johannesburg 17.8.34. Gosodiad syml a thelynegol ydyw, ar gyfer côr SATB, organ ac unawdydd, gyda'r cyfansoddwr yn nodi 'Solo Boy's Voice'. [*Enghraifft 21*] Mae'r gerddoriaeth yn cydio'n naturiol yn y neges ddiffuant am eni Gwaredwr y byd. Priodol yw rhoi'r gair olaf i Lewys Glyn Cynon felly, wrth iddo fyfyrio ar lecyn gorffwys y cerddor mawr:

There is something peculiarly fitting that the beautiful glen at Oystermouth, robed in her autumn beauty, should uncover her breast to receive him. Her glorious bays will chant his requiem, and the south west winds will bear to him the harmonies that inspired his soul.

ATODIAD (i)

Dyfyniadau Cerdd

Enghraifft 1

Angladd y marchog

Ac y - no y mar - chog a al - wai ei lu

Enghraifft 2

Llyn y Fan

Dae-thost yn ôl i'r dyfn - der,_____ Dae-thost yn ôl,

Enghraifft 3

A Song for St Cecila's Day

What pass - ion can not mu - sic raise and quell?____ When Ju - bal struck the chord-ed shell.

Enghraifft 4

The Bard

chwythbren

p

f

p

llin, telyn, cyrn

Enghraifft 5

Y gariad gollwyd

(Ond gor - wedd mae)

Ond gor wedd mae____ mewn bedd, ac O_____ Y ne - wid byd i mi.

ppp

pp

(Ond gor - wedd mae)

Enghraifft 6

Here's to Admiral Death

Boys, are ye call - - ing a toast to - night?

ghraifft 7

hafaidd nos

ghraifft 8

is yr adar

Pan sein - iant fawl yn dorf ddi-dawl,_____

ghraifft 9

'n ofni grym y dwr

dan sêl,_____ sy dan sêl,_____ sy dan sêl

229

David Vaughan Thomas

Enghraifft 10

Song of the songless

In me,_____ in me they__ sing._____

Enghraifft 11

Enter these enchanted woods

Have_____ you by_____ the hair._____

Enghraifft 12

Dau filgi

Lliw._____ eu cyrff._____ hwy fal__ mwyar._____

Enghraifft 13

How sweet the moonlight

like an an - - - gel___ sings,

like an an - - gel sings,___

like an an - - gel sings,___

Enghraifft 14

Y gog lwydlas

Pa___ le, y gw - cw dir - ion, Y ce - faist ti dy

gân Sy'n gwa - hodd y gwan - wyn I hen___ Gym - ru lân?

Enghraifft 15

Stafell Cynddylan

Sta - fell Gyn - ddy - lan, neud a - thwyd heb wedd;

Mae ym medd dy ys - gwyd, Hyd tra fu ni bu doll glwyd.

Enghraifft 16

Berwyn

Af yn ôl i fy ny - laith.

232

ghraifft 17a

nawd llinynnol (Adagio molto, symudiad olaf)

ghraifft 17b

nawd llinynnol (Allegro grazioso, symudiad olaf)

Enghraifft 18

Ymadawiad Arthur

A lliw___ teg_____ eu hir-wallt aur   Drwy-ddo fel ca-wod

rudd - aur;___   Gydd - fau   a thal -

cen - nau can   Mal___   ei - raar   y - myl   A - ran

Enghraifft 19

Prospice

Ofn tranc? Ofn tranc?
Fear death? Fear death?

Ofn tranc? Ofn tranc?
Fear death? Fear death?

Ofn tranc? Ofn tranc?
Fear death? Fear death?

Ofn tranc? Ofn tranc?
Fear death? Fear death?

Enghrtaifft 20

Sweet content

Then hey nonny, nonny, hey nonny, hey nonny, hey

(mf) Then hey nonny, hey nonny, hey nonny, hey nonny,

nonny, then hey nonny. nonny nonny

hey nonny, hey nonny, nonny

Enghraifft 21

Brighter than the sun

Allegretto

Solo (Boy's Voice)

Bright - er than t

legato

mf Manuals

(Man. only)

Ped.

star of morn - ing, Far more beaut-eous than_ the sun

Far - ing forth

doth a bride-groom His most ra - diant course to run, His most ra - diant course to run.

cresc.

ATODIAD (ii)

Digwyddiadau ôl 1934

1934 (15 Tachwedd) Darl.ediad radio, 'Regional Programme Western'

Cyngerdd o weithiau'r diweddar Vaughan Thomas, Mus.Doc. o'r Neuadd Ganol, Abertawe. David Brazell (bar), T. D. Jones (piano), Cymdeithas Gorawl a Cherddorfaol Orpheus Abertawe, dan arweiniad Lionel Rowlands.

David Evans, Mus.Doc.: 'Gweithiau Vaughan Thomas'.

Y Côr: 'How sweet the moonlight sleeps', 'Orpheus with his lute'.

David Brazell: 'Dirge in Woods', 'Bedd y Dyn Tylawd', 'Einioes'.

T. D. Jones: Romanza, Allegro Vivace in D, 'An Unfinished Manuscript'.

Y côr (Dynion): 'Uphill'

David Brazell: 'Ffarwel fy ngeneth', 'Berwyn'.

Y Côr: 'Who is Sylvia?', 'Sweet Content'.

1934 (Rhagfyr) Cyfarfod Coffa dan nawdd Cymdeithas Cymrodorion Pontarddulais yng nghapel Hermon. Llywydd: Parch. T F Jones, Gopa.

Datgeiniaid: David Brazell, Elinora Thomas.

Siaradwyr: J D Williams, Parch Crwys Williams, Dr R J Isaac, T H Jones (Ap Huw).

Cyfeilydd: Lena Griffiths.

Mewn adroddiad i'r wasg, meddai 'Hoffwr Cerdd' – 'Piti garw na fuasai'r adeilad yn orlawn.....mor ychydig mewn cymhariaeth oedd o feibion a merched cerdd yn bresennol.'

1935 (9 & 11 Mai) Perfformiadau o *Llyn Y Fan*, ynghyd â cherddoriaeth amrywiol, yn y Public Hall, Pontarddulais gan Gymdeithas Operatig a Chorawl Pontarddulais.

Arweinydd: T Haydn Thomas; Cyfeilydd: Lena Griffiths; Soprano: Megan Thomas; Tenor: Walter Glynne; Bariton: David Brazell; Blaenwr y gerddorfa: Morgan Lloyd

Yn ail hanner y cyngerdd, canodd Megan Thomas 'Ysbryd y Mynydd'; Walter Glynne, 'Y Nos' a 'Miwsig' (*Saith o Ganeuon*); a David Brazell, 'Cân y llanc chwerthinllyd' yn y cyngerdd cyntaf, a 'Berwyn' yn yr ail.

1938 (1 Mawrth) Perfformiad a darllediad o *Llyn y Fan* o Neuadd y Brangwyn gan Gymdeithas Gorawl Pontarddulais (Arweinydd: T Haydn Thomas), a Cherddorfa Gŵyl Abertawe (Blaenwr: Morgan Lloyd); Soprano: Megan Thomas; Tenor: Trefor Jones; Bas: Harding Jenkins. Roedd yr *Evening Post* yn gynddeiriog am ddiffyg cefnogaeth y cyhoedd: 'Let us hope that somewhere in Swansea last night there was a great national celebration which has up to now eluded notice. If there was, then that might mitigate the disgrace of the attendance accorded to 'Llyn-y-Fan at the Brangwyn Hall.' Efallai i'r 'Public Rehearsal' o'r gwaith ychydig ddyddiau cyn hynny ym Mhontarddulais effeithio'n andwyol ar y niferoedd yn y gynulleidfa. Byddai'r darllediad radio hefyd efallai wedi cadw rhai draw.

1953 (Ebrill) Darllediad radio, *Caniadaeth y Cysegr*. Rhaglen o emyn donau Vaughan Thomas; Cymdeithas Gorawl Pontarddulais dan arweiniad T Haydn Thomas a'r organydd Caredig Williams. Cyflwynwyd yr emynau gan y Parch. J E Davies.

1964 Eisteddfod Genedlaethol Abertawe. 'Cystadleuaeth Goffa Dr. Vaughan Thomas, agored i efrydwyr cerddoriaeth dan 30 oed, y wobr i'w defnyddio i hyrwyddo cwrs cerddorol yr enillydd:
  (a) Cân o oratorio neu Opera (yn Gymraeg)
  (b) Cân *Lieder* (i'w chanu yn yr iaith wreiddiol)
  (c) Unrhyw gân o waith Dr Vaughan Thomas, neu gân gan gyfansoddwr Cymreig cyfoes (yn Gymraeg)

(ch) Darllen cerddoriaeth ar yr olwg gyntaf (i'r rhai a
ddewisir gan y beirniad)

Gwobr: £100

Gofynnir i bob cystadleuydd anfon, gyda'r ffurflen CH,
fanylion ynghylch ei gwrs cerddorol presennol a pha
ddefnydd a wnâi o'r wobr.'

1973 (15 Mawrth) Cyfarfod Cyhoeddus, Hermon
Pontarddulais, 'o deyrnged ac i ddathlu canmlwyddiant
David Vaughan Thomas, cyfansoddwr, bardd, ysgolhaig'.
Llywydd: Yr Athro Emeritws Dr Stephen J Williams.
Anerchiadau gan – Yr Athro T J Morgan, Ifor Davies AS,
Brinley Richards (Archdderwydd), Wynford Vaughan
Thomas, Yr Henadur Wyndham Jones a T Haydn Thomas.
Agorodd y cyfarfod gyda'r emyn 'O! Sancteiddia f'enaid
Arglwydd' ar y dôn, 'Brynaber'. Canodd Nansi Richards
'Ysbryd y Mynydd'; Diane Fuge, 'Nant y Mynydd' ynghyd ag
'Y Gwlith' a 'Miwsig' (*Saith o Ganeuon*); Cellan Jones,
'Angladd y Marchog'; a pherfformiwyd Sonatina yn G fwyaf
i ffidil, Op. 100, Dvorak, gan David Thomas, aelod ifanc o
deulu Vaughan Thomas. Dilys Lloyd oedd y cyfeilydd.

1973 (18 Mawrth) Darllediad radio, *Caniadaeth y Cysegr*.
Rhaglen o emyn donau Vaughan Thomas o Gadeirlan
Tyddewi dan arweiniad John S Davies, gyda T Haydn
Thomas yn cyflwyno (TCF11/CA2989C)

1973 (Mehefin) Gŵyl Llandaf, Theatr Ddarlithio Reardon
Smith. Caneuon Cymraeg ynghyd â'r gosodiadau o gerddi
Meredith, (Kenneth Bowen a Stephen Roberts); y Trio
Piano a'r Pumawd Llinynnol, (Ensemble Prifysgol
Caerdydd).

1973 Dadorchuddio plac ar wal 141 Walter Road Abertawe,
hen gartref D Vaughan Thomas, oedd erbyn hynny yn
gangen Banc y Midland.

DAVID
VAUGHAN
THOMAS
1873-1934
COMPOSER
POET-SCHOLAR
LIVED HERE FROM 1918
UNTIL HIS DEATH

(Nodwyd yn 2014 fod y plac wedi diflannu, ond mai'r enw ar yr adeilad bellach oedd Vaughan Thomas House. Mae lôn fach tu cefn i'r adeilad o'r enw Vaughan Thomas Lane.)

1973 Rhaglen deledu HTV yn dathlu gwaith y cyfansoddwr, yn cynnwys cyfraniadau gan Wynford Vaughan Thomas, Ian Parrot a Daniel Jones.

1982 Eisteddfod Genedlaethol Abertawe. Cystadleuaeth leisiol – 'Unrhyw gân gan D Vaughan Thomas'.

1986 (3 Hydref 1986) Dadorchuddio plac yn Neuadd y Gymuned, Ystalyfera. Darlith gan Rhidian Griffiths.

ATODIAD (iii)

Cyfansoddiadau David Vaughan Thomas

Y dyddiadau a roddir yn y rhestr hon yw'r rhai a nodwyd pan gyhoeddwyd y darnau am y tro cyntaf (gan dderbyn y bu perfformiadau cyhoeddus cyn hynny). Ailgyhoeddwyd nifer o'r un darnau wedi hynny gan gyhoeddwyr eraill, mae'n siwr er mwyn hwyluso marchnata. Serch hynny, ni chyhoeddwyd nifer sylweddol o weithiau Vaughan Thomas o gwbl, ac oherwydd, bron yn ddieithriad, nad oes dyddiadau wedi eu nodi ar y llawysgrifau, anodd yw eu dyddio'n gwbl gywir. Ond mae tystiolaeth ei fab, Wynford, er enghraifft, yn awgrymu mai yn ystod ei deithiau tramor fel arholwr (1927-1934) y cyfansoddodd y rhan fwyaf o'i gerddoriaeth siambr. O ran ei gerddoriaeth leisiol, nid yw'r llawysgrifau bob amser yn nodi awdur neu ffynhonnell y geiriau. Beth bynnag am hynny, dylid cydnabod diwydrwydd a medrusrwydd arbennig Vaughan Thomas yn cyfieithu geiriau nifer o'i ddarnau Cymraeg i'r Saesneg, ac yn aml o'r Saesneg i'r Gymraeg, a hynny'n ddeheuig iawn fel ei gilydd. Er mai cyfeiliant i'r piano a nodir gan amlaf yn wreiddiol, trefnodd y cyfansoddwr gyfeiliannau nifer o'i weithiau lleisiol i gerddorfa. Arhosodd nifer o ddarnau Vaughan Thomas yn anorffenedig, ac yn achos rhai, tameidiau'n unig sydd wedi goroesi, neu eraill mewn drafftiau byr neu frasluniau, ac fe nodir y cyfan o'r rhain gyda * isod.

A   Gweithiau Corawl Estynedig
Llyn y Fan, John Jenkins (Gwili), 1907, Novello
A Song for St Cecilia's Day, Dryden, 1909, Breitkopf & Härtel
The Bard, Thomas Gray, 1910, Curwen

B   Caneuon
'Cân y bardd wrth farw', T L Jones (Gwenffrwd), [T/S, piano], c.1906, J Thomas

'Angladd y marchog', R D Rowland (Anthropos), [B, piano], 1906, J Thomas

*'Tell me where is fancy bred', Shakespeare, 1909

'Clychau'r tŵr', [C, piano], 1909

'Dorset Voices', Mrs J J Cadwaladr (Eos Gwalia), [llais, piano], 1913, Weekes

'Bedd y dyn tylawd', J E Jones (Ioan Emlyn), [B/C, piano], 1914, Cary

'Ysbryd y mynydd', L D Jones (Llew Tegid), [T/S, piano], 1914, J Thomas

'Llais yr adar', Hen benillion, [T/S, piano], 1914, Cary

'Si hwi lwli', [T/S, piano], 1914, Cary

'The Welsh Fusiliers', [llais, piano], 1914

'Come along can't you hear', David M Beddoe, [llais, piano], 1914, Welsh Army Corps

'Follow the flag Welshmen', Mrs J J Cadwaladr (Eos Gwalia), [llais, piano], 1914

'School song', (Swansea High School for Girls), [unsain, piano]

'Y Newydd Dant', Edward Jenkins, [B/C, piano], 1915, J Thomas

'Nant y mynydd', John Ceiriog Hughes, [B/C, piano], 1921, Snell

'Y ferch o'r Scer', [B, piano], 1921, Snell

'Cân hen ŵr y cwm', Hugh Evans (Gweryddon), [B/C, piano], 1921, Snell

'Cân y llanc (ferch) chwerthinllyd', *Cerddi Cymru*, [B/C, piano], c1922, Snell

'Einioes', Rhys Jones, [B/C], c1922, Snell

'Gofyn cosyn', Goronwy Owen, [T/S, piano], 1922

'Meredith Songs', George Meredith, [llais, piano, gyda threfniannau cerddorfaol i sawl un], o 1920 ymlaen

    'Song in the songless', 1920

    'When I would image', 1920

    'The winter rose', 1920

    'Thou to me art such a spring', c1921

    'The stave of Roving Tim', c1922

'A roar through the tall twin elm trees'
'Should thy love die'
'In the woods'
'Enter these enchanted woods', [T/S, piano], 1923, Swann
'Dirge in woods', 1924, Swann
'To robin redbreast', 1932

Saith o ganeuon ar gywyddau Dafydd ap Gwilym ac eraill, [llais, piano, gyda threfniant i offerynnau llinynnol, gan ychwanegu trwmped yn ddiweddarach], 1923, Snell

'Y nos', David Richards (Dafydd Ionawr)
'Y gwlith', William Ambrose (Emrys)
'Miwsig', David Thomas (Dafydd Ddu Eryri)
'Elen', David Owen (Dewi Wyn o Eifion)
'Dau filgi', Huw Cae Llwyd
'Claddu'r bardd o gariad', priodolir i Dafydd ap Gwilym
'Hiraeth am yr haf', Dafydd ap Gwilym
'Yr wylan deg', Dafydd ap Gwilym [llais, piano], 1924
'Stafell Cynddylan', priodolir i Llywarch Hen [B, ffidil, cello, telyn; hefyd fersiwn gyda chyfeiliant i gerddorfa], 1926, Snell
'O Fair Wen', William Llŷn, [B, piano], 1926, Snell
'Berwyn', Robert Ellis (Cynddelw), [B, piano], 1926, Snell
'Ymadawiad Arthur', T Gwynn Jones, [B/C, piano], 1930, Snell
'Caledfwlch', T Gwynn Jones, [B/C, piano], 1931, Snell
'Seren heddwch', William Thomas (Islwyn), [B, piano], 1931
'Cartre'r bardd', Richard Davies (Mynyddog), [T, piano], 1932
'Y Delyn', William Williams (Caledfryn), [T, piano/telyn; hefyd fersiwn gyda chyfeiliant i gerddorfa linynnol], 1932
'Ffarwel fy ngeneth', Ebenezer Thomas (Eben Fardd), [B, piano], 1933, Hughes
'The King of love my shepherd is', H W Baker, [llais, piano]
Caneuon dathlu Gŵyl Dewi
'Song for St David's Day', Lewis Davies, Hughes
'St David's Day is here' (alaw Lewis Davies, trefn DVT i SATB, organ), Hughes
'Let us now praise famous men', Lewis Davies, Hughes

Caneuon heb eu gorffen, neu syniadau bratiog yn unig, a heb ddyddiad

*'Y fun o landwr Ogwen', T H Jones, [T, piano], 1905?

*'The wind', [llais, piano] cyflwynwyd o bosib i'w fab, Hugh Wyndham

*'O happy lark', Tennyson, [llais, piano]

*'Is my team ploughing', Housman, [llais, piano]

*'Hillsides are dark', [llais, piano]

*'Cyntaf dan gêl', Dafydd ap Gwilym, [llais, piano]

*'Mor swynol ydyw nodau glân', [llais, piano]

*'The song of the old bargee', [llais, piano]

*'The sleeping beauty', Samuel Rogers, [llais, piano]

*'Now hope and joy increasing' [llais, piano]

*'Miwsig', T Gwynn Jones, [llais, piano, ffidil], c1930?

*'Cantref y Gwaelod', William Rees (Gwilym Hiraethog) [T, piano], 1931

> Deuawd: 'Y Lloer', geiriau DVT, [S&MS, piano], 1924, Cary

C Rhanganau

'Yr hafaidd nos', Owen Griffith Owen (Alafon), [SATB, piano], 1913, Cary

'The lost love', Wordsworth, cyf. 'Y gariad gollwyd', John Jenkins (Gwili), [TTBB], 1914, Hughes

'Hymn to Diana', Ben Johnson, [TTBB], 1914, Cary

'Up hill', Christina Rosetti, [TTBB], 1914, Snell

'Oh, my love is like a red, red rose', Robert Burns, [SATB], c1914

'Hark, Hark, the lark', Shakespeare, [SATB], c1914

'There is a green hill', C F Alexander, [TTBB], 1914, Snell

'Here's to Admiral Death', Henry Newbolt, [TTBB], 1916, Curwen

'Deio bach', John Jones, [SATB], 1922, Snell

'Meg Merrilies', Keats, c1922

'Dyffryn Tywi', Evan Jenkins, 1922, y cylchgrawn *Cymru*

'Phoebus Arise', Drummond, [TTBB-SSA, cerddorfa], 1924

'How sleep the brave', William Collins, [SSATBB], 1924, Cary

'Y fun a'r lliw ewyn llif', Bedo Aeddren, [SATB, piano], 1925, Snell

'Molawd Môn', Goronwy Owen, [TTBB], c1926

'How sweet the moonlight', Shakespeare, [SATB], 1926, Snell

'Who is Sylvia', Shakespeare, [SATB], 1931, Ashdown

'Sweet content', Thomas Dekker, [SATB], 1932, Curwen

'Summer is gone', Thomas Hood, [SSATB], 1932, Ashdown

'Orpheus with his lute', Shakespeare, [SATB], 1932, Ashdown

'Prospice', Robert Browning, (cyf Cymraeg J E Caerwyn Williams), [TTBB], 1936, Hughes

'She walks in beauty', Lord Byron, [TTBB]

'Oft in the stilly night', Thomas Moore, [TTBB, piano]

'Unfathomable sea', Shelley

CH Cerddoriaeth Gysegredig

'Da o hyd yw Duw', T H Jones (Ap Huw), [SSA i blant], 1906

'Bendithiaf yr Arglwydd', [SATB], 1907, Hughes

'Ysbryd yw Duw', Ioan IV: 21-24, [SATB, organ], c1910, J Thomas

'Pwy ydyw y rhai hyn', Datguddiad VII, [SATB], 1915

'Rwy'n ofni grym y dŵr', William Williams (Pantycelyn), [SATB, organ], 1915, Hughes

'Bywyd', William Llŷn, [SATB – corws dwbl], 1925, Snell

'Coffâd am y Gorseddogion ymadawedig' (Salm-dôn), 1926, Hughes

'Yr Arglwydd yw fy mugail', Salmau XXIII, [SATB, organ], 1930

*'Duw nef a ŵyr', Goronwy Owen, [unawd T, TTBB, organ], c1932

'Brighter than the sun', Lewis Davies, [unawd bachgen, SATB, organ], *Western Mail*, 1934

D Gweithiau Offerynnol

Pedwarawd llinynnol, 1902 (cyfansoddiad buddugol yn Eisteddfod Genedlaethol Bangor)

Three short pieces for children [piano], 'To my son, Spencer',
c.1918
> 'The little shepherd'
> 'The little waterfall and the pool below'
> 'The old blind beggar and his dog'

Interliwd, [telyn, trwmped, llinynnau], ychwanegiad i 'Saith
o Ganeuon', 1923

Cerddoriaeth ar gyfer Gwyl Ddrama Abertawe, 1924

Beaumaris Welsh Drama Music for orchestra, 1924

A Welsh Dance, [telyn, obo, ffidil; fersiwn hefyd i gerddorfa
linynnol], 1924

Boureé & Mousette, [cello, piano]

Romanza, [cello, piano]

Trio [telyn, ffliwt, clarinet]

Piano Trio yn D leiaf

*Pumawd Llinynnol (1) c.1929

Pumawd Llinynnol (2), 1930

*Cerddoriaeth i 'Tir na nÓg', c.1930

*Pedwarawd llinynnol A leiaf, c.1930

*Pedwarawd llinynnol C fwyaf, 1931

*Pedwarawd llinynnol G fwyaf (Allegro – Adagio – Scherzo,
heb ei gwblhau), c.1931

*Pedwarawd llinynnol E leiaf (y symudiad olaf heb ei
orffen), 1931

Sonata in C [ffidil, piano], 1931, OUP

Duo in G [cello, piano], c.1932

Romanza, [piano], 1934, OUP

Allegro Vivace, [piano], 1934, OUP

*Cathl symffonig, 'The Woods of Westermain' ar gyfer
'Caneuon Meredith' c.1920

Yn ogystal â'r uchod, yn archif DVT, ceir nifer sylweddol o
frasluniau a syniadau bratiog ar gyfer cyfansoddiadau
offerynnol arfaethedig amrywiol.

DD Emyn donau

'Salm foreol', 'Brynaber', 'Goppa', 'Hermon', 'Talyfan', 'Wake from sleep', 'Mynordy', 'Dulais', 'Alltiago', 'Port Eynon', 'Tryfan', 'Peregrinus', 'Morfydd', 'Maes y Groes', ynghyd ag oddeutu dwsin arall na roddwyd enwau arnynt – nifer ar gyfer emynau Pantycelyn.

E Trefniannau

'God bless the Prince of Wales', (Brinley Richards, trefn DVT) [TTBB], 1912

'Y bwthyn bach to gwellt', geiriau Thomas Lloyd (Crych Elen), [B/C, piano] 1923, Snell

Un ar ddeg o alawon gwerin, [côr plant a cherddorfa], 1926

Deg alaw werin, [llais, piano], 1928, Curwen

Emyn donau [cerddorfa]: 'Caersalem', (Robert Edwards); 'Crug-y-bar', (alaw Gymreig, J Cledan Williams); 'Hyfrydol', (R H Pritchard), 1924

'Y danchwa', (W T Rees, Alaw Ddu), [cerddorfa]

'Teyrnasoedd y ddaear', (Ambrose Lloyd), [cerddorfa]

'Y bwthyn yng nghanol y wlad', (alaw W T Rees, Alaw Ddu, trefn DVT) [llais ac ensemble llinynnol], 1933

'Yr hen dŷ', (alaw Joseph Parry, trefn DVT) [llais ac ensemble llinynnol], 1933

'The land o' the Leal', Lady Nairne, [llais, piano]

'Cân y galon' (tradd. alaw werin, trefn DVT) [llais, piano]

ATODIAD (iv)

Llyfryddiaeth

FFYNONELLAU GWREIDDIOL

Archif D. Vaughan Thomas (Llyfrgell Genedlaethol, GB 0210 DVAMAS).

Archif Wynford Vaughan Thomas (Llyfrgell Genedlaethol, GB 0210 WYNMAS).

Archif Prifysgol Cymru (Llyfrgell Genedlaethol, GB 0210 UNIVWALES, LG 'The National Council of Music').

Pontardulais Choral Union Scrapbook, T. Haydn Thomas (Llyfrgell Genedlaethol).

Cyfrifiadau Cenedlaethol 1841-1921.

Dyddiaduron **Lewis Llewelyn Dillwyn, Cyfrol 8, 1843 (Prifysgol Abertawe).**

Transactions of the Royal National Eisteddfod of Wales held at Cardiff, August 6-9, 1883.

Llandovery School Journal, 1887-1891.

Wilson's Almanack of Bideford, Northam, & Westward Ho! 1898.

Cofnodion a Chyfansoddiadau Buddugol Eisteddfod Genedlaethol Bangor, 1902.

The Harrovian (1904-06).

Cyfansoddiadau a Beirniadaethau Eisteddfod Genedlaethol Caernarfon, 1906.

Cardiff Triennial Musical Festival to be held at the Park Hall, Cardiff, September 19-24, 1910.

Program of the Pittsburg International Eisteddfod: Pittsburgh, PA, July 2-3-4 and 5 -1913.

Bantock, Granville, 'A National College of Music for Wales', *English Review*, Ebrill 1913.

Thomas, D. Vaughan, 'Welsh Music and modern tendencies', *Welsh Outlook*, Mai 1914.

Thomas, D. Vaughan, 'Reflections of an Empire-Travelling musician', World-Radio, Ebrill 1934.

Report on the teaching of Music in Welsh Intermediate Schools, (Central Welsh Board) 1918.

Royal Commission on University Education in Wales: final report of the Commissioners (1918).

Annual Reports of the National Council of Music, (University of Wales) 1919-1941.

Eisteddfod Genedlaethol Frenhinol Cymru, Abertawe, Awst, 2-7, 1926: Y Rhaglen Swyddogol.

Thomas, D. Vaughan, 'The claims of music', *Welsh Music / Cerddoriaeth Cymru*, Cyfrol VII, Rhif 8. [Darllediad yn Nairobi, 18 Gorffennaf 1934].

Trinity College of Music, London, Calendars 1926-34.

Thomas, William, 'David Vaughan Thomas', (Llawysgrif) 1951

Jesus College Record, 1977

LLYFRAU

ap Siôn, Pwyll a Thomas, Wyn, (gol.), *Cydymaith i Gerddoriaeth Cymru*, (2018).

Allsobrook, David Ian, *Music for Wales* (1992).

Bantock, Myrrha, *Granville Bantock* (1972).

Buck, P.C., Mee, J.H. a Woods, F.C., *Ten Years of University Music in Oxford, being a brief record of the proceedings of the Oxford University Musical Union during the years 1884-1894* (1894).

Cleaver, Emrys, *D Vaughan Thomas* (1964).

Cleaver, Emrys, *Musicians of Wales* (1968).

Colles, H.C., *Walford Davies* (1942).

Crossley-Holland, Peter, *Music in Wales* (1948).

Davies, E.R., *Hanes Eglwys Hermon Pontarddulais* (1937).

Davies, Lyn, *Bywgraffiadau Cyfansoddwyr Cymru, David Vaughan Thomas* (2004).

Edwards, Hywel Teifi, *Eisteddfod Ffair y Byd* (1990).

Ellis, E.L., *The University College of Wales, Aberystwyth 1872-1972* (1972).

Ellis, T.I., *John Humphreys Davies* (1963).

Evans, D. Ellis a Jones, R. Brinley (gol.), *Cofio'r Dafydd* (1987).

Evans, E. Lewis, *Eglwys Hope Pontarddulais* (1969).

Evans, E. Lewis, *Hanes Pontarddulais* (1949).

Evans, E. Keri, *Cofiant Dr. Joseph Parry* (1921).

Graham, John, *A Century of Welsh Music* (1923).

Griffith, R.D., *Hanes Canu Cynulleidfaol Cymru* (1948).

Griffith, Frederic, *Notable Welsh Musicians* (1896).

Gwilym, Ifor ap, *Y traddodiad cerddorol yng Nghymru* (1978).

Hopkin, Glyn, *Hanes Eglwys y Gopa Pontarddulais* (1973).

Jones, R. Brinley, *Floreat Landubriense* (1998).

Jones, T. Gwynn, *Caniadau* (1934).

Jones, Thomas, *Leeks and Daffodils* (1942).

Lewis, Idris, *Cerddoriaeth yng Nghymru* (1945).

Lloyd, C. Francis, *Cofiant John Ambrose Lloyd* (1921).

Lloyd, John Edward a Jenkins, R.T., (gol.), *Y Bywgraffiadur Cymreig Hyd 1940*, (1953).

Mathias, Rhiannon, *Lutyens, Maconchy, Williams and Twentieth-Century British Music: A Blest Trio of Sirens* (2012).

Morgan, Kenneth O., *Rebirth of a Nation* (1981).

Morgans, David, *Music and Musicians of Merthyr and District* (1922).

Parrott, Ian, *The Spiritual Pilgrims* (1964).

Protheroe, Daniel, *Nodau Damweiniol* (1924).

Rhys, Dulais, *Joseph Parry* (1998).

Tapp, H.A., *United Services College 1874-1911* (1933).

Vaughan Thomas, Wynford, *Madly in all directions* (1967).

Vaughan Thomas, Wynford, *Trust to Talk* (1980).

Williams, Gareth, *Do you hear the people sing* (2015).

Williams, Gareth, *Valleys of Song* (1998).

Williams, Huw, *Canu'r Bobol* (1978).

Williams, Huw, *Tonau a'u hawduron*, (1967).

Williams, Huw, *Rhagor am donau a'u hawduron*, (1969).

Williams, Ieuan M., (gol.), *Abertawe a'r Cylch* (1982).

PAPURAU NEWYDD, CYLCHGRONAU A CHYFNODOLION

Baner ac Amserau Cymru, Y Goleuad, Tir Newydd, Y Cerddor, 1889-1921, Y Cerddor Newydd, 1922-1929, Y Cerddor, 1930-1939, Y Cymro, Y Darian, Y Genedl Gymreig, Y Traethodydd, Y Geninen, Tarian y Gweithiwr.

South Wales Daily Post, South Wales Weekly Post, Western Mail, Cambria Daily Leader, Evening Post, Merthyr Express, Herald of Wales and Monmouthshire Recorder, Welsh Outlook, North Wales Weekly News, Llangollen Advertiser, Welsh Music / Cerddoriaeth Cymru, Liverpool Echo, The Cambrian, North Wales Times.

The Standard, The Times, Musical Times, Musical Opinion, Musical News, Evening Express, The Sunday Strand, The Queen, News Chronicle, Reynolds News, Westminster Gazette, Birmingham Daily Gazette, Gloucester Chronicle, Oxford University Gazette.

ERTHYGLAU / DARLITHIAU

Allsobrook, David, 'Us composer Johnnies: Walford Davies and David Vaughan Thomas in the 1920s', *Welsh Music / Cerddoriaeth Cymru*, Cyfrol IX, Rhif 3.

Davies, Lyn, 'Anelu at Arddull Geltaidd Ddilys mewn Cerddoriaeth: Bywyd a Gwaith David Vaughan Thomas' yn Thomas, Wyn (gol.), *Hanes Cerddoriaeth Cymru*, Cyfrol 2 (1997).

Davies, Lyn, 'Ail gloriannu D. Vaughan Thomas', Y *Faner*, 30 Medi 1983.

Davies, Lyn, 'Golwg ar ddiwylliant cerddorol Dyffryn Aman', yn Edwards, Hywel Teifi (gol.), *Cyfres y Cymoedd: Cwm Aman* (1996).

Griffiths, Rhidian, 'Triwyr Cerdd o Abertawe', *Barn*, Ebrill 1982.

Griffiths, Rhidian, 'Swansea's Mr Music: The career of D J Snell, music publisher', Y *Llyfr yng Nghymru – Welsh Book Studies*, Rhif 1, 1998.

Jones, Daniel, *Music in Wales* [Darlith BBC] (1961).

Lewis, D.H., 'Dr David Vaughan Thomas', Y *Geninen*, Gwanwyn 1955.

Rees, Mati, 'Pobl ddwad Abertawe', *Welsh Music / Cerddoriaeth Cymru*, Cyfrol V, Rhif 1.

Roberts, L.J. 'The outlook for music in Wales', *The Welsh Outlook*, Mawrth 1920.

Stonequist, Martha, 'Music in Aberystwyth: 1909-1915', *Welsh Music / Cerddoriaeth Cymru*, Cyfrol IV, Rhif 7.

Thomas, J. Hugh, 'Music' yn Griffiths, Ralph A. (gol.), *The City of Swansea: Challenges and Change*, (1990).

Thomas, T. Haydn, 'David Vaughan Thomas', *Welsh Music / Cerddoriaeth Cymru*, Cyfrol IV, Rhif 3.

Tusler, A. Leslie, 'The National Council of Music', *Welsh Music / Cerddoriaeth Cymru*, Cyfrol VII, Rhif 9/10.

Webb, Harry, 'Eisteddfodau Abertawe', *Barn*, Awst 1982.

Whittall, Arnold, 'Writing about Welsh Music', *Welsh Music / Cerddoriaeth Cymru*, Cyfrol IV, Rhif 5.

Williams, Grace, 'Grace Williams: A Self Portrait', *Welsh Music / Cerddoriaeth Cymru*, Cyfrol VIII, Rhif 5.

Williams, Grace, 'How Welsh is Welsh Music?', *Welsh Music / Cerddoriaeth Cymru*, Cyfrol IV, Rhif 4.

TRAETHODAU YMCHWIL

Croll, A.J., 'Civilising the urban: popular culture, public space and urban meaning, Merthyr c.1870-1914', Caerdydd, 1997.

Cross, Annette, 'David Vaughan Thomas: a short study', Aberystwyth, 1985.

Davies, Catrin Elizabeth, 'E T Davies – cymwynaswr cerdd: agweddau ar grefft a chelfyddyd   E T Davies', Bangor 2000.

Jones, David Richard, 'Advocate of change and tradition: W S Gwynn Williams (1896-1978): his contribution to music in Wales to 1950', Bangor, 1997.

MYNEGAI

Mynegai [Pobl]
Abel, Horace Marshall 42
Aeddren, Bedo 184
Albeniz, Isaac 165
Ambrose, William (Emrys) 168
Anwyl, Edward 32
Arnold, Matthew 154

Bach, J.S. 74,109,112,149,181,189
Bache, Walter 18
Balakirev, Mily 165
Balfour, Margaret 190
Bantock, Granville 65,68,73,76,
110,113,124,130,161,170,175,182,
183,189,194,198,223
Bantock, Julian 209
Bantock, Myrrha 224
Barbier, J.L. André 136
Bartlett, Homer 93
Bartok, Bela 166
Bax, Arnold 161
Beethoven, Ludwig van 72,75,
108,112,158,185,189,201
Bell, H. Idris 176
Berlioz, Hector 71,189
Bevan, Llewelyn 103
Bliss, Paul 92
Blumenthal, Jacques 93
Borodin, Alexander 161,165,205
Boult, Adrian 159
Bowen, David 20
Bowen, Llewelyn R. 71,72,73,
81,194
Brahms, Johannes 76,100,108,
109,112,164,182,185,202,205
Brazell, David 49,64,76,103,173,
190,191,

Bridge, Frank 168
Bridge, Frederick 73
Brindle, Reginald Smith 165
Britten, Benjamin 114
Brown, Herbert 103
Browning, Robert 213
Brunskill, Muriel 179
Bryan, Robert 34,35
Buck, Percy 36,45,46,109
Burns, Robert 120
Byrd, William 182

Cadman, Charles Wakefield 93
Cadwaladr, J.J. (Eos Gwalia) 81
Carnegie, Andrew 91
Chopin, Frédéric 109
Clark, George T. 19
Cleaver, Emrys 154
Clements, Charles 144
Coleridge-Taylor, Samuel 73,80
Colles, H.C. 142,144,149,154
Collins, William 177
Copland, Aaron 166
Cowen, Frederic 65,109
Croft, William 182
Cui, César 165,181
Curwen, John 26,201

David, W.T. 172
Davies Dan 20,120,222
Davies Thomas 22
Davies William 35
Davies, Ben 185
Davies, Clara Novello 87
Davies, David 134
Davies, David (Barwn Davies)
111,137,142,155